TAC税理士講座 編

2023年度版

みんなが欲しかった！

税理士

簿記論 の教科書&問題集 ①

損益会計編

TAC出版
TAC PUBLISHING Group

はじめに

近年、インターネットの普及にともない、世界の距離は凄まじいスピードで近くなりました。文化、経済、情報はもとより、会計についても国際財務報告基準（IFRS）などによりひとつになりつつあります。

その目的はただひとつ「幸福」になることです。

しかし、そのスピード感ゆえに、たった数年後の世界でさえ、その予測が困難になってきていることも事実です。このような先の読めない不確実な時代において重要なことは、「どのような状況でも対応できるだけの適応力」を身につけることです。

本書は、TACにおける30年を超える受験指導実績にもとづく税理士試験の完全合格メソッドを市販化したもので、予備校におけるテキストのエッセンスを凝縮して再構築し、まさに「みんなが欲しかった」税理士の教科書ができあがりました。

膨大な学習範囲から、合格に必要な論点をピックアップしているため、本書を利用すれば、約2カ月で全範囲の基礎学習が完成します。また、初学者でも学習しやすいように随所に工夫をしていますので、日商簿記検定2級レベルからストレスなく学習を進めていただけます。

近年、税理士の活躍フィールドは、ますます広がりを見せており、税務分野だけでなく、全方位的に経営者の相談に乗る、財務面から経営支援を行うプロフェッショナルとしての役割が期待されています。

読者のみなさまが、本書を最大限に活用して税理士試験に合格し、税務のプロという立場で人生の選択肢を広げ、どのような状況にも対応できる適応力を身につけ、幸福となれますよう願っています。

TAC税理士講座

TAC出版　開発グループ

本書を使った税理士試験の合格法

Step 1　学習計画を立てましょう

まずは、このChapterにどのくらいの時間がかかるのか（①）、1日でどこまで進めればよいのか（②）、2つのナビゲーションを参考に、学習計画を立てましょう。また、Check List（③）を使ってこれから学習する内容を確認するとともに、同シリーズの財務諸表論とのリンク（④）を確認しましょう。簿記論と財務諸表論を並行して学習することで、理論・計算の両面から、より効果的に学習ができます。

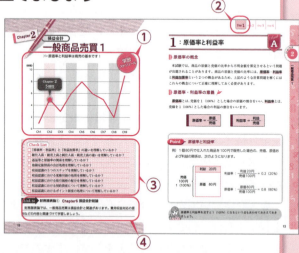

Step 2　「教科書」を読みましょう

📣は重要論点です。例題（⑤）も多く入っていますので、試験でどのような問題を解けばよいのかをイメージし、実際に電卓をたたいて、解きながら読んでいくと効果的です。また、多くの受講生がつまずいてきたちょっとした疑問や論点については、ひとことコメント（⑥）と会話形式のスタディ（⑦）に、発展的論点はプラスアルファ（⑧）としてまとめてあるので、参考にしてください。

Step 3 「問題集」を解きましょう

ある程度のところまで教科書を読み進めると、問題集へのリンク（⑨）があるので、まずは基礎（⑩）問題から確実に解いていきましょう。会計知識は本を読むだけでは身につきません。実際に手を動かして問題を解くことが、知識の吸収を早めます。解き終えたら、出題論点や学習のポイント（⑪）を参考に、どの程度まで理解して解けていたか、確認しましょう。

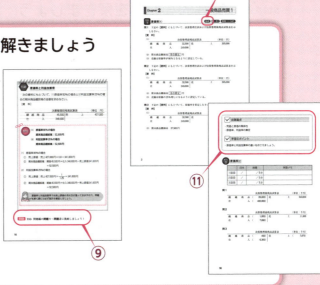

Step 4 復習しましょう

本書には、Point（⑫）やChapterの終わりにまとめ（⑬）を入れていますので、問題を解いて、知識が不足しているなと感じたら、そのつど、振り返るようにしましょう。また、問題集の答案用紙はダウンロードすることもできますので、これを利用して最低3回は解くようにしましょう。その際、解説についているメモ欄（⑭）に、ミスしたところや所要時間を記録し、正確にすばやく解けるようになっているかについて、チェックしましょう。

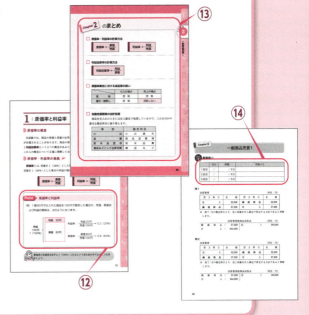

5

Step Up 実践的な問題を解きましょう

①おすすめ学習順
本書の学習が一通り終わったら、本試験に向けて、実践的な問題集を解いていきましょう。おすすめの学習順は、解き方学習用問題集（「簿記論 個別問題の解き方」「簿記論 総合問題の解き方」）で現役講師の実際の解き方を参考にして自分の解き方を検討・確立し、「過去問題集」で本試験問題のレベルを体感することです。

②各書籍の特徴
「簿記論 個別問題の解き方」は、中レベルから本試験レベルのオリジナル個別問題を収録しており、簿記論の試験全範囲を網羅しています。一般的な解説ではなく、「実践的な解き方」「具体的な解答手順」「解答の思考過程」を詳細に解説しています。

「簿記論 総合問題の解き方」は、基礎・応用・本試験の総合問題を収録しており、現役講師がどのように総合問題を解いているのかを実感しながら、段階的に基礎レベルから本試験問題までの演習ができるようになっています。

「過去問題集」は、直近5年分の本試験問題を収録しており、かつ、最新の企業会計基準等の改正にあわせて問題・解説ともに修正を加えています。時間を計りながら実際の本試験問題を解くことで、自分の現在位置を正確に知ることができます。

論点学習

Step Up

解き方学習

過去問演習

合格！

Level Up　問題演習と復習を繰り返しましょう

①総論
解き方学習用問題集で、どのように問題を解くのかがわかったら、さまざまな論点やパターンの問題を繰り返し解いて、得意分野の確立と苦手分野の克服に努めましょう。苦手分野の克服には、間違えた問題（論点）の復習が必須です。

②個別問題対策
本試験の第1問・第2問は、会計基準の知識を問う問題や構造的な個別問題が出題されます。
「みんなが欲しかった！税理士 簿記論の教科書＆問題集」の問題集部分を繰り返し演習するのでも十分ですが、「個別計算問題集」ではさらに様々な形式やレベルの問題を収録しています。本書と併用することで、論点網羅も含めて本試験対策は万全です。

③総合問題対策
本試験の第3問は、個別論点を組み合わせた総合問題形式で出題されます。
「総合計算問題集」には「基礎編」と「応用編」があります。「総合計算問題集 基礎編」は、総合問題を解くための基礎力の養成を主眼とした書籍です。一方、「総合計算問題集 応用編」は、本試験レベルの問題に対応するための答案作成能力の養成を主眼とした書籍です。

本書を利用して簿記論・財務諸表論を**効率よく学習する**ための「スタートアップ講義」を税理士独学道場「学習ステージ」ページで**無料公開中**です！

カンタンアクセスはこちらから
https://bookstore.tac-school.co.jp/dokugaku/zeirishi/stage.html

税理士試験について

みなさんがこれから合格をめざす税理士試験についてみていきましょう。
なお、詳細は、最寄りの国税局人事第二課（沖縄国税事務所は人事課）または国税審議会税理士分科会にお問い合わせ、もしくは下記ホームページをご参照ください。
https://www.nta.go.jp/taxes/zeirishi/zeirishishiken/zeirishi.htm

国税庁 >> 税の情報・手続・用紙 >> 税理士に関する情報 >> 税理士試験

☑概要

　税理士試験の概要は次のとおりです。申込書類の入手は国税局等での受取または郵送、提出は郵送（一般書留・簡易書留・特定記録郵便）にて行います。一部手続はe-Taxでも行うことができます。また、試験は全国で行われ、受験地は受験者が任意に選択できるので、住所が東京であったとしても、那覇や札幌を選ぶこともできます。なお、下表中、受験資格については例示になります。実際の受験申込の際には、必ず受験される年の受験案内にてご確認ください。

受験資格	・会計系科目（簿記論・財務諸表論）はなし。 ・税法系科目は以下のとおり。 所定の学歴（大学等で社会科学に属する科目を1科目以上履習して卒業した者ほか）、資格（日商簿記検定1級合格者ほか）、職歴（税理士等の業務の補助事務に2年以上従事ほか）、認定（国税審議会より個別認定を受けた者）に該当する者。
受験料	1科目4,000円、2科目5,500円、3科目7,000円、4科目8,500円、5科目10,000円
申込方法	国税局等での受取または郵送による請求で申込書類を入手し、試験を受けようとする受験地を管轄する国税局等へ郵送で申込みをする。

☑合格までのスケジュール

　税理士試験のスケジュールは次のとおりです。詳細な日程は、毎年4月頃の発表になります。

受験申込用紙の交付	4月中旬〜5月中旬（土、日、祝日は除く）
受験申込受付	5月上旬〜中旬
試験日	8月上〜中旬の3日間
合格発表	11月下旬〜12月上旬

☑試験科目と試験時間割

　税理士試験は、全11科目のうち5科目について合格しなければなりません。5科目の選択については、下記のようなルールがあります。

	試験時間	科　目	選択のルール
1日目	9:00〜11:00	簿記論	会計系科目。必ず選択する必要がある。
	12:30〜14:30	財務諸表論	
	15:30〜17:30	消費税法または酒税法	税法系科目。この中から3科目を選択。ただし、所得税法または法人税法のどちらか1科目を必ず選択しなくてはならない。また、消費税法と酒税法、住民税と事業税はいずれか1科目の選択に限る。
2日目	9:00〜11:00	法人税法	
	12:00〜14:00	相続税法	
	15:00〜17:00	所得税法	
3日目	9:00〜11:00	国税徴収法	
	12:00〜14:00	固定資産税	
	15:00〜17:00	住民税または事業税	

　なお、税理士試験は科目合格制をとっており、1科目ずつ受験してもよいことになっています。

☑合格率

　受験案内によれば合格基準点は満点の60％ですが、そもそも採点基準はオープンにされていません。税理士試験の合格率（全科目合計）は次のとおり、年によってばらつきはありますが、おおむね15％前後で推移しています。現実的には、受験者中、上位10％前後に入れば合格できる試験といえるでしょう。

☑出題傾向と時間配分について

税理士試験の簿記論は３問構成です。一方、試験時間は２時間であり、全部の問題にまんべんなく手をつけるには絶対的に時間が足りません。そこで、戦略的な時間配分が必要となります。

	第１問	第２問	第３問
配　点	25点	25点	50点
主な 出題内容	会計基準の知識を問う問題や構造的な問題	会計基準の知識を問う問題や構造的な問題	資料の与えられ方が独特な総合問題

では、どのように時間配分をすればよいでしょうか。ここで、配点に注目してみましょう。上記のとおり、第１問と第２問は25点、第３問が50点です。過去の出題傾向を見ると、配点が高い問題ほど解答箇所が多く設定され、点数の差がつきやすいといえます。

したがって、１点でも多く点数を取る（合格点に近づく）ためには、配点の高い問題に多く時間をかけ、１問でも多く正答する必要があるといえます。

そこで、配点が２倍の第３問には倍の時間をかけ、かつ、１問あたり最低でも30分は確保するという戦略から、簿記論の時間配分は、以下のようにするのがよいでしょう。

第１問	第２問	第３問
30分	30分	60分

ただ、これは一つの目安です。簿記論の問題の難易度は一定しておらず、上記の時間配分通りにいかないということが、起こりえます。

仮に、難易度の高い問題が出た場合は、第３問に60分かけるというスタンスだけは崩さないようにすれば、必要最低限の点数は確保できるでしょう。

目次

Chapter1 損益計算書総論 ·························· 1
問題 ― 解答・解説 ― 答案用紙（別冊）―

1 損益計算書の基礎 ★★ 3
2 損益計算書のひな形 ★★★ 4
3 収益認識基準（損益計算書の取り扱い）― 6
Chapter 1 のまとめ 9

Chapter2 一般商品売買1 ·························· 11
問題 2 解答・解説 34 答案用紙（別冊）2

1 原価率と利益率 ★★ 13
2 返品・値引・割戻し・割引とは ★★★ 17
3 返品等と原価率の関係 ★★ 20
4 他勘定振替高 ★★★ 23
5 収益認識基準 ★ 26
6 収益認識基準（変動対価）― 28
7 収益認識基準（取引価格の配分）― 30
8 収益認識基準（契約資産）― 32
9 収益認識基準（ポイント制度）― 34
Chapter 2 のまとめ 39

Chapter3 一般商品売買2 ·························· 41
問題 7 解答・解説 47 答案用紙（別冊）6

1 分記法とは ★★★ 43
2 売上原価対立法とは ★★★ 45
3 総記法とは ★★★ 47
参考 三分法以外の方法による返品等の処理 52
参考 二分法とは 55
Chapter 3 のまとめ 57

Chapter4 一般商品売買3 ·························· 59
問題 9 解答・解説 55 答案用紙（別冊）9

1 棚卸資産とは ★★ 61
2 期末棚卸高の算定 ★★★ 62
3 棚卸資産の期末評価 ★★★ 67
4 棚卸減耗費および商品評価損の原価処理 ★★★ 73
5 売価還元法 ― 76
6 仕入諸掛 ★★ 86
7 仕入・売上の計上基準 ★★★ 91
参考 収益認識基準（出荷基準の取り扱い） 96
Chapter 4 のまとめ 97

目次

Chapter5 特殊商品売買1 ·················· 101 問題 17 解答・解説 81 答案用紙(別冊) 17

1 収益認識基準適用下における特殊商品売買 — 103
2 割賦販売とは ★★★ 104
3 収益認識基準適用下における割賦販売 ★★ 105
4 契約における重要な金融要素 ★ 106
参考 割賦販売（従来の処理） 110
参考 回収基準の会計処理（従来の処理） 112
参考 割賦販売における原価率（従来の処理） 116
　Chapter 5 のまとめ 122

Chapter6 特殊商品売買2 ·················· 123 問題 19 解答・解説 89 答案用紙(別冊) 20

1 未着品売買 ★ 125
2 委託販売 ★★ 130
3 収益認識基準適用下における委託販売 — 131
4 積送諸掛 ★★ 137
5 試用販売 — 141
6 収益認識基準（本人と代理人の区分） — 146
参考 委託販売（従来の処理） 150
参考 試用販売・手許商品区分法 151
参考 受託販売 152
　Chapter 6 のまとめ 155

Chapter7 工事契約 ·················· 159 問題 23 解答・解説 101 答案用紙(別冊) 25

1 建設業会計 ★ 161
2 工事原価の会計処理 ★★ 163
3 工事契約の取り扱い（収益認識基準） — 167
4 工事収益総額・見積工事原価総額の変更 ★★ 180
5 工事損失引当金 ★ 185
参考 工事契約に関する会計基準（旧基準） 188
　Chapter 7 のまとめ 190

Chapter8　税　金………………193　問　題 25　解答・解説 106　答案用紙（別冊）28

　1　租税公課とは　★★　195
　2　消費税等の概要　★★　198
　3　消費税等の会計処理　★★★　200
　4　法人税等の会計処理　★★★　206
　5　源泉所得税等　★★　209
　参考　税込方式（消費税等）　211
　　　Chapter 8 のまとめ　213

Chapter9　税効果会計………………215　問　題 29　解答・解説 117　答案用紙（別冊）33

　1　税務調整と差異　★★★　217
　2　税効果会計とは　★★★　222
　3　将来減算一時差異　★★★　224
　4　将来加算一時差異　★★★　235
　参考　税率の変更　237
　　　Chapter 9 のまとめ　239

索　引　126

　試験合格のためには、基礎的な知識の理解のもと、網羅的な学習が必要とされます。しかし、試験範囲は幅広く、学習を効率的に進める必要もあります。目次の★マークは過去10年の出題頻度を示すものです。効率的に学習する参考にしてください。

出題頻度（過去10年）	
★★★	4 回以上出題
★★	2～3 回出題
★	1 回出題
―	未出題

CHAPTER 1

損益計算書総論

　ここでは、損益計算書の総論について学習していきます。

　損益計算書のひな型については、まずは、3つの区分の意味と各区分で計算される利益が何かという点をおさえておきましょう。

Chapter 1

損益会計
損益計算書総論

≫ 1年間のもうけを計算して報告します。

学習スケジュール

Check List
- ☐ 損益計算書の意義を理解しているか？
- ☐ 損益計算書の表示区分を理解しているか？
- ☐ 各区分で計算される損益が何かを理解しているか？
- ☐ 各区分で計算される損益の算定方法を理解しているか？

Link to 財務諸表論① **Chapter4 財務諸表**

　財務諸表論では、損益計算書を作成する際の考え方や決まりごとを学習します。総額主義の原則、費用収益対応表示の原則、区分表示の原則と関連づけて学習しましょう。

1：損益計算書の基礎

▶損益計算書の意義

　損益計算書とは、一会計期間に発生した収益と費用を集計して、その企業の経営成績を利害関係者（株主や債権者など）に報告するための書類のことをいいます。

　要するに企業が1年間でいくらもうけたかを計算して、その結果を、出資してくれている人などに報告するための書類です。

▶損益計算書の表示区分

　損益計算書は、企業の経営成績をより詳細に表示するために、収益・費用を、(1)**営業損益計算**（本業から生じたもの）、(2)**経常損益計算**（本業以外から生じたもの）、(3)**純損益計算**（臨時に生じたもの）の各区分に分けて表示します。

　本業とは、その企業の主な営業活動のことで、小売業でいえば商品の売買のことです。

2：損益計算書のひな形

損益計算書のひな形

実際の損益計算書（報告式）のひな形は次のようになります。

```
                    損 益 計 算 書
㈱水道橋産業       自X2年4月1日 至X3年3月31日        （単位：円）
Ⅰ 売   上   高                                    500,000
Ⅱ 売 上 原 価
  1．期首商品棚卸高           50,000
  2．当期商品仕入高          300,000
       合    計              350,000
  3．期末商品棚卸高           50,000         300,000
       売 上 総 利 益                         200,000
Ⅲ 販売費及び一般管理費
  1．広 告 宣 伝 費           20,000
  2．減 価 償 却 費           40,000          60,000
       営   業   利   益                         140,000
Ⅳ 営 業 外 収 益
  1．受取利息配当金            3,000
  2．有 価 証 券 利 息         7,500          10,500
Ⅴ 営 業 外 費 用
  1．支 払 利 息              1,000
  2．社 債 利 息              3,000           4,000
       経   常   利   益                         146,500
Ⅵ 特 別 利 益
  1．社 債 償 還 益                           5,000
Ⅶ 特 別 損 失
  1．減 損 損 失                              3,500
       税引前当期純利益                       148,000
       法人税、住民税及び事業税                59,200
       当 期 純 利 益                          88,800
```

①営業損益計算
②経常損益計算
③純損益計算

Point ► **損益計算書の区分**

① 営業損益計算

　　営業損益計算の区分では、その企業の主たる営業活動から生じた損益を計上して営業利益を計算します。

> **営業利益 ＝ 売上総利益 － 販売費及び一般管理費**

・販売費及び一般管理費…商品販売に要した費用
　　広告宣伝費、営業費、租税公課、減価償却費、退職給付費用など

② 経常損益計算

　　経常損益計算の区分では、営業利益にその企業の主たる営業活動以外から生じた損益を加減して経常利益を計算します。

> **経常利益 ＝ 営業利益 ＋ 営業外収益 － 営業外費用**

・営業外収益…企業の主たる営業活動以外から生じた収益
　　受取利息、受取配当金、有価証券利息、有価証券評価益、
　　仕入割引など
・営業外費用…企業の主たる営業活動以外から生じた費用
　　支払利息、社債利息、投資有価証券評価損など

③ 純損益計算

　　純損益計算の区分では、経常利益に臨時または偶発的に生じた損益を加減して税引前当期純利益を計算し、そこから法人税、住民税及び事業税（法人税等）を加減して当期純利益を計算します。

> **税引前当期純利益 ＝ 経常利益 ＋ 特別利益 － 特別損失**

・特別利益…臨時的、偶発的に生じた利益
　　固定資産売却益、関係会社株式売却益、社債償還益、保険差益など
・特別損失…臨時的、偶発的に生じた損失
　　固定資産売却損、投資有価証券売却損、減損損失、火災損失など

> **当期純利益 ＝ 税引前当期純利益 － 法人税、住民税及び事業税**

3：収益認識基準（損益計算書の取り扱い）

収益認識に関する会計基準とは

収益認識に関する会計基準とは、顧客との契約から生じる収益に関する会計処理を定めた基準です。

ここでは、収益認識に関する会計基準について、概要と損益計算書への影響を解説します。なお、具体的な論点についての解説は、個々のチャプターで行います。

従来の収益認識の考え方

日本では、収益認識について定めた包括的な会計基準はなく、企業会計原則において、「売上高は、実現主義の原則に従い、商品等の販売または役務の給付によって実現したものに限る。」と示されているだけでした。

収益認識に関する会計基準の適用対象企業は、金融商品取引法適用会社や会社法上の大会社などの会社法会計監査の対象法人であり、中小企業は、任意適用となっています。したがって、本試験では収益認識に関する会計基準を適用しているかどうかの指示が入ると考えられます。

収益認識に関する会計基準の範囲

収益認識に関する会計基準の適用範囲は、顧客との契約から生じる収益（企業の通常の営業活動から生じる収益）です。そのため、事業用固定資産の売却取引などの、通常の営業活動以外の取引から生じる収益は、収益認識に関する会計基準の適用範囲外となります。

顧客との契約から生じる収益であっても、金融商品会計基準の範囲に含まれる金融商品に係る取引や、リース取引に関する会計基準の範囲に含まれるリース取引などは適用範囲から除外されています。

▌収益認識に関する会計基準の基本原則

収益認識に関する会計基準では、約束した財またはサービスの顧客への移転を当該財またはサービスと交換に企業が権利を得ると見込む対価の額で描写するように、収益を認識することを基本原則としています。

ようするに、商品売買やサービスの提供などの営業活動にともなう収益を、経済活動の実情に合うように計上していきましょう、というものです。

▌収益認識の手順

収益認識に関する会計基準では、売上をどの時点でいくら計上するかといったことを5つのステップで決めます。

Point 収益認識の5つのステップ

① 顧客との契約を識別する
　⇒売主と買主との間でどのような取り決めがあるのかを特定します。
② 契約における履行義務を識別する
　⇒売上を計上するためにどのような義務や約束事があるのかを特定します。
③ 取引価格を算定する
　⇒収益計上額の基礎となる金額を特定します。
④ 契約における履行義務に取引価格を配分する
　⇒取引価格を把握した履行義務に配分します。
⑤ 履行義務を充足した時に又は充足するにつれて収益を認識する
　⇒・履行義務が一時点で充足される場合：充足時に収益を認識
　　・履行義務が一定期間にわたり充足される場合：充足するにつれて収益を認識

履行義務とは、簡単に言うと、企業がお客さんに対して財やサービスを提供する約束のことをいいます。

損益計算書の表示への影響

(1) **顧客との契約から生じる収益**

顧客との契約から生じる収益を、適切な科目をもって損益計算書に表示します。なお、顧客との契約から生じる収益については、それ以外の収益と区分して損益計算書に表示します。

顧客との契約から生じる収益の適切な科目については、たとえば売上高、売上収益、営業収益などがあります。

(2) **重要な金融要素**

顧客との契約に重要な金融要素が含まれる場合、顧客との契約から生じる収益と金融要素の影響(受取利息や支払利息)を損益計算書において区分して表示します。

上記の処理は掛売上や割賦販売に関連します。詳しくは、Chapter5で学習します。

Chapter 1 のまとめ

☐ 営業損益計算

営業損益計算の区分では、その企業の主たる営業活動から生じた損益を計上して営業利益を計算します。

営業利益 ＝ 売上総利益 − 販売費及び一般管理費

- 販売費及び一般管理費…商品販売に要した費用
  広告宣伝費、営業費、租税公課、減価償却費、
  退職給付費用など

☐ 経常損益計算

経常損益計算の区分では、営業利益にその企業の主たる営業活動以外から生じた損益を加減して経常利益を計算します。

経常利益 ＝ 営業利益 ＋ 営業外収益 − 営業外費用

- 営業外収益…企業の主たる営業活動以外から生じた収益
  受取利息、受取配当金、有価証券利息、有価証券評価益、
  仕入割引など
- 営業外費用…企業の主たる営業活動以外から生じた費用
  支払利息、社債利息、投資有価証券評価損など

□ 純損益計算

　純損益計算の区分では、経常利益に臨時または偶発的に生じた損益を加減して税引前当期純利益を計算し、そこから法人税、住民税及び事業税（法人税等）を加減して当期純利益を計算します。

> **税引前当期純利益 ＝ 経常利益 ＋ 特別利益 － 特別損失**

- ・特別利益…臨時的、偶発的に生じた利益
　　固定資産売却益、関係会社株式売却益、社債償還益、
　　保険差益など
- ・特別損失…臨時的、偶発的に生じた損失
　　固定資産売却損、投資有価証券売却損、減損損失、
　　火災損失など

> **当期純利益 ＝ 税引前当期純利益 － 法人税、住民税及び事業税**

CHAPTER 2

一般商品売買 1

　本 CHAPTER の前半では、原価率、返品等、他勘定振替高について学習します。

　原価率については、その概念や計算方法を押さえておきましょう。なお、本書では特に指示がない場合は、三分法を前提に解説していきます。

　後半は、収益認識基準について学習します。実務的な基準ですが、問題文の指示を読んで、収益に係る取引の内容をしっかり把握することが重要です。

Chapter 2

損益会計

一般商品売買 1

≫ 原価率と利益率は商売の基本です！

学習スケジュール

Check List

- □ 「原価率・利益率」と「利益加算率」の違いを理解しているか？
- □ 総仕入高・総売上高と純仕入高・純売上高の違いを理解しているか？
- □ 返品等と原価率の関係を理解しているか？
- □ 他勘定振替高の会計処理を理解しているか？
- □ 収益認識の5つのステップを理解しているか？
- □ 収益認識における変動対価の処理を理解しているか？
- □ 収益認識における取引価格の配分を理解しているか？
- □ 収益認識における契約資産について理解しているか？
- □ 収益認識におけるポイント制度の処理について理解しているか？

Link to 財務諸表論① **Chapter6** 損益会計総論

財務諸表論では、一般商品売買は損益会計と関連があります。費用収益対応の原則などの内容と関連づけて学習しましょう。

1：原価率と利益率

原価率の概念

　本試験では、商品の原価と売価の比率から不明金額を算定させるという問題が出題されることがあります。商品の原価と売価の比率には、**原価率・利益率**と**利益加算率**という2つの概念があるため、上記のような計算問題を解くにはこれらの概念について正確に理解しておく必要があります。

原価率・利益率の意義

　原価率とは、売価を1（100%）とした場合の原価の割合をいい、**利益率**とは、売価を1（100%）とした場合の利益の割合をいいます。

$$原価率 = \frac{原価}{売価} \qquad 利益率 = \frac{利益}{売価}$$

Point　原価率と利益率

例）1個80円で仕入れた商品を100円で販売した場合の、売価、原価および利益の関係は、次のようになります。

売価 100円 1（100%）
- 利益 20円
- 原価 80円

利益率：$\dfrac{利益20円}{売価100円} = 0.2$（20%）

原価率：$\dfrac{原価80円}{売価100円} = 0.8$（80%）

原価率と利益率を足すと1（100%）になるという点もあわせておさえておきましょう。

例題 原価率と利益率

次の資料にもとづいて、当期の利益率と原価率を求めなさい。

[資　料]

	決算整理前残高試算表		（単位：円）
繰 越 商 品	2,800	売　　　上	48,500
仕　　　入	37,200		

・期末商品棚卸高は1,200円である。

解答

利益率：20%
原価率：80%

(1) 売上原価：2,800円 + 37,200円 − 1,200円 = 38,800円

(2) 利益率：$\dfrac{売上48,500円 - 売上原価38,800円}{売上48,500円} = 0.2\ (20\%)$

(3) 原価率：$\dfrac{売上原価38,800円}{売上48,500円} = 0.8\ (80\%)$

▶ 利益加算率の意義

利益加算率とは、原価を1（100%）とした場合の利益の加算割合をいいます。

$$利益加算率 = \dfrac{利益}{原価}$$

| Day 1 | Day 2 | Day 3 | Day 4 |

Point　利益加算率

例）1個80円で仕入れた商品を100円で販売した場合の、売価、原価および利益の関係は、次のようになります。

売価 100円 1.25（125%）
｛ 利益 20円
　原価 80円　1（100%）｝

利益加算率：$\dfrac{利益20円}{原価80円} = 0.25（25\%）$

つまり、利益加算率とは原価にその何％の利益を上乗せして売価を設定するかという、利益の上乗せ率のことです。

例題　利益加算率

当社は、4,000円で仕入れた商品Aを5,000円で販売している。商品Aの利益加算率を求めなさい。

解答　利益加算率：25%

利益加算率：$\dfrac{売上5,000円 - 売上原価4,000円}{売上原価4,000円} = 0.25（25\%）$

原価率と利益加算率

次の資料にもとづいて、(1)原価率80％の場合と(2)利益加算率25％の場合の期末商品棚卸高の金額を求めなさい。

[資　料]

決算整理前残高試算表　　　　（単位：円）

繰　越　商　品	45,500	売	上	427,000
仕　　　　　入	348,600			

解答

(1) 原価率80％の場合

　　期末商品棚卸高：52,500円

(2) 利益加算率25％の場合

　　期末商品棚卸高：52,500円

(1) 原価率80％の場合
　① 売上原価：売上 427,000円 × 0.8 ＝ 341,600円
　② 期末商品棚卸高：期首 45,500円 ＋ 仕入 348,600円 － 売上原価 341,600円
　　　　　　　　　＝ 52,500円

(2) 利益加算率25％の場合
　① 売上原価：売上 427,000円 × $\dfrac{1}{1.25}$ ＝ 341,600円
　② 期末商品棚卸高：期首 45,500円 ＋ 仕入 348,600円 － 売上原価 341,600円
　　　　　　　　　＝ 52,500円

 原価率と利益加算率では売上原価の求め方が違ってきますので、問題を解く際には必ず指示を確認しましょう。

問題 ▶▶▶ 問題編の**問題1**〜**問題2**に挑戦しましょう！

2：返品・値引・割戻し・割引とは

返品・値引・割戻しの意義

(1) 返品とは
　返品とは、品違いや数量違いなどによる商品の返却のことをいいます。

(2) 値引とは
　値引とは、品質不良や破損などによる商品代金の一部免除のことをいいます。

(3) 割戻しとは
　割戻しとは、一定期間に大量に商品を仕入れてくれた取引先に対する商品代金の一部免除のことをいいます。

 これらの定義は覚える必要はありません。軽く目をとおしたら次に進みましょう。

返品・値引・割戻しの会計処理

　返品・値引・割戻し（以下「返品等」といいます）が行われた場合、仕入取引および売上取引を取り消す処理を行います。

> **Point** 総仕入高・総売上高と純仕入高・純売上高
>
> ・総仕入高・総売上高：返品等が行われる前の仕入高・売上高
> ・純仕入高・純売上高：返品等が行われた後の仕入高・売上高

17

例題 返品等の処理

次の各取引の仕訳を示しなさい。
(1) 掛けで仕入れた商品のうち300円を返品した。
(2) 掛けで売り上げた商品について210円の返品を受けた。

解答

(1) 仕入戻し

（買　掛　金）	300	（仕　　　　入）	300

(2) 売上戻り

（売　　　　上）	210	（売　掛　金）	210

ここでは返品についての処理を確認しましたが、値引や割戻しの場合も返品と同じ処理を行うことを、しっかりおさえておきましょう。

返品等が行われた場合の相手勘定

返品等の相手勘定として売掛金や買掛金が使われているのをよくみますが、相手勘定は必ず売掛金や買掛金になるのですか？

相手勘定が決まっているわけではないの。だから基本的には、問題文の指示に従って解答することになるわね。あと、**取引先が得意先や仕入先の場合には、それが指示となって相手勘定が売掛金や買掛金となる場合がある**から注意してね。

割引の意義

割引とは、掛け代金の決済が、あらかじめ決められた決済期日前に行われた場合に、掛け代金の一部を免除することをいいます。

割引の会計処理

仕入側の割引は、**仕入割引勘定**で収益として処理します。一方、売上側の割引は、売上勘定の減額で費用として処理します。

割引の処理

次の各取引の仕訳を示しなさい。
(1) 買掛金500円を現金で支払った。なお、決済期日前の支払いであったため50円の割引を受けた。
(2) 売掛金300円を現金で受け取った。なお、決済期日前の受取りであったため10円の割引を行った。

解答

(1) 仕入割引

(買　掛　金)	500	(現　　　　金)	450
		(仕　入　割　引)	50

(2) 売上割引

(現　　　　金)	290	(売　掛　金)	300
(売　　　　上)	10		

仕入割引は返品等とは異なり、仕入の取消ではなく、別建ての勘定科目で処理する点に注意しましょう。
売上については収益認識基準が適用され、原則として、売上割引は計上されません（対価の額から利息部分（重要な金融要素）を除いた現金販売価格で売上を計上するため）。しかし、容認規定を採用した場合は上記(2)の処理になります。詳しくは、Chapter5の「契約における重要な金融要素」で学習します。

問題 ▶▶▶ 問題編の**問題3〜問題4**に挑戦しましょう！

3：返品等と原価率の関係

事前原価率と事後原価率

事前原価率とは、仕入れた商品に対して売価を決定した時点で算定された当初の原価率のことをいいます。

一方、**事後原価率**とは、売上値引・割戻しを控除した後の売上高にもとづく最終の原価率のことをいいます。

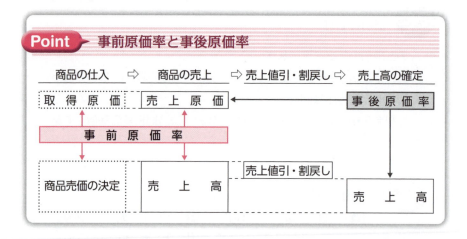

簿記論の問題で、原価率を算定する場合や資料に原価率が与えられる場合は、通常、事前原価率を示しています。事後原価率については軽く確認する程度で十分です。

返品等の扱い

事前原価率を算定する際には、総売上高から売上戻りを控除した売上高を用います。

$$事前原価率 = \frac{売上原価}{総売上高 - 売上戻り}$$

Point 原価率算定における返品等の扱い

	仕入の場合	売上の場合
返　品	控　除	控　除
値引・割戻し	控　除	控除しない

Study 売上値引・売上割戻と原価率の関係

売上戻りは分母の売上高から控除するのに、なぜ売上値引・割戻は控除しないのですか？

売上値引や売上割戻で減少するのは原価部分ではなくて利益部分でしょ。もし、売上値引と売上割戻を分母の売上高（売価）から控除してしまったら、分子の原価は控除前と変わらないのに分母の売上高が減少してしまって、算定される原価率が売価設定時の原価率と異なってきてしまうの。だから、総売上高から売上値引と売上割戻は控除しないのよ。

例題　返品等と原価率の関係

次の資料にもとづいて、当期の原価率を計算しなさい。

[資　料]

決算整理前残高試算表　（単位：円）

繰　越　商　品	960	売　　　上	11,400
仕　　　入	9,840		

1．期末商品棚卸高は1,200円である。
2．仕入勘定から仕入割戻120円が控除されている。

3．売上勘定から売上戻り1,200円、売上値引240円、売上割戻360円が控除されている。

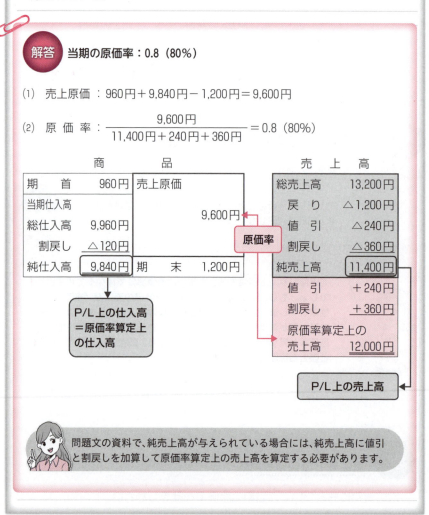

解答 当期の原価率：0.8（80％）

(1) 売上原価：960円＋9,840円－1,200円＝9,600円

(2) 原 価 率：$\dfrac{9,600円}{11,400円＋240円＋360円}＝0.8（80％）$

問題文の資料で、純売上高が与えられている場合には、純売上高に値引と割戻しを加算して原価率算定上の売上高を算定する必要があります。

問題 ▶▶▶ 問題編の**問題5**に挑戦しましょう！

4：他勘定振替高

▶ 他勘定振替高とは

販売目的で仕入れた商品が、見本品の提供や盗難といった販売以外の原因で減少したときは、仕入勘定から他の勘定への振替処理を行います。この振り替えた分を**他勘定振替高**といいます。

▶ 他勘定振替高の会計処理

商品を仕入れたときには仕入勘定で処理しているので、これをほかの適当な勘定科目に振り替えます。

Point 他勘定振替高の主な勘定科目

原　　因	勘定科目
火　　　　災	火　災　損　失
盗　　　　難	商　品　盗　難　損
見　本　品　提　供	見　本　品　費
備品などとして自家消費	備　品　な　ど

プラスα 他勘定振替高を用いる理由

販売以外での商品の減少高を当期商品仕入高から直接控除するのではなく、他勘定振替高として間接的に控除するとともに、その減少高を該当する区分へ表示することで、損益計算書の「当期商品仕入高」が正味の購買活動（外部からの当期商品仕入高）を表すようにすることができます。

他勘定振替高

次の資料にもとづいて、①仕入時、②見本品提供時、③決算時の仕訳を示しなさい。

[資　料]

1．期首商品棚卸高は19,500円である。
2．商品150,000円を掛けで仕入れた。
3．得意先に対し、2で仕入れた商品のうち600円を見本品として提供した。
4．期末商品棚卸高は22,500円である。

解答

① 仕入時

| （仕　　　　入） | 150,000 | （買　掛　金） | 150,000 |

② 見本品提供時

| （見　本　品　費） | 600 | （仕　　　　入） | 600 |

③ 決算時

| （仕　　　　入） | 19,500 | （繰　越　商　品） | 19,500 |
| （繰　越　商　品） | 22,500 | （仕　　　　入） | 22,500 |

(1)　決算整理前残高試算表

決算整理前残高試算表　　　　（単位：円）

繰　越　商　品	19,500	売　　　　上	XXX
仕　　　　入	149,400		
見　本　品　費	600		

 決算整理前残高試算表の仕入の金額が、当期商品仕入高から他勘定振替高を控除した金額になっている点に注意してください。

(2) 決算整理後残高試算表

決算整理後残高試算表		（単位：円）
繰 越 商 品	22,500	売　　　　　上　　　　XXX
仕　　　　入	146,400	
見 本 品 費	600	

問題 ➤➤➤ 問題編の**問題6～問題7**に挑戦しましょう！

5：収益認識基準

収益を認識するための5つのステップ

収益認識に関する会計基準では、基本となる原則にしたがって収益を認識するために、次の5つのステップが適用されます。

- ステップ1：顧客との契約を識別する。
- ステップ2：契約における履行義務を識別する。
- ステップ3：取引価格を算定する。
- ステップ4：契約における履行義務に取引価格を配分する。
- ステップ5：履行義務を充足した時に又は充足するにつれて収益を認識する。

顧　　客	対価と交換に、企業の通常の営業活動により生じたアウトプットである財又はサービスを得るために当該企業と契約した当事者
契　　約	法的な強制力のある権利及び義務を生じさせる複数の当事者間における取り決め（書面だけでなく、口頭、取引慣行等による黙示の約束も、契約になり得ます）
履行義務	顧客との契約において、財又はサービスを顧客に提供する約束
取引価格	財又はサービスの顧客への移転と交換に企業が権利を得ると見込む対価の額（ただし、第三者のために回収する額を除く）

収益認識基準の施行にともない、企業会計原則で定められていた、収益の認識に関する「実現主義」という表現は使われなくなりました。

Point　収益を認識するための5ステップ

取引例：当社は当期首に標準的な商品Xの販売と2年間の保守サービスを12,000千円で提供する契約を締結した。商品Xは当期首に引き渡し、保守サービスは当期首から翌期末まで行う。

ステップ1	対象となる顧客との契約を識別する。
	顧客との契約は、商品Xの販売契約と保守サービス契約であると識別する。
ステップ2	収益を計上するためにどのような義務や約束事があるのかを特定する。
	「商品Xの引渡し」と「保守サービスの提供」のそれぞれを履行義務として識別する。
ステップ3	収益計上額の基礎となる金額（取引価格）を算定する。
	商品Xの引渡しと保守サービスの提供に対する取引価格を12,000千円と算定する。
ステップ4	識別した履行義務に取引価格を配分する。
	取引価格12,000千円をそれぞれの履行義務に配分し、商品Xへの配分額を10,000千円、保守サービスへの配分額を2,000千円と算定する。
ステップ5	履行義務を果たした特定の時点、または履行義務を一定の期間にわたって果たしていく場合は義務を果たすにつれて、収益を計上する。
	商品Xへの配分額10,000千円は履行義務を充足した時（当期首）に収益を認識し、保守サービスへの配分額2,000千円は履行義務を充足するにつれて（当期首から翌期末までの2年間にわたって）収益を認識する。

収益認識基準は実務的な規定が詳細に定められているため、学習しようとすると大変ですが、典型的な簿記の問題では、必ずしも収益認識基準を意識する必要はありません。通常の決算整理を問う問題であれば、すでに期中の「売上」は計上されていますから、ステップ1～5の処理は完了しており、受験者側が改めて会計処理を考える必要はありません。

したがって、総合問題で問われるとすれば、期中に何か変則的な取引があって（値引き、割戻し、抱き合わせ販売、割賦販売など）、それが適切に処理されていないケースなどが考えられます。その場合は、問題文（取引内容）をよく読んで、必要な会計処理を考えましょう。

個別問題で出題される場合、出題範囲が広いため対応が難しいですが、細かい規定を知らなくても解ける問題や、問題の指示でヒントを与える形での出題が想定されます。

6：収益認識基準（変動対価）

▌変動対価とは

　変動対価とは、顧客と約束した対価のうち変動する可能性のある部分のことです。

当事者間で決めた当初の契約金額から変更される可能性がある部分のことです。たとえば、当初は対価を500円として販売することになっていた商品の代金が、値引きやリベートなどによって事後的に100円値下げされ400円になる可能性がある場合、この対価は変動対価に該当します。

▌変動対価が含まれる取引とは

　変動対価が含まれる取引には、値引き、リベート、返金、インセンティブ、業績に基づく割増金、ペナルティーなどの形態により対価の額が変動する場合や、返品権付きの販売などがあります。

▌変動対価の処理方法

　変動対価が含まれている場合、財またはサービスの顧客への移転と交換に、企業が権利を得ることとなる対価の額を見積もります。なお、見積もられた変動対価の額については、変動対価の額に関する不確実性が事後的に解消される際に、解消される時点までに計上された収益の著しい減額が発生しない可能性が高い部分に限り、取引価格に含めます。

顧客から受け取れる可能性が高い金額だけを収益の金額とします。たとえば、対価として500円を受け取る契約であったとしても、100円値引きされる可能性が高いのであれば、100円は売上としては計上せずに、受け取れると見込まれる400円のみを当初から売上として計上します。

　そのため、商品を販売した時点で、顧客と約束した対価のうち変動する可能性が高い部分が生じた場合は、売上値引や割戻しなどの金額を見積もり、その金額を収益（売上など）の金額から控除する必要があります。

また、顧客から受け取ったまたは受け取る対価の一部あるいは全部を顧客に返金すると見込む場合には、企業が権利を得ると見込まない額について、**返金負債**として処理します。

従来の処理では、いったん全額売上を計上して、返品や割戻しをしたタイミングで売上を取り消していましたが、今後は、返品や割戻しされる可能性が高い部分は、販売したときにあらかじめ売上から控除しておくという処理をします。

例題　変動対価

次の資料にもとづいて、X1年6月30日の仕訳を示しなさい。

[資　料]
1. 当社（決算日3月末）は、商品を1個当たり200円で販売する契約をX1年4月1日にA社（顧客）と結んだ。この契約における対価には変動性があり、A社がX2年3月31日までに商品を1,000個よりも多く購入する場合には、商品1個当たりにつき10円を割戻す。
2. X1年6月30日に、商品500個をA社に掛けで販売した。当社は、A社の購入数量はX2年3月31日までに1,000個を超えると見積もり、1個当たり10円を割戻しすることが必要になると判断した。

解答

（売　掛　金）	100,000	（売　　　　上）	95,000[*1]
		（返　金　負　債）	5,000[*2]

＊1　（@200円－@10円）×500個＝95,000円
＊2　@10円×500個＝5,000円

商品を販売した時点で、売上割戻による返金を行うと見込まれるときは、売上割戻の見積額を控除した純額95,000円を、企業が権利を得ることとなる対価の額として収益計上します。そして、受け取る対価の額100,000円との差額5,000円は、顧客に返金する額として返金負債とします。

7：収益認識基準（取引価格の配分）

▍独立販売価格にもとづく配分

　ある契約において履行義務が複数存在する場合、それぞれの履行義務の基礎となる別個の財またはサービスについて、契約における取引開始日の独立販売価格を算定し、この独立販売価格の比率にもとづいて、それぞれの履行義務に取引価格を配分します。

 独立販売価格とは、財またはサービスを単独で企業が顧客に販売する場合の価格のことです。

　なお、独立販売価格を直接観察できない場合には、合理的に入手できるすべての情報を考慮したうえで独立販売価格を見積もる必要があります。

▍値引きの配分

　契約における約束した財またはサービスの独立販売価格の合計額が、当該契約の取引価格を超える場合には、原則として、財またはサービスの全体について値引きが行われたと考え、契約におけるすべての履行義務に対して比例的に配分します。

例題　値引きの配分

　次の資料にもとづいて、当社が製品を売り上げた日における仕訳を示しなさい。

［資　料］
1．当社は、製品X、Y、Zを取引価格108,000円でセット販売し、代金は掛けとした。
2．各製品の独立販売価格の合計は120,000円（製品X：48,000円、製品Y：45,000円、製品Z：27,000円）である。
3．取引全体の値引き額12,000円については、どの製品に対して行われた

のかが不明であるため、各製品に比例的に配分する。

解答

（売　掛　金）	108,000	（売上（製品X））	43,200[*1]
		（売上（製品Y））	40,500[*2]
		（売上（製品Z））	24,300[*3]

*1　製品X：48,000円 − 12,000円
$$\times \frac{48,000円}{48,000円 + 45,000円 + 27,000円} = 43,200円$$

*2　製品Y：45,000円 − 12,000円
$$\times \frac{45,000円}{48,000円 + 45,000円 + 27,000円} = 40,500円$$

*3　製品Z：27,000円 − 12,000円
$$\times \frac{27,000円}{48,000円 + 45,000円 + 27,000円} = 24,300円$$

取引全体に対する値引き額12,000円は、すべての製品に対して値引きが行われたと考えて、各製品に比例的に配分します。

 問題編の**問題8**に挑戦しましょう！

8：収益認識基準（契約資産）

契約資産と顧客との契約から生じた債権

収益認識に関する会計基準では、顧客に対する債権（「企業が顧客に移転した財又はサービスと交換に受け取る対価に対する企業の権利」）を、契約資産と顧客との契約から生じた債権に分けています。

(1) **契約資産**

契約資産とは、「企業が顧客に移転した財又はサービスと交換に受け取る対価に対する企業の権利」のうち、顧客との契約から生じた債権以外のものです。

(2) **顧客との契約から生じた債権**

顧客との契約から生じた債権とは、「企業が顧客に移転した財又はサービスと交換に受け取る対価に対する企業の権利」のうち、無条件のものです。

> (1)(2)の違いは、無条件で対価を受け取れる状態かどうかです。「無条件」とは、財やサービスを顧客に提供済みで、あとは時間が経過すれば取引の対価を受け取れる状態を指します。
> なお、「契約資産」はそのまま勘定科目としても使われますが、「顧客との契約から生じた債権」は単なる分類名であり、具体的な科目としては売掛金、営業債権などが該当します。

例題　契約資産

以下の取引について、(1)商品Xの引渡時、(2)商品Yの引渡時の仕訳をそれぞれ示しなさい。

当社はA社と商品Xおよび商品Yを合わせて20,000円で販売する契約を締結した。当該契約締結後、直ちに商品Xの引渡しを行うが、商品Yの引渡しは当月末に行われる。なお、対価20,000円の支払いは商品X、Y両方の引渡しが条件となっており、翌月末に支払われる。

商品Xの独立販売価格：12,000円

商品Yの独立販売価格： 8,000円

解答

(1) 商品Xの引渡時

| （契　約　資　産） | 12,000 | （売　　　　　上） | 12,000 |

(2) 商品Yの引渡時

| （売　掛　金） | 20,000 | （契　約　資　産） | 12,000 |
| | | （売　　　　　上） | 8,000 |

商品Xの引渡時には、商品Xについて売上を計上しますが、対価の支払いは商品X、Y両方の引渡しが条件であるため、顧客との契約から生じた債権ではなく、契約資産として処理します。この債権は、商品Yを引渡した時に対価に対する無条件の権利となるため、契約資産から売掛金に振り替えます。

9：収益認識基準（ポイント制度）

▌ポイント制度とは

　企業は顧客を囲い込むための販売促進の一環として、企業が商品またはサービスを顧客に提供する際に、将来企業から商品またはサービスを購入するときに使用することで、使用した金額分の値引きが受けられるポイントを顧客に付与することがあります。これをポイント制度といいます。

企業が顧客に付与するポイントには、自社が運営するポイントと他社が運営するポイントの2通りがあります。

▌自社ポイントを付与する場合

　顧客との契約において、商品やサービスの提供に加えて自社ポイントを顧客に付与する場合、自社ポイントが契約を締結しなければ顧客が受け取れない重要な権利を顧客に提供するものであれば、企業は自社ポイントについて別個の履行義務を識別します。

重要な権利を顧客に提供する場合とは、たとえば、将来顧客が企業から商品やサービスを購入したときに、顧客の属する地域や市場における通常の値引きの範囲を超える値引きを顧客に提供する場合のことをいいます。

　この場合、自社ポイントは売上ではなく契約負債として処理します。また、履行義務へ取引価格を配分する際は、企業が提供する商品やサービスの独立販売価格と自社ポイントの独立販売価格との比率で行います。その後、顧客が自社ポイントを使用する時、あるいは自社ポイントが消滅する時に収益を認識します。

自社ポイントには販売価格が存在しないため、自社ポイントが使用される可能性を考慮したうえで、自社ポイントの独立販売価格を見積もる必要があります。

Day 1　**Day 2**　Day 3　Day 4

Point 契約負債

　契約負債とは、財またはサービスを顧客に移転する企業の（未履行の）義務に対して、企業が顧客から対価を受け取ったものまたは対価を受け取る期限が到来しているものをいいます。

例題 **自社ポイントを付与する場合**

　次の資料にもとづいて、(1)A社が商品を販売したとき、(2)X1年度末、(3)X2年度末における仕訳をそれぞれ示しなさい。

［資　料］

1．A社は、A社の商品を顧客が10円分購入するごとに3ポイントを顧客に付与するカスタマー・ロイヤルティ・プログラムを提供している。顧客は、ポイントを使用して、A社の商品を将来購入する際に1ポイント当たり1円の値引きを受けることができる。

2．X1年度中に、A社は顧客に対して商品50,000円を現金で販売し、将来のA社の商品購入に利用できる15,000ポイント（＝50,000円÷10円×3ポイント）を付与した。対価は固定であり、A社が販売した商品の独立販売価格は50,000円であった。

3．A社は商品の販売時点で、将来12,500ポイントが使用されると見込んだ。A社は顧客により使用される可能性を考慮して、ポイントの独立販売価格を12,500円と見積もった。

4．当該ポイントは、契約を締結しなければ顧客が受け取れない重要な権利を顧客に提供するものであるため、A社は、ポイントの付与により履行義務が生じると結論付けた。

5．A社はX2年度末において、使用されるポイント総数の見積りを14,000ポイントに更新した。

6．各年度に使用されたポイント、決算日までに使用されたポイント累計及び使用されると見込むポイント総数は次のとおりである。

35

	X1年度	X2年度
各年度に使用されたポイント	5,500	6,400
決算日までに使用されたポイント累計	5,500	11,900
使用されると見込むポイント総数	12,500	14,000

(1) A社が商品を販売したとき

(現　　　金) 50,000　(売　　　上) 40,000[*1]
　　　　　　　　　　　(契　約　負　債) 10,000[*2]

*1　商品：50,000円
　　× 商品の独立販売価格50,000円 / 独立販売価格の合計（商品50,000円＋ポイント12,500円）
　　＝40,000円

*2　ポイント：50,000円
　　× ポイントの独立販売価格12,500円 / 独立販売価格の合計（商品50,000円＋ポイント12,500円）
　　＝10,000円

自社ポイントの独立販売価格は、顧客が使用する可能性を考慮した12,500円となります。顧客に付与された15,000ポイントをそのまま独立販売価格としないように注意しましょう。

(2) X1年度末

(契　約　負　債) 4,400[*3]　(売　　　上) 4,400

*3　10,000円
　　× X1年度末までに使用されたポイント5,500ポイント / 使用されると見込むポイント総数12,500ポイント
　　＝4,400円

(3) X2年度末

(契　約　負　債) 4,100[*4]　(売　　　上) 4,100

*4　10,000円
　　× X2年度末までに使用されたポイント11,900ポイント / 変更後に使用されると見込むポイント総数14,000ポイント
　　＝8,500円

8,500円－Ｘ１年度末に計上した収益4,400円＝4,100円

商品の販売にともなって計上された契約負債は、顧客による自社ポイントの使用に応じて契約負債から売上に振り替えます。

他社ポイントを付与する場合

　顧客との契約において、商品やサービスの提供に加えて他社ポイントを顧客に付与する場合、他社ポイントが契約を締結しなければ顧客が受け取れない重要な権利を顧客に提供するものでなければ、企業は他社ポイントについて別個の履行義務を識別しません。
　この場合には、商品やサービスの販売代金から、他社ポイントの付与により生じた他社への支払額（未払金）を控除した金額を収益として認識します。

他社ポイントの付与により生じた他社への支払額は、第三者のために回収する金額となるので、収益として認識することはできません。

例題　他社ポイントを付与する場合

　次の資料にもとづいて、Ａ社が商品を販売したときの仕訳を示しなさい。
　［資　料］
1.　小売業を営むＡ社は、第三者であるＢ社が運営するポイントプログラムに参加している。プログラムの下では、Ａ社は、Ａ社の店舗で商品を購入した顧客に対し、購入時に当該ポイントプログラムのメンバーであることが表明された場合には、購入額100円につきＢ社ポイントが１ポイント付与される旨を伝達する。同時に、Ａ社は、Ｂ社に対してその旨を連絡し、Ｂ社はＡ社の顧客に対してＢ社ポイントを付与する。その後、Ａ社はＢ社に対し、１ポイントにつき１円を支払う。

2. A社の顧客に対して付与されたB社ポイントは、A社に限らず、B社が運営するポイントプログラムに参加する企業において利用できる。また、それらの企業における商品の購入で獲得されたB社ポイントも、A社で利用できる。
3. A社とB社との間に、上記以外の権利及び義務は発生しない。
4. A社は、自社の店舗で商品を顧客に現金10,000円で販売するとともに、顧客に対してB社ポイントが100ポイント付与される旨を伝達した。同時に、A社はB社に対してポイント付与の旨を連絡した。
5. A社は、A社の観点からは、B社ポイントの付与は顧客に重要な権利を提供していないと判断した。A社は、B社ポイントが顧客に対して付与される旨をB社に連絡し、同時にB社ポイントに相当する代金をB社に対して支払う義務を有するのみであり、A社はB社ポイントを支配していないと結論付けた。

解答

(現 金)	10,000	(売 上)	9,900[*1]
		(未 払 金)	100[*2]

*1 10,000円 − 100円 = 9,900円
*2 B社に対する支払額

A社は、顧客に対する商品販売の履行義務に係る取引価格の算定において、B社のために回収する金額である100円を控除します。

Chapter 2 のまとめ

原価率・利益率の計算方法

$$原価率 = \frac{原価}{売価}$$

$$利益率 = \frac{利益}{売価}$$

利益加算率の計算方法

$$利益加算率 = \frac{利益}{原価}$$

原価率算定における返品等の扱い

	仕入の場合	売上の場合
返　　品	控　除	控　除
値引・割戻し	控　除	控除しない

他勘定振替高の会計処理

商品を仕入れたときには仕入勘定で処理しているので、これをほかの適当な勘定科目に振り替えます。

原　　因	勘　定　科　目
火　　　　　災	火　災　損　失
盗　　　　　難	商　品　盗　難　損
見　本　品　提　供	見　本　品　費
備品などとして自家消費	備　品　な　ど

39

☐ 収益を認識するための5ステップ

ステップ1：顧客との契約を識別する。

ステップ2：契約における履行義務を識別する。

ステップ3：取引価格を算定する。

ステップ4：契約における履行義務に取引価格を配分する。

ステップ5：履行義務を充足した時に又は充足するにつれて収益を認識
する。

☐ 変動対価

取引価格の算定において、契約に変動対価が含まれている場合は、実質的に権利を得られる取引価格を見積もります。変動対価部分は、将来著しい減額が発生しない可能性が高い部分に限り、取引価格に含めます。

☐ 取引価格の配分

1つの契約に履行義務が複数存在する場合、独立販売価格の比率にもとづいて、それぞれの履行義務に取引価格を配分します。

☐ 契約資産

契約資産：顧客に対する債権のうち無条件ではないもの

顧客との契約から生じた債権：顧客に対する債権のうち無条件のもの
（売掛金、営業債権など）

CHAPTER 3

一般商品売買 2

　一般商品売買の会計処理の目的は、一事業年度の商品販売益と決算時の商品有高を勘定計算により算定することです。
　ここでは、この勘定計算方法のうち三分法以外の記帳方法を学習します。それぞれの方法で、どのような勘定科目を用いるのか、また、決算整理前の商品勘定が何を意味するのかという点を意識しながら学習していきましょう。

Chapter 3

損益会計

一般商品売買2

≫ 商品の記帳方法にはいろいろあります。

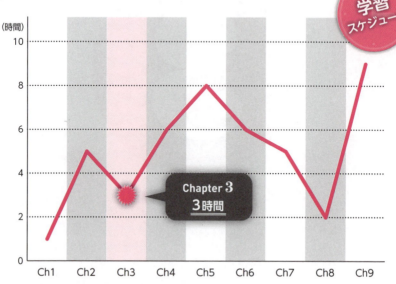

Check List
- ☐ 分記法の会計処理を理解しているか？
- ☐ 売上原価対立法の会計処理を理解しているか？
- ☐ 総記法の会計処理を理解しているか？
- ☐ 総記法で期末商品棚卸高が判明している場合の計算を理解しているか？
- ☐ どの記帳方法でも、期末商品棚卸高と商品販売益は同じである点を理解しているか？

Link to
財務諸表論では勘定の記帳方法が問われる可能性は低いため、簿記論特有の論点といえます。

1：分記法とは

分記法の意義

分記法とは、商品売買取引を商品勘定および商品販売益勘定という2つの勘定により記帳する方法です。

分記法の特徴

分記法は、商品の販売のつど、商品販売益を算定する点に特徴があり、決算整理前の商品勘定が期末商品棚卸高を、商品販売益勘定が商品販売益を表します。

Point 分記法の各勘定

商　　品		商品販売益
期首商品	売上原価	販売益
当期仕入高	期末商品	

分記法では、商品勘定はつねに借方残高となり、商品の現在有高を示しています。

例題　分記法

次の資料にもとづいて、①仕入時、②売上時、③決算時の仕訳を示しなさい。なお、当社は分記法を採用している。

［資　料］
1．期首商品棚卸高は19,500円である。
2．商品150,000円を掛けで仕入れた。

3．商品183,750円（原価147,000円）を掛けで売り上げた。
4．期末商品棚卸高は22,500円である。

① 仕入時

| （商　　　品） | 150,000 | （買　掛　金） | 150,000 |

② 売上時

| （売　掛　金） | 183,750 | （商　　　品） | 147,000 |
| | | （商品販売益） | 36,750 |

③ 決算時

仕　訳　な　し

期中の取引の結果、商品勘定は以下のようになっています。

商　　品

| 期首商品 19,500円 | 売上原価 147,000円 |
| 当期仕入高 150,000円 | 期末商品 22,500円 |

商　品　販　売　益

| | 36,750円 |

分記法を採用した場合、決算整理前に当期の商品販売益と期末商品棚卸高を勘定上で示しているため、決算整理は不要です。

44

2：売上原価対立法とは

売上原価対立法の意義

売上原価対立法とは、商品売買取引を商品勘定、売上原価勘定および売上勘定という3つの勘定により記帳する方法です。

売上原価対立法の特徴

売上原価対立法は、商品の販売のつど、売上原価を算定する点が特徴であり、決算整理前の商品勘定が期末商品棚卸高を、売上勘定と売上原価勘定の差額が商品販売益を表します。

Point ▶ 売上原価対立法の勘定連絡図

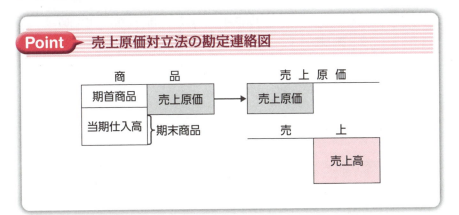

売上原価対立法も分記法と同様に、商品勘定はつねに借方残高となり、商品の現在有高を示しています。

例題　売上原価対立法

次の資料にもとづいて、①仕入時、②売上時、③決算時の仕訳を示しなさい。なお、当社は売上原価対立法を採用している。

[資　料]
1．期首商品棚卸高は19,500円である。
2．商品150,000円を掛けで仕入れた。
3．商品183,750円（原価147,000円）を掛けで売り上げた。
4．期末商品棚卸高は22,500円である。

解答

① 仕入時

|（商　　　品）|150,000|（買　掛　金）|150,000|

② 売上時

|（売　掛　金）|183,750|（売　　　上）|183,750|
|（売　上　原　価）|147,000|（商　　　品）|147,000|

③ 決算時

仕 訳 な し

期中の取引の結果、商品勘定は以下のようになっています。

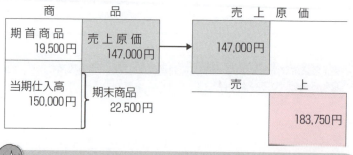

売上勘定183,750円と売上原価勘定147,000円の差額36,750円が商品販売益となります。

問題 >>> 問題編の**問題1～問題2**に挑戦しましょう！

3 : 総記法とは

総記法の意義

総記法とは、商品を仕入れたときには原価で商品勘定の借方に記帳し、商品を販売したときには売価で商品勘定の貸方に記帳する方法です。

総記法の特徴

総記法は、期中の商品売買取引を商品勘定のみで記帳する点に特徴があり、決算整理前の商品勘定は原価と売価が混合して記帳されるため、貸借差額の金額に意味はありません。

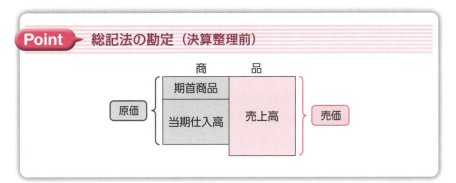

総記法では、決算整理前の商品勘定が借方残高にも貸方残高にもなります。

決算時の会計処理

総記法では、決算整理前の商品勘定は期末商品棚卸高を表していません。
そこで、決算整理仕訳で、売価と原価の差額である利益部分を商品勘定の借方と商品販売益勘定の貸方に記入することによって、商品勘定が期末商品棚卸高となるように修正する必要があります。

Point 総記法の各勘定（決算整理後）

例題　総記法―貸方残高の場合

次の資料にもとづいて、①仕入時、②売上時、③決算時の仕訳を示しなさい。なお、当社は総記法を採用している。

［資　料］
1．期首商品棚卸高は19,500円である。
2．商品150,000円を掛けで仕入れた。
3．商品183,750円（原価147,000円）を掛けで売り上げた。
4．期末商品棚卸高は22,500円である。

解答

① 仕入時

| （商　　　　品） | 150,000 | （買　掛　金） | 150,000 |

② 売上時

| （売　掛　金） | 183,750 | （商　　　　品） | 183,750 |

③ 決算時

| （商　　　　品） | 36,750 | （商 品 販 売 益） | 36,750* |

＊　183,750円－147,000円＝36,750円

48

(1) 決算整理前の商品勘定

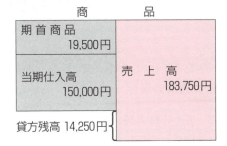

総記法を採用した場合、決算整理前では商品販売益と期末商品がわからないため、決算整理が必要です。

(2) 決算整理後の商品勘定

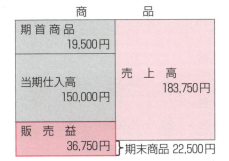

商品勘定の借方に利益の金額を記入することで、商品勘定の貸方に記入されている売価は原価に修正されます。その結果、商品勘定の貸借差額は期末商品棚卸高を表します。

分記法、売上原価対立法、総記法（貸方残高）のどの記帳方法でも、期末商品棚卸高は22,500円、商品販売益は36,750円となり、同じ結果となることを確認してください。

例題　総記法—借方残高の場合

　次の資料にもとづいて、①仕入時、②売上時、③決算時の仕訳を示しなさい。なお、当社は総記法を採用している。

［資　料］
1．期首商品棚卸高は19,500円である。
2．商品150,000円を掛けで仕入れた。
3．商品120,000円（原価96,000円）を掛けで売り上げた。
4．期末商品棚卸高は73,500円である。

 解答

① 仕入時
（商　　　　品）　150,000　　（買　掛　金）　150,000

② 売上時
（売　掛　金）　120,000　　（商　　　　品）　120,000

③ 決算時
（商　　　　品）　24,000　　（商 品 販 売 益）　24,000*

＊　120,000円 − 96,000円 ＝ 24,000円

(1) 決算整理前の商品勘定

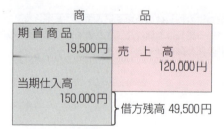

(2) 決算整理後の商品勘定

商品勘定が借方残高であったとしても、会計処理は貸方残高の場合と同じです。

期末商品棚卸高が判明している場合の計算

期末商品棚卸高が判明している場合には、次のように計算することができます。

・貸方残高の場合

　　商品販売益＝期末商品棚卸高＋商品勘定の貸方残高

・借方残高の場合

　　商品販売益＝期末商品棚卸高－商品勘定の借方残高

問題 ▶▶▶ 問題編の**問題3**に挑戦しましょう！

参考 三分法以外の方法による返品等の処理

返品等の処理は、三分法以外の記帳方法でも、仕入取引や売上取引を取り消す処理を行うという点は、三分法を採用した場合と同じです。

ただし、使用する勘定科目が記帳方法によって異なります。

Point 返品等の会計処理

	分　記　法	売上原価対立法	総　記　法
仕 入 返 品	買掛金／商　品	買掛金／商　品	買掛金／商　品
仕入値引・割戻	買掛金／商　品	買掛金／商　品	買掛金／商　品
売 上 返 品	商　品／売掛金 商品販売益／	売　上／売掛金 商　品／売上原価	商　品*／売掛金
売上値引・割戻	商品販売益／売掛金	売　上／売掛金	商　品／売掛金

＊　総記法の場合、売上時の商品勘定は売価で記帳されているので、売上を取り消す際の商品勘定は売価となります。

例題 返品等の処理

次の各取引について、各問における仕訳を示しなさい。

(1)　掛けで仕入れた商品600円を返品した。

(2)　掛けで仕入れた商品について2,000円の値引を受けた。

(3)　掛けで売り上げた商品4,000円（原価2,800円）が返品された。

(4)　掛けで売り上げた商品について500円の値引を行った。

　　問1　分記法で記帳している場合

　　問2　売上原価対立法で記帳している場合

　　問3　総記法で記帳している場合

問1 分記法

(1) 仕入返品時

| (買　　掛　　金) | 600 | (商　　　　　品) | 600 |

(2) 仕入値引時

| (買　　掛　　金) | 2,000 | (商　　　　　品) | 2,000 |

(3) 売上返品時

| (商　　　　　品) | 2,800 | (売　　掛　　金) | 4,000 |
| (商 品 販 売 益) | 1,200 | | |

(4) 売上値引時

| (商 品 販 売 益) | 500 | (売　　掛　　金) | 500 |

問2 売上原価対立法

(1) 仕入返品時

| (買　　掛　　金) | 600 | (商　　　　　品) | 600 |

(2) 仕入値引時

| (買　　掛　　金) | 2,000 | (商　　　　　品) | 2,000 |

(3) 売上返品時

| (売　　　　　上) | 4,000 | (売　　掛　　金) | 4,000 |
| (商　　　　　品) | 2,800 | (売 上 原 価) | 2,800 |

(4) 売上値引時

| (売　　　　　上) | 500 | (売　　掛　　金) | 500 |

問3　総記法

(1) 仕入返品時

（買　　掛　　金）　600　　（商　　　　品）　600

(2) 仕入値引時

（買　　掛　　金）　2,000　（商　　　　品）　2,000

(3) 売上返品時

（商　　　　品）　4,000　（売　　掛　　金）　4,000

(4) 売上値引時

（商　　　　品）　500　　（売　　掛　　金）　500

売上返品時の仕訳は記帳方法によって勘定科目などの違いが生じますので、その違いをしっかりおさえておきましょう。

| 参考 | 二分法とは |

二分法とは、商品売買取引を商品勘定および売上勘定により記帳する方法です。

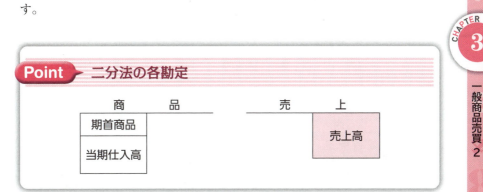

二分法は試験での重要性が低いので、軽く目をとおしたら次に進みましょう。

例題　二分法

次の資料にもとづいて、①仕入時、②売上時、③決算時の仕訳を示しなさい。なお、当社は二分法を採用している。

［資　料］
(1) 期首商品棚卸高は19,500円である。
(2) 商品150,000円を掛けで仕入れた。
(3) 商品183,750円（原価147,000円）を掛けで売り上げた。
(4) 期末商品棚卸高は22,500円である。

解答

① 仕入時
（商　　　品）150,000　　（買　掛　金）150,000

② 売上時
（売　掛　金）183,750　　（売　　　上）183,750

③ 決算時
（売　上　原　価）147,000　　（商　　　品）147,000

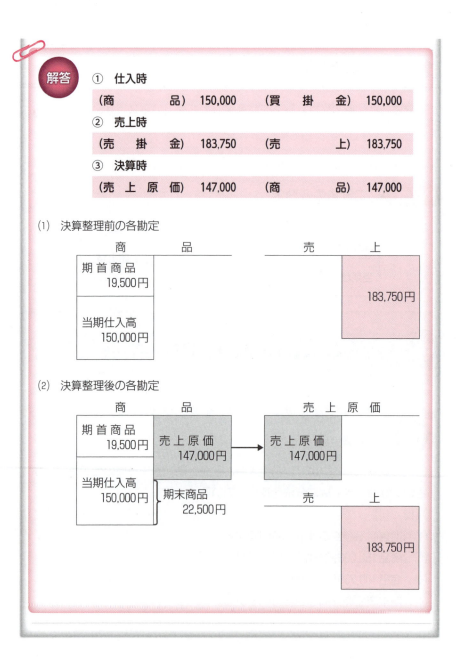

Chapter 3 のまとめ

☐ 分記法の会計処理と勘定

分 記 法	商品売買取引を商品勘定および商品販売益勘定という2つの勘定により記帳する方法

☐ 売上原価対立法の会計処理と勘定

売上原価対立法	商品売買取引を商品勘定、売上原価勘定および売上勘定という3つの勘定により記帳する方法

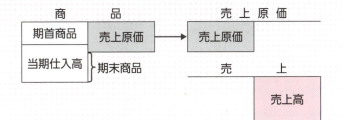

☐ 総記法の会計処理と勘定

総 記 法	商品を仕入れたときには原価で商品勘定の借方に記帳し、商品を販売したときには売価で商品勘定の貸方に記帳する方法

(1) **決算整理前**

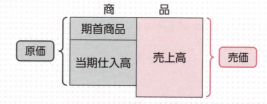

(2) **決算整理後**

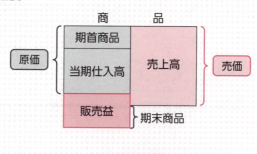

CHAPTER 4

一般商品売買 3

ここでは、期末棚卸高と売価還元法について学習します。

期末商品の評価は毎年のように本試験で出題される重要論点なので、基本的な処理から正確に理解していきましょう。

売価還元法は、処理方法が複数でてきますので、その違いを意識して学習を進めてください。

Chapter 4

損益会計

一般商品売買3

≫ 期末商品の金額を計算します。

Check List
- ☐ 期末棚卸高の算定の流れを理解しているか？
- ☐ 収益性の低下の会計処理を理解しているか？
- ☐ 売価還元法の会計処理を理解しているか？
- ☐ 仕入諸掛の会計処理を理解しているか？
- ☐ 仕入・売上の計上基準を理解しているか？

Link to 財務諸表論② **Chapter7 棚卸資産**

財務諸表論では、棚卸資産の評価方法と関連があります。棚卸資産の費用配分や貸借対照表価額の評価方法などの内容と関連づけて学習しましょう。

1：棚卸資産とは

▶棚卸資産の意義

棚卸資産とは、企業の営業活動において消費されることにより費用となる資産で、いくら消費したかを数量で把握できるものをいいます。

基本的には、商品をイメージしながら学習していきましょう。なお、商品のほかに製品や事務用消耗品なども棚卸資産に含まれます。

▶取得原価の計算方法

棚卸資産は、原則として購入代価に仕入諸掛（付随費用）を加算して取得原価とします。

取得原価＝購入代価＋仕入諸掛（付随費用）

仕入諸掛についての詳細は、**6：仕入諸掛**で解説します。ここでは、仕入諸掛が取得原価に含まれる点をおさえておきましょう。

2：期末棚卸高の算定

期末帳簿棚卸高と期末実地棚卸高

期末帳簿棚卸高とは、商品有高帳で把握している期末棚卸高のことです。
一方、**期末実地棚卸高**とは、実地棚卸により判明した期末棚卸高のことです。

> **Point** 期末帳簿棚卸高と期末実地棚卸高
>
> 商品売買の会計処理では、決算において、まず期末帳簿棚卸高により売上原価を計算します。次に、期末帳簿棚卸高を期末実地棚卸高に修正する処理を行います。
>
>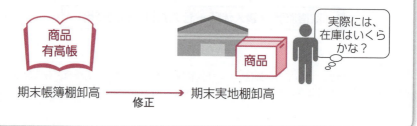

払出単価の計算

期末帳簿棚卸高は、商品有高帳における期末在庫数量に払出単価を掛けて算定します。払出単価の決定方法には**先入先出法**、**平均原価法**と**最終仕入原価法**があります。

Point 払出単価の決定方法

- 先入先出法：もっとも古く取得したものから先に払出しが行われると仮定して払出単価を計算する方法。
- 平均原価法：取得した棚卸資産の平均原価を算出し、この平均原価を払出単価とする方法。なお、平均原価法には、次の２つの方法があります。

移動平均法	単価の異なる商品を受け入れるつど、平均原価を算定する方法
総平均法	前期繰越高と当期仕入高の総額から平均原価を算定する方法

- 最終仕入原価法：その期の最後に仕入れた棚卸資産の原価（最終仕入原価）によって、期末棚卸資産の価額を算定する方法。

移動平均法は、商品の受入れのつど、平均原価の計算を行い、総平均法は期末に一括で平均原価の計算を行うという違いがあります。

例題　払出単価の決定方法

　次の資料にもとづいて、各問における売上原価と期末帳簿棚卸高の金額を求めなさい。

［資　料］
当期における商品の受入れ・払出しは次のとおりである。

① 期首商品　 60個　@240円
② 仕　　入　180個　@288円
③ 売　　上　180個　　―
④ 仕　　入　240個　@300円

63

⑤ 売　　上　180個　　　—

問1　払出単価の算定方法として、先入先出法を採用している場合
問2　払出単価の算定方法として、移動平均法を採用している場合
問3　払出単価の算定方法として、総平均法を採用している場合
問4　払出単価の算定方法として、最終仕入原価法を採用している場合

解答

問1　先入先出法を採用している場合

売　上　原　価	102,240円
期末帳簿棚卸高	36,000円

問2　移動平均法を採用している場合

売　上　原　価	102,816円
期末帳簿棚卸高	35,424円

問3　総平均法を採用している場合

売　上　原　価	103,680円
期末帳簿棚卸高	34,560円

問4　最終仕入原価法を採用している場合

売　上　原　価	102,240円
期末帳簿棚卸高	36,000円

問1　先入先出法を採用している場合

商　　　品（先入先出法）

期首商品 14,400円	売上原価 102,240円[*2] （貸借差額）
当期仕入高 123,840円	期末商品 36,000円[*1]

＊1　期末商品帳簿数量：60個＋180個－180個＋240個－180個＝120個
　　期末帳簿棚卸高：@300円×120個＝36,000円
＊2　売　上　原　価：14,400円＋123,840円－36,000円＝102,240円

先入先出法の場合、もっとも新しい仕入単価から順番にさかのぼって、期末帳簿棚卸高の算定に用いる払出単価とします。

問2　移動平均法を採用している場合

商品（移動平均法)	
期首商品 14,400円	売上原価 102,816円*2 (貸借差額)
当期仕入高 123,840円	期末商品 35,424円*1

*1　期末商品帳簿数量：60個＋180個－180個＋240個－180個＝120個
　　移動平均単価：　　＠240円× 60個＝14,400円
　　　　　　　　　＋＠288円×180個＝51,840円
　　　　　　　　　　＠276円×240個＝66,240円
　　　　　　　　　△＠276円×180個＝49,680円
　　　　　　　　　　＠276円× 60個＝16,560円
　　　　　　　　　＋＠300円×240個＝72,000円
　　　　　　　　　　＠295.2円×300個＝88,560円
　　期末帳簿棚卸高：　＠295.2円×120個＝35,424円
*2　売上原価：14,400円＋123,840円－35,424円＝102,816円

移動平均法の場合、最後に仕入れた時点で算定された移動平均単価を、期末帳簿棚卸高の算定に用いる払出単価とします。

問3　総平均法を採用している場合

商品（総平均法)	
期首商品 14,400円	売上原価 103,680円*2 (貸借差額)
当期仕入高 123,840円	期末商品 34,560円*1

＊1　総平均単価：$\dfrac{@240円 \times 60個 + @288円 \times 180個 + @300円 \times 240個}{60個 + 180個 + 240個}$

　　　　　　　　　＝ @288円

　　　期末帳簿棚卸高：@288円 × 120個 ＝ 34,560円
＊2　売　上　原　価：14,400円 ＋ 123,840円 － 34,560円 ＝ 103,680円

総平均法の場合、総平均単価を期末帳簿棚卸高の算定に用いる払出単価とします。

問4　最終仕入原価法を採用している場合

商　　　　品　（最終仕入原価法）

期首商品 14,400円	売　上　原　価 ∴ 102,240円＊2
当期仕入高 123,840円	期　末　商　品 36,000円＊1

＊1　期末商品帳簿数量：60個 ＋ 180個 － 180個 ＋ 240個 － 180個 ＝ 120個
　　　期末帳簿棚卸高：@300円 × 120個 ＝ 36,000円
＊2　売　上　原　価：14,400円 ＋ 123,840円 － 36,000円 ＝ 102,240円

最終仕入原価法の場合、最終仕入原価を期末帳簿棚卸高の算定に用いる払出単価とします。

3：棚卸資産の期末評価

棚卸減耗の意義

棚卸減耗とは、紛失などにより、実地棚卸数量が帳簿棚卸数量より減少していることをいいます。また、棚卸減耗によって生じた損失を**棚卸減耗費**といいます。

棚卸減耗の会計処理

棚卸減耗に払出単価を掛けた金額を**棚卸減耗費**として処理します。

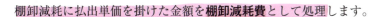

棚卸減耗費＝払出単価（原価）×（期末帳簿数量－期末実地数量）
　　　　＝期末帳簿棚卸高－期末実地棚卸高

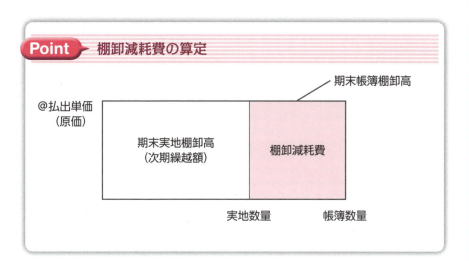

Point　棚卸減耗費の算定

先入先出法の場合の棚卸減耗費

先入先出法で計算すると期末帳簿棚卸高の払出単価が2種類以上になるときがありますよね。そういう時って、どの払出単価で棚卸減耗費を計算すればいいのですか？

そういう場合は、先に仕入れた商品から棚卸減耗が生じたと考えればいいのよ。だから、**棚卸減耗費を求めるのに使う払出単価は、先に仕入れた商品の単価になるの。**

▌収益性の低下にもとづく帳簿価額の切下げ

棚卸資産は、通常、**取得原価**を貸借対照表価額とします。

しかし、期末の正味売却価額が取得原価より低い場合（棚卸資産の収益性が低下している場合）には、帳簿価額を切り下げて**正味売却価額**を貸借対照表価額とします。

 破損や流行の変化などによって棚卸資産の価値が下がることを、収益性の低下といいます。

Point　正味売却価額

正味売却価額とは、売価から見積販売直接経費を控除した金額のことをいいます。

> 正味売却価額 ＝ 売価* － 見積販売直接経費
>
> ＊　売価：売却市場の時価のこと

商品評価損の会計処理

取得原価と正味売却価額との差額を、**商品評価損**として処理します。

$$商品評価損 = \underbrace{(@原価 - @正味売却価額) \times 良品数量}_{良品分}$$
$$+ \underbrace{(@原価 - @正味売却価額) \times (実地数量 - 良品数量)}_{劣化品分}$$

棚卸減耗がない場合、上記計算式の実地数量を帳簿数量に代えて計算します。

Point　商品評価損の算定

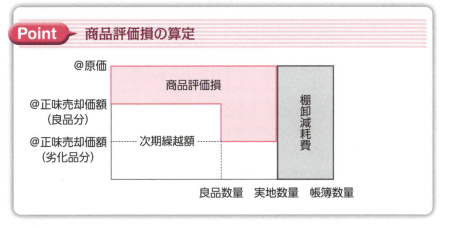

劣化品がある場合、2種類の正味売却価額を使い分ける必要がある点に注意しましょう。

商品評価損の振戻処理

当期に計上した商品評価損の振戻処理に関しては、**洗替法**（次期に戻入れを行う方法）と**切放法**（次期に戻入れを行わない方法）のいずれかの方法を選択適用できます。

洗替法	商品評価損を戻し入れ、次期以降も簿価切下げ前の帳簿価額と正味売却価額とを比較する方法
切放法	商品評価損の戻入れは行わず、次期以降は簿価切下げ後の帳簿価額と正味売却価額とを比較する方法

 洗替法または切放法の指示がない場合は、切放法で解答しましょう。

期末商品の評価

次の資料にもとづいて、①決算時と②翌期首（振戻処理）の仕訳を示しなさい。

［資 料］

　　　　　　　　　決算整理前残高試算表　　　　（単位：円）
　繰　越　商　品　　15,000 ｜ 売　　　　　上　　　　XXX
　仕　　　　　入　 129,000 ｜

1. 期末帳簿棚卸高：150個 @260円（原価）
2. 期末実地棚卸数量は135個であり、このうち15個は品質低下品（劣化品）である。品質低下品の正味売却価額は1個あたり160円であり、切放法により会計処理を行う。また、残りの120個の正味売却価額は1個あたり255円であり、洗替法により会計処理を行う。
3. 前期末における収益性の低下の事実はない。

 解答

① 決算時

（仕　　　　　入）	15,000	（繰　越　商　品）	15,000
（繰　越　商　品）	39,000	（仕　　　　　入）	39,000
（棚　卸　減　耗　費）	3,900	（繰　越　商　品）	3,900
（商　品　評　価　損　益）	2,100	（繰　越　商　品）	2,100

② 翌期首（振戻処理）

（繰　越　商　品）	600	（商品評価損益）	600

① 決算時
　(イ) 期末商品帳簿棚卸高：@260円×帳簿150個＝39,000円
　(ロ) 棚卸減耗費：@260円×（帳簿150個－実地135個）＝3,900円
　(ハ) 商品評価損：
　　　（@260円－正味売却価額@160円）×劣化品15個＝1,500円 ┐
　　　　　　　　　　　　　　　　　　　　　　　　　　　　　├ 2,100円
　　　（@260円－正味売却価額@255円）×良品120個＝600円 ┘

〈期末商品ボックスの分析〉

② 翌期首（振戻処理）
　　（@260円－正味売却価額@255円）×良品120個＝600円

良品と品質低下品（劣化品）で使用する正味売却価額が異なることに注意しましょう。また、翌期首の振戻処理が必要なのは、洗替法を採用している良品に係る部分だけです。

洗替法を採用した場合の勘定科目について

例題では、切下時も振戻時も商品評価損益勘定を使っていますが、必ずこの勘定科目を使わないといけないのですか？

必ずこの勘定科目を使わないといけないわけではなくて、基本的には問題の指示に従って解答してね。
ひとつ例をあげると、洗替法では、切下時には「商品評価損」を使って、翌期首の振戻処理時には「商品評価戻入額」という勘定科目を使ったりするから覚えておいてね。

問題 ▶▶▶ 問題編の**問題1**〜**問題4**に挑戦しましょう！

4：棚卸減耗費および商品評価損の原価処理

棚卸減耗費および商品評価損の原価処理

棚卸減耗費および商品評価損について、売上原価に含めて処理する場合があります（**原価処理**）。この場合、次のような処理を行います。

Point 原価処理の流れ

例）期末に棚卸減耗費100円、商品評価損50円が生じている。なお、これらは、売上原価に含めて処理するものとする。

① 棚卸減耗費および商品評価損の処理

| (棚 卸 減 耗 費) | 100 | (繰 越 商 品) | 150 |
| (商 品 評 価 損 益) | 50 | | |

いったん期末評価を行ったあと売上原価に振り替えます。

② 原価処理

| (仕　　　　入) | 150 | (棚 卸 減 耗 費) | 100 |
| 売上原価 | | (商 品 評 価 損 益) | 50 |

①＋②

| (仕　　　　入) | 150 | (繰 越 商 品) | 150 |

原価処理を行うかどうかの指示は、問題文に与えられます。

例題　期末商品の評価—原価処理を行う場合

次の資料にもとづいて、①決算時と②翌期首（振戻処理）の仕訳を示しなさい。

［資　料］

	決算整理前残高試算表	（単位：円）
繰　越　商　品	15,000	売　　　上　　　XXX
仕　　　　　入	129,000	

1．期末帳簿棚卸高：150個　@260円（原価）
2．期末実地棚卸数量は135個であり、このうち15個は品質低下品（劣化品）である。品質低下品の正味売却価額は1個あたり160円であり、切放法により会計処理を行う。また、残りの120個の正味売却価額は1個あたり255円であり、洗替法により会計処理を行う。
3．収益性の低下にもとづく評価損については原価処理を行う。
4．前期末における収益性の低下の事実はない。

解答

① 決算時

（仕　　　　　入）	15,000	（繰　越　商　品）	15,000
（繰　越　商　品）	39,000	（仕　　　　　入）	39,000
（棚　卸　減　耗　費）	3,900	（繰　越　商　品）	3,900
（仕　　　　　入）	2,100	（繰　越　商　品）	2,100

② 翌期首（振戻処理）

（繰　越　商　品）	600	（仕　　　　　入）	600

〈商品評価損の原価処理〉

(1) 商品評価損の計上

（商品評価損益）	2,100	（繰　越　商　品）	2,100

(2) 原価処理

（仕　　　　　入）	2,100	（商品評価損益）	2,100

損益計算書の表示

ここまでの学習内容にもとづいた損益計算書の表示の一例を示すと、次のようになります。

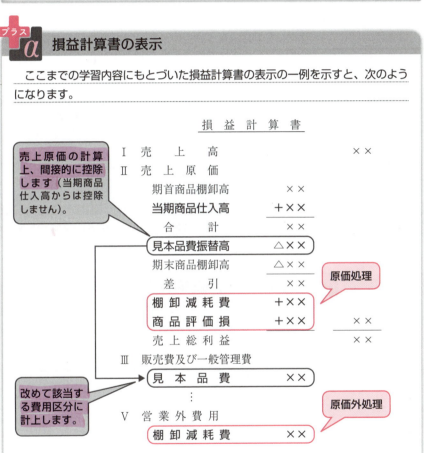

[問題] >>> 問題編の**問題5〜問題6**に挑戦しましょう！

5：売価還元法

▎売価還元法の意義

売価還元法とは、商品を適当なグループにまとめ、1グループに属する期末商品の売価に原価率を掛けて、期末商品原価を算定する方法です。

 スーパーのように取扱商品がきわめて多い企業では、品目ごとに期末商品原価を計算することが困難なので、売価還元法の適用が認められています。

▎売価還元法による売上原価の算定

売価還元法では、商品グループの期首商品原価と当期仕入原価の合計から、期末商品の売価に原価率を掛けて算定した期末商品原価を差し引くことにより、売上原価を算定します。

$$期末商品原価 = 期末商品帳簿売価 \times 原価率$$

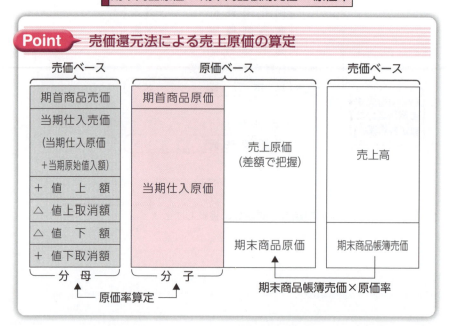

Point　売価還元法による売上原価の算定

なお、原価率は次の計算式により算定します。

$$\text{原価率} = \frac{\text{期首商品原価} + \text{当期商品仕入原価}}{\text{期首商品売価} + \underbrace{(\text{当期商品仕入原価} + \text{原始値入額})}_{\text{当期仕入売価}} + \underbrace{(\text{値上額} - \text{値上取消額})}_{\text{純値上額}} - \underbrace{(\text{値下額} - \text{値下取消額})}_{\text{純値下額}}}$$

売価還元法は、簡便的に期末商品原価を計算する方法です。そのため、売上原価は、売上高に原価率を掛けて直接計算することはせず、貸借差額で計算します。

売価還元法の用語

原始値入額とは、仕入れた商品の売価を設定する際に最初に加算した利益額のことです。また、値上額および値下額とは、売価の変更額であり、原始値入額の修正額のことです。

値下げと値引の違いについて

そういえば、値下げと似たような言葉で値引ってありますよね。この2つは正確に使い分けたほうがいいのですか？

もちろん！　値下げというのは、商品を販売する前に値段を下げることよ。これに対して、値引は販売した商品が汚れていたり破損していたときに、あとで代金をまけてあげることをいうの。両者は意味が違うから、ちゃんと区別してね。

例題　売価還元法

次の資料にもとづいて、決算時の仕訳を示しなさい。

[資　料]

	決算整理前残高試算表		（単位：円）
繰　越　商　品	2,700	売　　　　上	18,150
仕　　　　入	15,300		

1. 期末商品は売価還元法により評価する。

	原　価	売　価	
期 首 商 品	2,700円	3,450円	
当期仕入高	15,300円	18,900円	（原始値入額：3,600円）
純 値 上 額		1,650円	
純 値 下 額		1,500円	

2. 期末帳簿棚卸売価は4,350円である。

　解答

（仕 入）	2,700	（繰 越 商 品）	2,700
（繰 越 商 品）	3,480	（仕 入）	3,480

(1) 原価率の算定：

$$\frac{期首商品原価2,700円＋当期商品仕入原価15,300円}{期首商品売価3,450円＋当期仕入売価18,900円＋純値上額1,650円－純値下額1,500円} = 0.8$$

(2) 期末商品帳簿棚卸高：4,350円×0.8＝3,480円

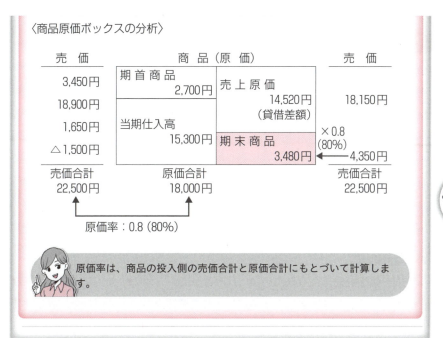

売価還元法における棚卸減耗費の会計処理

売価還元法を採用している場合で、棚卸減耗が生じた際には、次の計算式にもとづいて棚卸減耗費を算定します。

> ① 期末商品帳簿売価 ＝ 売価合計額 － 売上高
> ② 棚卸減耗売価 ＝ 期末商品帳簿売価 － 期末商品実地売価
> ③ 棚卸減耗費 ＝ 棚卸減耗売価 × 原価率

売価還元法における商品評価損の会計処理

(1) 原則処理

売価還元法を採用している場合で、期末における正味売却価額が帳簿価額よりも下落しているときには、**正味売却価額**を貸借対照表価額とします。

> 商品評価損 ＝ 原価率 × 実地売価 － 正味売却価額

> **Point** 商品評価損の算定（原則）

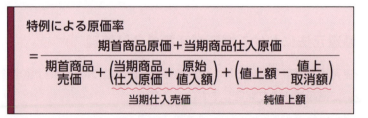

(2) **特例処理**

　値下額等が売価合計額に適切に反映されている場合には、値下額と値下取消額を除外した原価率により算定した期末棚卸商品の帳簿価額を、収益性の低下を反映した帳簿価額とみなすことができます。

$$\text{特例による原価率} = \frac{\text{期首商品原価}+\text{当期商品仕入原価}}{\underbrace{\text{期首商品売価}+(\text{当期商品仕入原価}+\text{原始値入額})}_{\text{当期仕入売価}}+\underbrace{(\text{値上額}-\text{値上取消額})}_{\text{純値上額}}}$$

商品評価損 ＝ 原価率 × 実地売価 － 特例による原価率 × 実地売価

 純値下額を無視する点が、売価還元法（原価法）の原価率と違う点です。なお、この原価率のことを売価還元低価法の原価率ともいいます。

Point　商品評価損の算定（特例）

原価率
特例による原価率

	商品評価損	棚卸減耗費
	特例による原価率によって計算した帳簿価額	

　　　　　　　　　　実地　帳簿
　　　　　　　　　　売価　売価

　純値下額を除外する理由

　（純）値下額を無視して原価率を計算することで、分母の金額が大きくなり、原価率は小さくなります。その結果、算出される期末商品原価も小さくなり、通常の収益性の低下による帳簿価額の切下げと同様の効果が得られます。

例題　売価還元法―収益性の低下①

次の資料にもとづいて、決算時の仕訳を示しなさい。

[資　料]

　　　　　　　　　決算整理前残高試算表　　　（単位：円）

繰　越　商　品	2,700	売　　　　　上	18,150
仕　　　　　入	15,300		

1. 期末商品は売価還元法により評価する。

	原　価	売　価	
期 首 商 品	2,700円	3,450円	
当 期 仕 入 高	15,300円	18,900円	（原始値入額：3,600円）
純 値 上 額		1,650円	
純 値 下 額		1,500円	

2. 期末帳簿棚卸売価：4,350円
3. 期末実地棚卸売価：4,200円
4. 正味売却価額：3,000円

解答

（仕　　　　　入）	2,700	（繰　越　商　品）	2,700
（繰　越　商　品）	3,480	（仕　　　　　入）	3,480
（棚 卸 減 耗 費）	120	（繰　越　商　品）	120
（商 品 評 価 損）	360	（繰　越　商　品）	360

(1) 原価率の算定：

$$\frac{期首商品原価2,700円 + 当期商品仕入原価15,300円}{期首商品売価3,450円 + 当期仕入売価18,900円 + 純値上額1,650円 - 純値下額1,500円}$$

　＝ 0.8

(2) 期末商品帳簿棚卸高：4,350円 × 0.8 ＝ 3,480円

(3) 棚卸減耗費：(4,350円 − 4,200円) × 0.8 ＝ 120円

(4) 商品評価損：(3,480円 − 120円) − 3,000円 ＝ 360円

〈商品原価ボックスの分析〉

〈期末商品ボックスの分析〉

原価率 0.8（80%）	商品評価損　360円	棚卸減耗費 120円
	正味売却価額 3,000円	
	4,200円	4,350円

資料で与えられている期末棚卸資産に関する金額は、売価ベースの金額です。そのため、棚卸減耗費や商品評価損を計算する際には、原価率を掛けることに注意しましょう。

売価還元法―収益性の低下②

次の資料にもとづいて、決算時の仕訳を示しなさい。

[資 料]

決算整理前残高試算表		（単位：円）
繰 越 商 品　2,700	売　　　上	18,150
仕　　　入　15,300		

1. 期末商品は売価還元法により評価する。なお、期末商品帳簿棚卸高の算定にあたっては売価還元法の原則処理による原価率を、収益性の低下にもとづく帳簿価額の切下げにあたっては特例処理による原価率を用いる。

	原　価	売　価	
期首商品	2,700円	3,450円	
当期仕入高	15,300円	18,900円	（原始値入額：3,600円）
純値上額		1,650円	
純値下額		1,500円	

2. 期末帳簿棚卸売価：4,350円
3. 期末実地棚卸売価：4,200円

 解答

（仕　　　　　入）	2,700	（繰 越 商 品）	2,700
（繰 越 商 品）	3,480	（仕　　　　　入）	3,480
（棚 卸 減 耗 費）	120	（繰 越 商 品）	120
（商 品 評 価 損）	210	（繰 越 商 品）	210

(1) 原価率の算定（原則）：

$$\frac{期首商品原価2,700円＋当期商品仕入原価15,300円}{期首商品売価3,450円＋当期仕入売価18,900円＋純値上額1,650円－純値下額1,500円}＝0.8$$

(2) 期末商品帳簿棚卸高：4,350円×0.8＝3,480円

(3) 棚卸減耗費：（4,350円－4,200円）×0.8＝120円

84

(4) 特例による原価率：

$$\frac{期首商品原価2,700円＋当期商品仕入原価15,300円}{期首商品売価3,450円＋当期仕入売価18,900円＋純値上額1,650円} = 0.75$$

(5) 商品評価損：（3,480円－120円）－4,200円×0.75＝210円

〈商品原価ボックスの分析〉

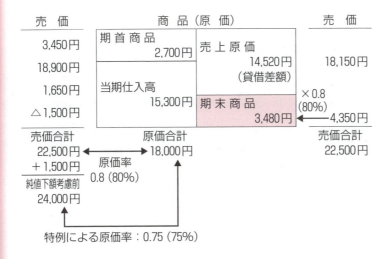

〈期末商品ボックスの分析〉

特例による原価率では、純値下額を無視した売価合計を用います。

問題 >>> 問題編の**問題7〜問題9**に挑戦しましょう！

6：仕入諸掛

▶ 仕入諸掛の意義

仕入諸掛とは、商品を仕入れるために必要な諸費用のことです。

仕入諸掛には、引取運賃、買入手数料、保険料、関税などがあります。

▶ 仕入諸掛の会計処理

仕入諸掛を支払ったときの会計処理には、原則的な処理である仕入勘定に直接加算する方法のほかに、仕入諸掛費勘定を別に設ける方法が認められています。

仕入勘定に直接加算する方法（原則）	当期に発生した仕入諸掛を仕入勘定に直接加算し、決算時に売上原価と期末棚卸高に配分する方法
仕入諸掛費勘定を設ける方法（容認）	当期に発生した仕入諸掛を仕入諸掛費勘定で処理し、決算時に売上原価と期末棚卸高に配分する方法

 期末棚卸高に配分する金額は、原則処理では、繰越商品勘定で繰り越します。一方、容認処理では、繰延仕入諸掛勘定で繰り越します。

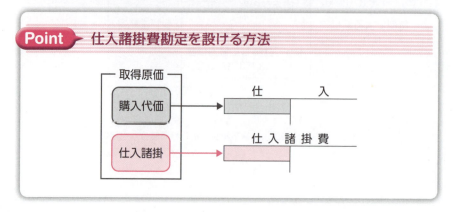

Point　仕入諸掛費勘定を設ける方法

例題　仕入諸掛

次の資料にもとづいて、各問における①期中と②決算時の仕訳を示しなさい。

[資　料]
1. 期首商品の購入代価は24,000円、仕入諸掛は420円であった。
2. 当期に購入代価120,000円の商品を掛けで仕入れた。その際、仕入諸掛2,460円を現金で支払っている。
3. 期末商品の購入代価は30,000円、仕入諸掛は600円であった。

問1　仕入勘定に直接加算する方法によった場合
問2　仕入諸掛費勘定で処理する方法によった場合

解答

問1　仕入勘定に直接加算する方法によった場合

① 期中仕訳

(仕　　　　入)	122,460	(買　　掛　　金)	120,000
		(現　　　　金)	2,460

② 決算時

(仕　　　　入)	24,420	(繰　越　商　品)	24,420
(繰　越　商　品)	30,600	(仕　　　　入)	30,600

問2　仕入諸掛費勘定で処理する方法によった場合

① 期中仕訳

(仕　　　　入)	120,000	(買　　掛　　金)	120,000
(仕　入　諸　掛　費)	2,460	(現　　　　金)	2,460

② 決算時

(仕　　　　入)	24,000	(繰　越　商　品)	24,000
(仕　入　諸　掛　費)	420	(繰　延　仕　入　諸　掛)	420
(繰　越　商　品)	30,000	(仕　　　　入)	30,000
(繰　延　仕　入　諸　掛)	600	(仕　入　諸　掛　費)	600

財務諸表の表示方法について

仕入諸掛は、損益計算書の期首商品棚卸高、当期商品仕入高、期末商品棚卸高に加算して表示します。また、貸借対照表の商品にも仕入諸掛を加算して表示します。

したがって、帳簿上の処理を原則処理で行っても容認処理で行っても、公表用財務諸表はまったく同じになります。

▶仕入諸掛の按分計算

　仕入諸掛の売上原価と期末商品への按分計算は、払出単価の決定方法に従います。

(1) **総平均法**

$$期末仕入諸掛 = (期首仕入諸掛 + 当期仕入諸掛) \times \frac{期末商品}{期首商品 + 当期仕入}$$

(2) **先入先出法**

$$期末仕入諸掛 = 当期仕入諸掛 \times \frac{期末商品}{当期仕入}$$

Day 5　Day 6　Day 7　Day 8

例題　仕入諸掛の按分計算

次の資料にもとづいて、各問における期末商品棚卸高に含まれる仕入諸掛の金額を求めなさい。

[資　料]
1. 期首商品の購入代価は24,000円、仕入諸掛は420円であった。
2. 当期に購入代価120,000円の商品を掛けで仕入れた。その際、仕入諸掛2,460円を現金で支払っている。
3. 期末商品の購入代価は30,000円であった。

問1　総平均法によった場合
問2　先入先出法によった場合

解答

問1　総平均法によった場合：600円
問2　先入先出法によった場合：615円

問1　総平均法

仕入諸掛	購　入　代　価	仕入諸掛
420円	期首商品　24,000円 / 売上原価　114,000円	2,280円
2,460円	当期仕入高　120,000円 / 期末商品　30,000円	→ 600円*

*　$(420円 + 2,460円) \times \dfrac{30,000円}{24,000円 + 120,000円} = 600円$

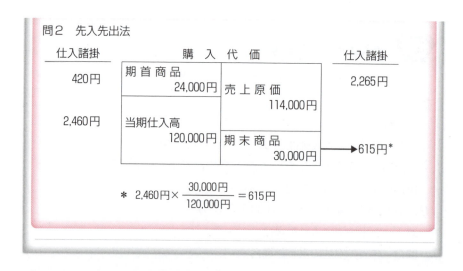

[問題] >>> 問題編の**問題10**に挑戦しましょう！

7：仕入・売上の計上基準

仕入の計上基準

仕入の計上基準とは、仕入をいつ計上するのかという基準のことです。
代表的な仕入の計上基準には、**入荷（到着）基準**と**検収基準**があります。

Point　仕入の計上基準

入荷(到着)基準	商品が入荷（到着）した時点で仕入を計上する基準
検収基準	商品の入荷後、検収（種類、数量、品質等の検査）に合格した時点で仕入を計上する基準

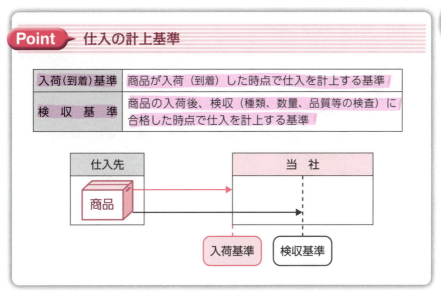

本書では、入荷（到着）基準を前提としています。

例題　仕入の計上基準

次の各取引について、各問における仕訳を示しなさい。
(1)　仕入先より商品50,000円が到着した。
(2)　(1)で仕入れた商品について検収が完了した。なお、検収の結果、商品500円について品違いであることが判明したため仕入先に返品し、汚損品について200円の値引を受けた。
　問１　入荷基準による場合
　問２　検収基準による場合

解答

問１　入荷基準

(1)　入荷時

| （仕　　入） | 50,000 | （買　掛　金） | 50,000 |

(2)　検収完了時

| （買　掛　金） | 700 | （仕　　入） | 700* |

＊　500円＋200円＝700円

問２　検収基準

(1)　入荷時

| 仕　訳　な　し |

(2)　検収完了時

| （仕　　入） | 49,300* | （買　掛　金） | 49,300 |

＊　50,000円－(500円＋200円)＝49,300円

 検収基準では、仕入の処理と返品の処理をあわせて仕訳を行います。

売上の計上基準

売上は、販売の事実にもとづいて計上します（**販売基準**）。ただし、どのような事実をもって販売とするのかという具体的な計上基準については、さまざまなものがあります。

代表的な売上の計上基準には、**出荷（発送）基準、引渡基準、検収基準**があります。

Point　売上の計上基準

出荷（発送）基準	商品を出荷（発送）した時点で売上を計上する基準
引渡基準	商品が得意先に到着した時点で売上を計上する基準
検収基準	商品が得意先に到着後、検収に合格した時点で売上を計上する基準

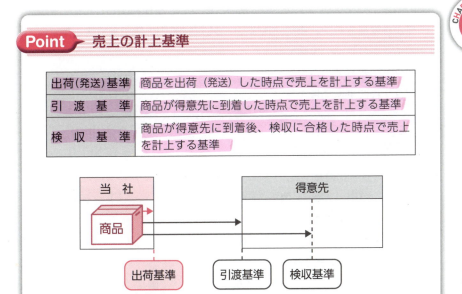

収益は「履行義務を充足したとき」に認識するため、実務上、いつ収益を認識するかは個々の契約内容によって異なります。そのため、各企業の「収益を認識する通常の時点」は財務諸表の注記事項として公表されます。なお、本書では、特に記載がない限り、出荷基準や引渡基準を前提としています。

売上の計上基準

次の各取引について、各問における仕訳を示しなさい。

(1) 得意先に商品60,000円（売価）を発送した。
(2) 得意先より(1)の商品が到着した旨の通知を受けた。
(3) 得意先より(1)の商品の検収が完了した旨の通知を受けた。なお、検収の結果、商品600円について品違いであったことが判明したため、得意先より返品された。また、汚損品について400円の値引を承諾した。

問1　出荷基準の場合
問2　引渡基準の場合
問3　検収基準の場合

問1　出荷基準

(1) 出荷時

| （売　掛　金） | 60,000 | （売　　　　上） | 60,000 |

(2) 引渡時

| 仕　訳　な　し |

(3) 検収完了時

| （売　　　　上） | 1,000 | （売　掛　金） | 1,000 |

問2　引渡基準

(1) 出荷時

| 仕　訳　な　し |

(2) 引渡時

| （売　掛　金） | 60,000 | （売　　　　上） | 60,000 |

(3) 検収完了時

| （売　　　　上） | 1,000 | （売　掛　金） | 1,000 |

94

問3　検収基準

(1) 出荷時

仕 訳 な し

(2) 引渡時

仕 訳 な し

(3) 検収完了時

| （売　掛　金） | 59,000 | （売　　　上） | 59,000 |

▶ 輸出売上の計上基準

　輸出売上の計上基準には、代表的なものとして**出荷（発送）基準、通関基準、船積基準**があります。

Point　▶ 輸出売上の計上基準

出荷(発送)基準	商品を出荷（発送）した時点で売上を計上する基準
通 関 基 準	商品の出荷後、税関を通過した時点（税関の輸出許可日）で売上を計上する基準
船 積 基 準	税関の通過後、船積みが完了した時点（船荷証券の日付）で売上を計上する基準

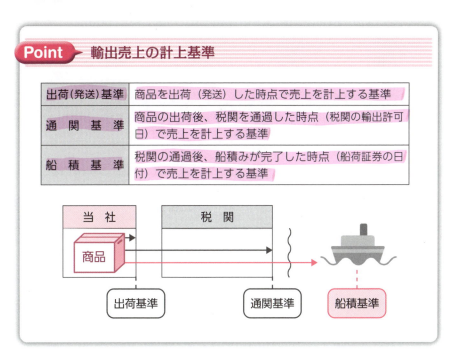

 本書では、船積基準を前提としています。

問題 >>> 問題編の**問題11**〜**問題12**に挑戦しましょう！

参考 収益認識基準（出荷基準の取り扱い）

出荷基準の取り扱い

　商品または製品の国内の販売において、出荷時から当該商品または製品の支配が顧客に移転されるときまでの期間が通常の期間である場合には、出荷時に収益を認識することができます。

通常の期間である場合とは、当該期間が国内における出荷や配送にかかる日数に照らして、取引慣行ごとに合理的と考えられる日数である場合です。

Chapter **4** のまとめ

☐ 払出単価の決定方法

先入先出法	もっとも古く取得したものから先に払出しが行われると仮定して払出単価を計算する方法
移動平均法	単価の異なる商品を受け入れるつど、平均原価を算定する方法
総平均法	前期繰越高と当期仕入高の総額から平均原価を算定する方法
最終仕入原価法	その期の最後に仕入れた棚卸資産の原価（最終仕入原価）によって、期末棚卸資産の価額を算定する方法

☐ 棚卸減耗費の算定方法

棚卸減耗費 ＝ 払出単価（原価）×（期末帳簿数量 − 期末実地数量）
　　　　　 ＝ 期末帳簿棚卸高 − 期末実地棚卸高

☐ 正味売却価額の算定方法

正味売却価額 ＝ 売価 − 見積販売直接経費

☐ 商品評価損の算定方法

商品評価損

＝（@原価 − @正味売却価額）× 良品数量
　　　　　　　　　良品分

＋（@原価 − @正味売却価額）×（実地数量 − 良品数量）
　　　　　　　　　劣化品分

☐ 売価還元法の会計処理

(1) 売価還元法

$$期末商品原価 ＝ 期末商品帳簿売価 × 原価率$$

(2) 売価還元法における原価率

$$原価率 ＝ \frac{期首商品原価＋当期商品仕入原価}{\underset{当期仕入売価}{\underbrace{\underset{売価}{期首商品}＋\left(\begin{array}{c}当期商品\\仕入原価\end{array}＋\begin{array}{c}原始\\値入額\end{array}\right)}}＋\underset{純値上額}{\underbrace{\left(値上額－\begin{array}{c}値上\\取消額\end{array}\right)}}－\underset{純値下額}{\underbrace{\left(値下額－\begin{array}{c}値下\\取消額\end{array}\right)}}}$$

(3) 売価還元法における商品評価損の会計処理

〈原則処理〉

$$商品評価損 ＝ 原価率 × 実地売価 － 正味売却価額$$

〈特例処理〉

$$特例による原価率 ＝ \frac{期首商品原価＋当期商品仕入原価}{\underset{当期仕入売価}{\underbrace{\underset{売価}{期首商品}＋\left(\begin{array}{c}当期商品\\仕入原価\end{array}＋\begin{array}{c}原始\\値入額\end{array}\right)}}＋\underset{純値上額}{\underbrace{\left(値上額－\begin{array}{c}値上\\取消額\end{array}\right)}}}$$

$$\begin{array}{l}商品評価損\\＝ 原価率 × 実地売価 － 特例による原価率 × 実地売価\end{array}$$

仕入諸掛の会計処理

仕入勘定に直接加算する方法（原則）	当期に発生した仕入諸掛を仕入勘定に直接加算し、決算時に売上原価と期末棚卸高に配分する方法
仕入諸掛費勘定を設ける方法（容認）	当期に発生した仕入諸掛を仕入諸掛費勘定で処理し、決算時に売上原価と期末棚卸高に配分する方法

CHAPTER 5

特殊商品売買 1

旧来の会計基準では、商品売買を一般商品売買と特殊商品売買に区分していました。本章では、(旧来の特殊商品売買のうち) 割賦販売について学習します。収益認識基準の施行により、会計処理はシンプルになりましたが、金利部分の区分に注意しましょう。

Chapter 5

損益会計

特殊商品売買 1

≫ 代金の回収方法が特殊です!!

Check List
- ☐ 割賦販売における会計処理を理解しているか？
- ☐ 契約における重要な金融要素を理解しているか？

Link to

財務諸表論では、特殊商品売買が計算で問われる可能性は低いため、簿記論特有の論点といえます。

1：収益認識基準適用下における特殊商品売買

商品販売については、これまでは「一般商品販売」「委託販売」「試用販売」といった区分に当てはめて、各区分に応じた収益の計上を行ってきました。しかし、実際のビジネスにおいては、日々新たな形態の取引が考案されています。そこで、「収益認識に関する会計基準」（以下、収益認識基準）が制定され、多様な契約に対応できる収益の会計処理が定められました。

今後、実務上は、収益に係る契約を一つ一つ吟味して、契約内容に応じて適切な会計処理を採用します。したがって、「一般商品販売」「委託販売」「試用販売」などの区分・表現自体がなくなる可能性があります。

しかし、試験上は、収益に係る契約内容をいちいち記述すると問題文が冗長になるため、「C商品はいわゆる試用販売を行っている」など、従来の表現を使って出題される可能性もあります。したがって、従来の取引区分を頭に入れつつ、本試験では収益認識基準の適用の有無と、収益に係る契約の内容をしっかり確認しましょう。

Point　収益認識基準適用下における特殊商品売買

収益認識基準の適用による主な影響は以下の通りです。

割賦販売：回収期限到来基準・回収基準の廃止、金利部分の区分処理

委託販売：売上計算書到達日基準の廃止

試用販売、予約販売、受託販売、未着品売買：特段の影響なし

2：割賦販売とは

割賦販売の意義

割賦販売とは、商品引渡後に月払い等により代金を分割して回収する販売形態です。

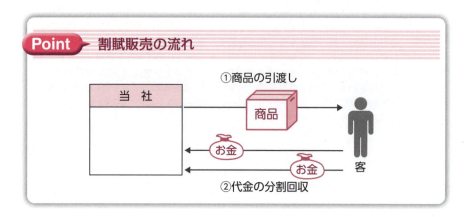

Point 割賦販売の流れ

3：収益認識基準適用下における割賦販売

会計処理

(1) 販売時

商品の引渡時に販売高の全額を収益として計上し（販売基準）、割賦売上勘定で処理するとともに、掛け代金を割賦売掛金勘定で処理します。

(2) 割賦代金回収時

回収した代金の金額だけ割賦売掛金を減少させます。

 収益認識基準が適用されると、割賦販売については従来の回収基準・回収期限到来基準は認められなくなります。したがって、販売基準によって収益を計上します。

例題　販売基準

次の各取引の仕訳を示しなさい。なお、契約における重要な金融要素については考慮しない。
(1) 商品900円を、割賦販売により売り上げた。
(2) 割賦代金のうち400円を現金で回収した。

解答

(1) 販売時

（割 賦 売 掛 金）	900	（割 賦 売 上）	900

(2) 割賦代金回収時

（現　　　　金）	400	（割 賦 売 掛 金）	400

問題 >>> 問題編の**問題1**に挑戦しましょう！

 割賦販売では、一般商品売買によって生じた売上や売掛金と区別するために、割賦売上勘定と割賦売掛金勘定を使用します。

4：契約における重要な金融要素

▌契約における重要な金融要素

　商品等を販売したときに、代金を後払い（掛売上、割賦販売など）とする場合、通常、その代金（販売対価）には金利（金融要素）が含まれています。金利部分が重要である場合は、これに対応した処理をおこないます。

 重要な金融要素は、割賦販売に限らず、一般商品販売でも発生します。試験上は、問題文で販売条件を確認しましょう。

Point　契約における重要な金融要素

　収益認識における原則的な処理では、約束した対価に含まれる金利相当分の影響を調整します。
　具体的には、現金販売価格部分は履行義務の充足時（商品の引渡時など）に収益を計上し、金利部分は時間の経過に応じて計上します。

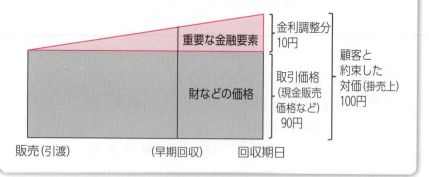

106

重要な金融要素の会計処理

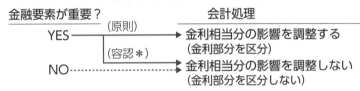

* 財またはサービスの移転から代金回収までの期間が1年以内と見込まれる場合のみ

例題 掛けによる商品販売（契約における重要な金融要素）

下記の取引に関して、会計処理(1)(2)のそれぞれの方法で、①商品を引き渡したとき、②回収期日に掛代金を回収したとき、③回収期日より早く掛代金を回収したとき（金利10円を減免する）の仕訳を示しなさい。

商品（現金販売価格980円、掛売上高1,000円）を掛けで売り上げた。なお、掛売上の対価に含まれる金利は重要性があると判断された。

(1) 約束した対価の額に含まれる金利相当分の影響を調整する方法（原則）
(2) 約束した対価の額に含まれる金利相当分の影響を調整しない方法（容認）

解答

(1) 金利相当分を調整する方法

① 販売時：現金販売価格（を反映する金額）で収益を認識

（売　掛　金）	980	（売　　　上）	980*

② 掛代金回収時：経過期間に応じて金利を計上

（売　掛　金）	20	（受 取 利 息）	20*
（現　　　金）	1,000	（売　掛　金）	1,000

* 現金販売価格分は販売時に収益を計上し、金利部分は一定期間にわたり収益を計上します。

③ 早期回収した場合：経過期間に応じて金利を計上

（売　掛　金）	10	（受 取 利 息）	10
（現　　　金）	990	（売　掛　金）	990

(2) 金利相当分を調整しない方法

① 販売時：**顧客と約束した対価で収益を計上**

| (売　掛　金) | 1,000 | (売　　　　上) | 1,000* |

* 金利部分も含めて、販売時に収益を計上します（金利部分が重要ではない場合もこの処理になります）。

② 掛代金回収時

| (現　　　　金) | 1,000 | (売　掛　金) | 1,000 |

③ 早期回収した場合：**売上を減額して調整**

| (現　　　　金) | 990 | (売　掛　金) | 1,000 |
| (売　　　　上) | 10 | | |

どのような方法で処理するのか、問題資料や問題文の指示を確認しましょう。なお、(1)の計算を行うには、金利の計算条件（利率など）が明らかであることが前提となります。また、通常、商品売買の代金決済は1年以内であるため、(2)の容認処理を選択できるケースは多いと思われます。

| | | Day 5 | **Day 6** | Day 7 | Day 8 |

例題 割賦販売（契約における重要な金融要素）

次の各取引について、仕訳を示しなさい。なお、利息相当分は回収期間にわたって均等に配分して計上する。

(1) 商品（現金販売価格1,800円、割賦販売高2,000円）を割賦販売により売り上げた。なお、商品代金は20回の分割払いにより受け取る。

(2) 割賦代金のうち100円を現金で回収した。

解答

(1) 販売時

| （割 賦 売 掛 金） | 1,800 | （売　　　　上） | 1,800 |

(2) 割賦代金回収時

| （現　　　　金） | 100 | （割 賦 売 掛 金） | 90[*1] |
| | | （受 取 利 息） | 10[*2] |

* 1　1,800円÷20回＝90円
* 2　(2,000円－1,800円)÷20回＝10円

CHAPTER 5 特殊商品売買1

▶ 重要な金融要素の表示

顧客との契約に重要な金融要素が含まれる場合、顧客との契約から生じる収益（売上）と金融要素の影響（受取利息または支払利息）を損益計算書において区分して表示します。

問題 ▷▷▷ 問題編の**問題2〜問題3**に挑戦しましょう！

参考 割賦販売（従来の処理）

CHAPTER5、6の 参考 （従来の処理）は、収益認識基準適用前の処理なので、いずれも出題可能性は低いと考えられます。
中小企業は収益認識基準の適用を強制されませんが、国際的な流れに沿わないうえ、会計処理の難易度が高いため、余力のある方だけ目を通しておきましょう。

▍割賦販売の収益認識（従来の処理）

割賦販売の収益認識方法は、**販売基準**（原則）、**回収基準**、**回収期限到来基準**と定められていました。

販売基準	商品を引き渡した日をもって収益の実現の日とする基準（現行制度上も存続）
回収基準	割賦金の入金日をもって収益の実現の日とする基準
回収期限到来基準	割賦金の回収期限が到来した日をもって収益の実現の日とする基準

利益は、回収基準では割賦金の入金額に対応した金額が計上され、回収期限到来基準では割賦金の回収期限到来額に対応した金額が計上されます。

販売基準以外が認められてきた理由

割賦販売は、通常の販売と異なり、その代金を回収するまでの期間が長期にわたるうえに、分割払いであることから、代金を回収できなくなる危険性が高くなります。さらに、貸倒引当金などの計上について特別な配慮が必要になります。
そこで、収益の認識を慎重に行うために、販売基準だけでなく回収基準や回収期限到来基準も認められていました。

従来の会計処理

従来の収益認識方法と会計処理方法の組み合わせは、以下のようになります。

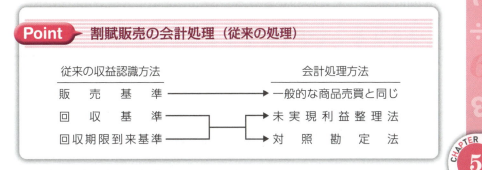

参考 回収基準の会計処理（従来の処理）

回収基準（未実現利益整理法）

回収基準における**未実現利益整理法**とは、商品の引渡時に販売高の全額を収益として計上し、決算において割賦代金の未回収高に含まれる未実現利益を当期の収益から控除するとともに、同額を繰り延べる方法です。

> **Point** 回収基準における未実現利益整理法
>
> たとえば、回収基準を採用した場合の未実現利益整理法では次のようなイメージになります。
>
> |売価| 第1回 回収 | 第2回 未回収 | 第3回 未回収 |原価／利益|
>
> 第2回・第3回 控除 → 繰延処理

回収基準（未実現利益整理法）の会計処理

(1) **販売時および割賦代金回収時**

回収基準における未実現利益整理法の場合でも、販売時と割賦代金回収時の処理は販売基準と同じです。

(2) **決算時**

① **当期より割賦販売を行っている場合**

商品販売益のうち未回収の割賦売掛金に相当する額を**繰延売上利益控除**として控除するとともに**繰延売上利益勘定**で繰り延べます。

上記の処理の結果、販売時に計上した収益から未実現の利益が控除され、回収分の利益だけが計上されます。

| Day 5 | **Day 6** | Day 7 | Day 8 |

Point 繰延売上利益控除の算定方法

　繰延売上利益控除は、期末割賦売掛金が未回収の代金となることから、次のように算定します。

割 賦 売 掛 金

| 当期分　×× | 回　収　×× |
| | 未回収　×× | ×当期割賦販売利益率＝控除 |

例題 回収基準―割賦販売1年目

　次の資料にもとづいて、決算時の仕訳を示しなさい。当社は回収基準により収益を認識し、未実現利益整理法により会計処理を行っている。

［資　料］

1．商品を900円で割賦販売し、当期末までに割賦代金400円を現金で回収している（当期割賦販売利益率20%）。

2．期首商品棚卸高：　80円

3．期末商品棚卸高：120円

解答

(1)　引渡原価算定

| （仕　　　　入） | 80 | （繰 越 商 品） | 80 |
| （繰 越 商 品） | 120 | （仕　　　　入） | 120 |

(2)　未実現利益整理

| （繰延売上利益控除） | 100* | （繰 延 売 上 利 益） | 100 |

＊　（900円－400円）×当期割賦販売利益率0.2＝100円

〈割賦売掛金の分析（単位：円）〉

割 賦 売 掛 金

| 当期分　900 | 回　収　400 |
| | 未回収　500 | ×0.2＝100（控除） |

CHAPTER **5** 特殊商品売買1

113

当期に販売した分のうち、未回収分に対応する利益が未実現の利益となるので、これを売上利益からマイナスします。

② **前期以前より割賦販売を行っている場合**

前期に繰り延べた繰延売上利益のうち、当期に回収した割賦代金に相当する額を**繰延売上利益戻入**として処理します。

上記の処理の結果、前期に繰り延べた利益が当期の利益として計上されます。なお、当期分の割賦売掛金のうち未回収分については①と同様の処理をします。

Point　繰延売上利益戻入の算定方法

繰延売上利益戻入は、前期の未回収額に係る利益なので、前期の割賦販売利益率にもとづいて算定します。

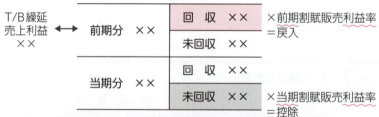

例題　回収基準―割賦販売2年目

次の資料にもとづいて、決算時の仕訳を示しなさい。当社は回収基準により収益を認識し、未実現利益整理法により会計処理を行っている。

［資　料］
1．商品を1,200円で割賦販売した（当期割賦販売利益率30％）。
2．割賦売掛金800円を現金で回収した（前期分200円、当期分600円）。
3．期首商品棚卸高120円、期首割賦売掛金500円（前期割賦販売利益率20％）
4．期末商品棚卸高：200円

 解答

(1) 引渡原価算定

| (仕　　　　入) | 120 | (繰　越　商　品) | 120 |
| (繰　越　商　品) | 200 | (仕　　　　入) | 200 |

(2) 未実現利益整理

| (繰延売上利益) | 40 | (繰延売上利益戻入) | 40*1 |
| (繰延売上利益控除) | 180*2 | (繰延売上利益) | 180 |

*1　200円×前期割賦販売利益率0.2＝40円
*2　(1,200円－600円)×当期割賦販売利益率0.3＝180円

〈割賦売掛金の分析（単位：円）〉

割賦売掛金

繰延売上利益100　前期分　500　回収　200　×0.2 ＝40（戻入）
　　　　　　　　　　　　　未回収　300

前期割賦販売
利益率：0.2　　当期分　1,200　回収　600
　　　　　　　　　　　　未回収　600　×0.3 ＝180（控除）

 前期の未回収分のうち、当期に回収した分だけを繰延売上利益戻入として、売上利益にプラスします。また、割賦売掛金を前期分と当期分で区別して把握します。

参考 割賦販売における原価率（従来の処理）

▶ 割賦販売利益率の算定

　本試験で、問題文の資料に「割賦販売価格は、一般販売価格の10％増である。」といった指示がある場合には、一般販売価格との比率関係に着目して割賦販売利益率を算定する必要があります。

Point 割賦販売利益率の算定方法

例）一般販売原価率が68％で、「割賦販売価格は、一般販売価格の20％増である」場合の割賦販売利益率

割賦販売利益率： $\dfrac{0.52}{1.2}$

　一般販売価格を1とすると、割賦販売価格は1.2となりますが、原価は変わらないため、割賦販売価格の増加分（0.2）は、すべて利益の増加となります。そして、その増加後の利益（0.52）と割賦販売価格（1.2）にもとづいて割賦販売利益率を算定します。

例題 割賦販売利益率の算定—原価率の算定がない場合

次の資料にもとづいて、決算時の仕訳を示しなさい。当社は回収基準により収益を認識し、未実現利益整理法により会計処理を行っている。

[資　料]

決算整理前残高試算表			（単位：円）
割 賦 売 掛 金	2,100	繰 延 売 上 利 益	180
繰 越 商 品	400	一 　般 　売 　上	3,625
仕 　　入	6,300	割 　賦 　売 　上	4,800

1．期末商品棚卸高：600円
2．一般販売価格は、毎期原価率が80％となるように設定している。
3．当期の割賦販売価格は、一般販売価格の20％増である。なお、割賦販売利益率は各期で異なるが、期中は一定している。
4．割賦売掛金の増減明細

	期首残高	当期引渡高	当期回収高	期末残高
前期分	900円	－	600円	300円
当期分	－	4,800円	3,000円	1,800円

 解答

（仕　　　　　入）	400	（繰　越　商　品）	400
（繰　越　商　品）	600	（仕　　　　　入）	600
（繰 延 売 上 利 益）	120	（繰延売上利益戻入）	120
（繰延売上利益控除）	600	（繰 延 売 上 利 益）	600

(1) 前期割賦販売利益率の算定

$$\text{前期割賦販売利益率}：\frac{\text{前T/B繰延売上利益180円}}{\text{割賦売掛金期首残高900円}} = 0.2$$

(2) 当期割賦販売利益率の算定

当期割賦販売利益率：$\dfrac{1.2-0.8}{1.2}=\dfrac{0.4}{1.2}$

(3) 割賦売掛金の分析（単位：円）

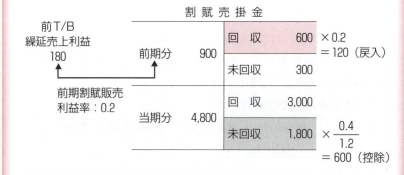

原価率の算定

当期の割賦販売利益率を算定するにあたって、当期の一般販売原価率または割賦販売原価率を算定し、間接的に当期の割賦販売利益率を求める場合があります。

Point 割賦販売原価率の算定

当期の一般販売原価率または割賦販売原価率は、一般販売と割賦販売の引渡原価と、一般販売価格または割賦販売価格のどちらかに売価ベースを統一した売上高にもとづいて算定します。

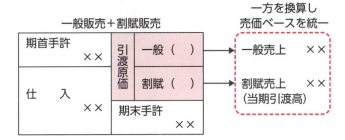

なお、一般販売と割賦販売は、代金の回収方法は違いますが、手許商品を販売する点は同じです。そのため、一般販売と割賦販売のデータを1つのボックス図にまとめて記入します。

例題 割賦販売利益率の算定—原価率の算定がある場合

次の資料にもとづいて、決算時の仕訳を示しなさい。当社は回収基準により収益を認識し、未実現利益整理法により会計処理を行っている。

[資　料]

決算整理前残高試算表　　　　　　（単位：円）

割 賦 売 掛 金	2,100	繰 延 売 上 利 益	180
繰 越 商 品	400	一 般 売 上	3,500
仕 　 　 入	6,300	割 賦 売 上	4,800

1．期末商品棚卸高：700円
2．当期の割賦販売価格は、一般販売価格の20％増である。なお、割賦販売利益率は各期で異なるが、期中は一定している。
3．割賦売掛金の増減明細

	期首残高	当期引渡高	当期回収高	期末残高
前期分	900円	－	600円	300円
当期分	－	4,800円	3,000円	1,800円

 解答

（仕　　　　入）	400	（繰　越　商　品）	400
（繰　越　商　品）	700	（仕　　　　入）	700
（繰延売上利益）	120	（繰延売上利益戻入）	120
（繰延売上利益控除）	600	（繰延売上利益）	600

(1) 前期割賦販売利益率の算定

前期割賦販売利益率：$\dfrac{\text{前T/B繰延売上利益180円}}{\text{割賦売掛金期首残高900円}} = 0.2$

(2) 当期割賦販売利益率の算定（単位：円）

① 当期一般販売原価率：$\dfrac{400円 + 6,300円 - 700円}{7,500円} = 0.8$

② 当期割賦販売利益率：$\dfrac{1.2 - 0.8}{1.2} = \dfrac{0.4}{1.2}$

問題文に、当期の割賦販売価格は一般販売価格の20％増とあるように、一般商品の原価率を基準に決められることが多いので、割賦商品の原価率を算定するにあたって、割賦売上高を一般売価ベースに修正します。

(3) 割賦売掛金の分析（単位：円）

Chapter 5 のまとめ

☐ **割賦販売の収益認識基準**

販売基準	商品を引き渡した日をもって収益を計上

☐ **契約における重要な金融要素**

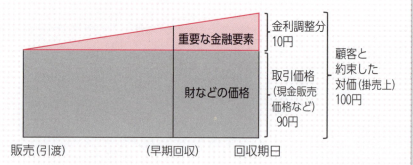

☐ **重要な金融要素の会計処理**

＊財またはサービスの移転から代金回収までの期間が1年以内と見込まれる場合のみ

CHAPTER 6

特殊商品売買 2

ここからは、割賦販売以外の特殊商品売買の学習をしていきます。それぞれ、どういった販売形態になっているのかを正確におさえながら学習していきましょう。

Chapter 6

損益会計
特殊商品売買 2

>> 割賦販売以外にも特殊商品売買はあります！

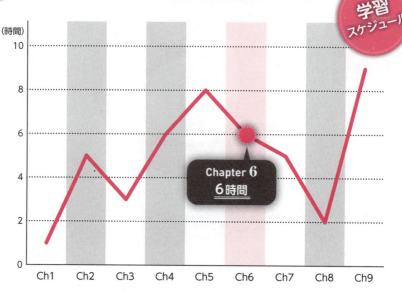

Check List
- □ 未着品売買における取引の流れを理解しているか？
- □ 委託販売における取引の流れを理解しているか？
- □ 委託販売における積送諸掛の処理を理解しているか？
- □ 試用販売における取引の流れを理解しているか？

Link to
財務諸表論では、割賦販売以外の特殊商品売買も、計算で問われる可能性は低いため、簿記論特有の論点といえます。

1：未着品売買

未着品売買の意義

遠隔地の仕入先から商品を仕入れる場合、商品が到着する前に運送会社が発行する**貨物代表証券**を受け取ることになります。この貨物代表証券の受取り、売却および現品引取の一連の取引のことを**未着品売買**といいます。

  貨物代表証券は、運送途上の商品に対する権利を表す証券で、海運による貨物代表証券を船荷証券といいます。

未着品売買の種類

未着品売買には、現品引取の場合と商品到着前に貨物代表証券を転売する場合があります。

(1) **現品引取の場合**

　現品引取とは、所持している貨物代表証券と引換えに当社が商品を受け取ることです。

Point　現品引取の場合

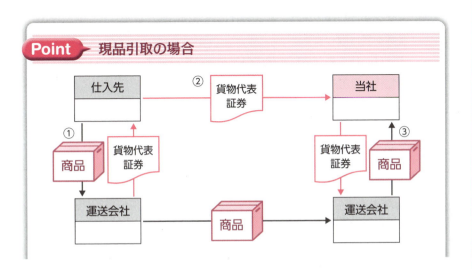

① 注文を受けた仕入先は、運送会社に商品の運搬を依頼して、貨物代表証券を受け取ります。
② 当社は、仕入先から貨物代表証券を受け取ります。
③ 届いた商品を貨物代表証券と引き換えに引き取ります。

(2) **貨物代表証券を転売する場合**

貨物代表証券は、現品が到着する前に他社（得意先）に転売することができます。

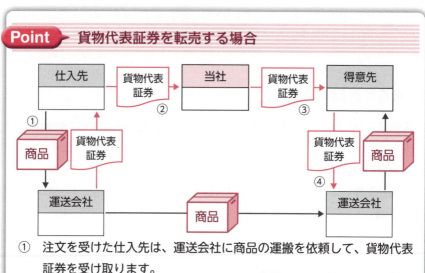

Point　貨物代表証券を転売する場合

① 注文を受けた仕入先は、運送会社に商品の運搬を依頼して、貨物代表証券を受け取ります。
② 当社は、仕入先から貨物代表証券を受け取ります。
③ 貨物代表証券を商品到着前に他社に転売します。
④ 転売先が届いた商品を貨物代表証券と引き換えに引き取ります。

未着品売買の会計処理（手許商品区分法）

未着品売買の処理方法は、手許商品区分法によって行われます。**手許商品区分法**とは、手許にない商品を手許にある一般商品と区別して把握する方法です。

(1) **貨物代表証券受取時**

貨物代表証券を受け取ることにより、実質的に商品を仕入れたことになります。そのため、貨物代表証券の受取高を未着品勘定で処理します。

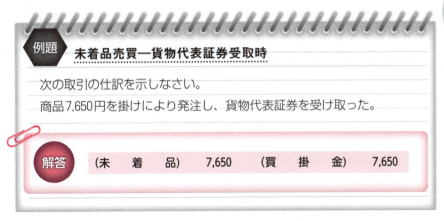

(2) 現品引取時

現品引取時には商品原価を未着品勘定から仕入勘定へ振り替えます。

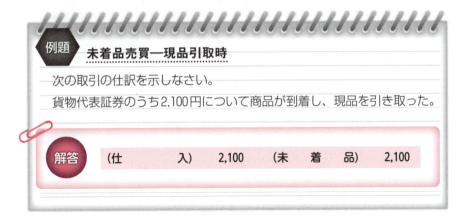

(3) 貨物代表証券を転売する場合

　商品を受け取る前に貨物代表証券を転売した場合には、未着品売上を計上します。

　なお、未着品売上原価を未着品勘定から仕入勘定に振り替える処理については、タイミングの違いによって、**期末一括法**と**その都度法**の2つの処理方法があります。

期末一括法	未着品売上原価を決算時に一括して未着品勘定から仕入勘定に振り替える方法
その都度法	未着品売上原価を収益認識のつど、未着品勘定から仕入勘定に振り替える方法

Point 期末一括法とその都度法

(1) 期末一括法の勘定連絡図

貨物代表証券の転売時には、未着品売上の計上のみ行います。

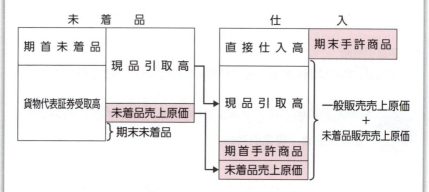

(2) その都度法の勘定連絡図

貨物代表証券の転売時に、未着品売上の計上をするとともに、未着品売上原価を未着品勘定から仕入勘定へ振り替えます。

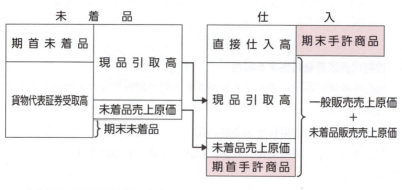

＊ 色の部分…決算整理を行います。

| Day 5 | Day 6 | **Day 7** | Day 8 |

例題　未着品売買―転売時

次の取引について、各問における①貨物代表証券転売時と②決算時の仕訳を示しなさい。

貨物代表証券6,000円を掛けで売り上げた（売価。原価率0.9）。

問1　期末一括法
問2　その都度法

解答

問1　期末一括法

① 貨物代表証券転売時

| （売　掛　金） | 6,000 | （未 着 品 売 上） | 6,000 |

② 決算時

| （仕　　　　入） | 5,400 | （未　着　品） | 5,400* |

＊　6,000円×0.9＝5,400円

問2　その都度法

① 貨物代表証券転売時

| （売　掛　金） | 6,000 | （未 着 品 売 上） | 6,000 |
| （仕　　　　入） | 5,400 | （未　着　品） | 5,400 |

② 決算時

| 仕 訳 な し |

期末一括法とその都度法は、振替時期が異なるだけなので、決算整理後残高試算表の金額は同じになります。

問題 ≫≫ 問題編の**問題1**〜**問題2**に挑戦しましょう！

2：委託販売

委託販売の意義

委託販売とは、委託者が受託者に対して自己の商品の販売を委託する販売形態のことをいいます。

委託者は委託販売に係るすべての費用を負担し、受託者に対する報酬として販売手数料を支払います。

Point 　委託販売の流れ

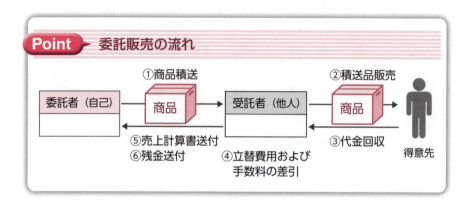

3：収益認識基準適用下における委託販売

▌他の当事者が商品に対する支配を獲得しているかどうか

商品を最終顧客に販売するために、販売業者等の**他の当事者**に引き渡す場合には、当該他の当事者がその時点で商品の**支配を獲得したかどうか**を判定します。

他の当事者が商品に対する支配を獲得していない場合には、**委託販売契約**として他の当事者が商品を保有している可能性があり、その場合、他の当事者への商品の引渡時に収益を認識しません。

Point　委託販売（収益認識基準適用下）

以下のように、一連の取引を自社による委託販売と判定した場合、自社は②の時点で収益を計上します（積送品の販売）。この場合は、本質的には従来の販売基準による処理と同じです。

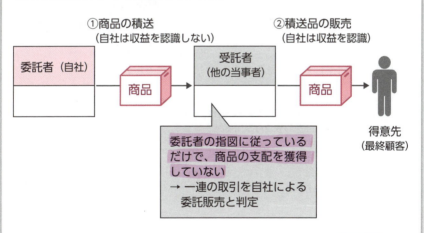

一方、他の当事者が商品の支配を獲得している場合（自らの意思と負担で商品を仕入れた場合など）は、①は通常の商品販売となるため、自社は①の時点で収益を計上します。

契約が委託販売契約であることを示す指標（例示）

(1) 販売業者等が商品を顧客に販売するまで、あるいは所定の期間が満了するまで、企業が商品を支配していること
(2) 企業が、商品の返還を要求することあるいは第三者に商品を販売することができること
(3) 販売業者等が、商品の対価を支払う無条件の義務を有していないこと（ただし、販売業者等は預け金の支払を求められる場合がある）

▌収益認識基準適用下の委託販売の論点

① 委託販売契約にあたる場合　→　他の当事者（販売業者等）への商品引渡しは、販売にはあたらない（商品の積送）。

　　　　　　　　　　　　　　→　他の当事者（販売業者等）が商品を販売した時に、収益を計上。

　委託販売契約にあたらない場合　→　他の当事者（販売業者等）への商品引渡しは、販売にあたる。

　　　　　　　　　　　　　　→　他の当事者への商品引渡時に収益を計上（通常の販売）。

② 売上計算書到達日基準（後述 参考 ）の適用は認められない。

収益認識基準適用後も、委託販売と判定される契約については、基本的にこれまでと同様の会計処理を行うと考えられます。ただし、上記②はこれまでの処理と異なります。
なお、収益を総額で計上するか純額で計上するかは、本人か代理人かの論点で扱います。本章では、委託者が本人に該当し、総額で収益を計上することを前提に解説します。

委託販売の収益認識

| 販売基準 | 受託者が積送品を販売した日に収益を計上 |

Point 委託販売の収益認識

X1年度の決算手続中に次のような売上計算書が届いた場合、販売基準によると、売上は当期の積送品売上となります（会計期間は4月1日から3月31日）。

送り状No.	受託者販売日	計算書到達日
No.1	X2年3月28日	X2年4月1日

委託販売の会計処理（手許商品区分法）

委託販売の処理方法は、主に手許商品区分法によって行われます。

(1) 商品積送時

商品を積送したときには、積送原価を仕入勘定から積送品勘定へ振り替えます。

例題　委託販売―積送時

次の取引の仕訳を示しなさい。
委託販売のため、A社に商品6,000円を積送した。

解答　（積　送　品）　6,000　（仕　　入）　6,000

(2) 受託者が積送品を販売した時

受託者が積送品を販売した時点で、積送品売上を計上します。

なお、積送品売上原価を積送品勘定から仕入勘定に振り替える処理については、タイミングの違いによって、**期末一括法**と**その都度法**の２つの処理方法があります。

期末一括法	積送品売上原価を決算時に一括して積送品勘定から仕入勘定に振り替える方法
その都度法	積送品売上原価を収益認識のつど、積送品勘定から仕入勘定に振り替える方法

これらの処理方法の違いは、前述の未着品売買における場合と同じです。

Point　期末一括法とその都度法

(1) 期末一括法の勘定連絡図

受託者が積送品を販売した時には、積送品売上の計上のみ行います。

(2) その都度法の勘定連絡図

受託者が積送品を販売した時には、積送品売上の計上をするとともに、積送品売上原価を積送品勘定から仕入勘定へ振り替えます。

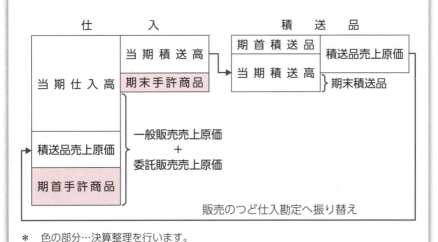

* 色の部分…決算整理を行います。

例題　委託販売―受託者が積送品を販売した時および決算時

次の取引について、各問における①受託者が積送品を販売した時と、②決算時の仕訳を示しなさい。

委託販売のため、A社に積送した商品について、本日、A社より8,250円（指値売価。原価率0.6）で販売した旨の連絡を受けた。

問1　期末一括法
問2　その都度法

解答

問1　期末一括法

① 受託者が積送品を販売した時

| (積 送 売 掛 金) | 8,250 | (積 送 品 売 上) | 8,250 |

② 決算時

| (仕　　　　入) | 4,950 | (積　送　品) | 4,950* |

＊　積送品売上8,250円×0.6＝4,950円

問2　その都度法

① 受託者が積送品を販売した時

| (積 送 売 掛 金) | 8,250 | (積 送 品 売 上) | 8,250 |
| (仕　　　　入) | 4,950 | (積　送　品) | 4,950 |

② 決算時

| 仕　訳　な　し |

 積送売掛金については、売掛金勘定、積送売掛金勘定、委託販売勘定などの勘定で処理が行われますが、どの勘定で処理を行うかは問題文の指示に従ってください。

問題 >>> 問題編の**問題3〜問題4**に挑戦しましょう！

4：積送諸掛

積送諸掛の意義

積送諸掛とは委託販売に係る諸費用のことをいい、発送諸掛と販売諸掛があります。

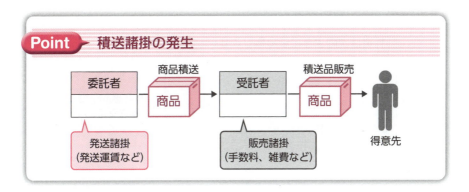

発送諸掛の会計処理

発送諸掛については、積送品勘定に直接加算する方法と積送諸掛費勘定を別に設ける方法があります。

 積送諸掛費勘定を別に設ける方法の場合、決算時に期末積送品に係る金額について、積送諸掛費勘定から繰延積送諸掛勘定への振替処理を行います。

販売諸掛の会計処理

販売諸掛については、積送諸掛費などの勘定で、販売費及び一般管理費の区分に計上します。

収益認識基準の適用下においては、自社が代理人であると判定された場合には、収益を純額で計上します。したがって、委託販売において委託者が代理人にすぎないと判定された場合、委託者は収益を純額（手取額）で計上します。この場合は、受託者売上額から販売諸掛を控除した純額をもって収益を計上することになりますが、例外的なケースだと考えられるため、本書では解説を割愛します。

Point 販売諸掛の会計処理

売上計算書は次のように読み取ります。

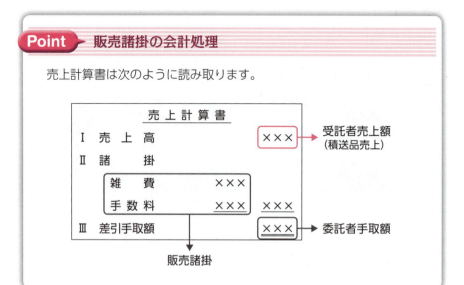

| Day 5 | Day 6 | **Day 7** | Day 8 |

CHAPTER 6

特殊商品売買 2

例題 ◆ 発送諸掛と販売諸掛

　次の資料にもとづいて、①積送時、②受託者が積送品を販売した時、③決算時の仕訳を示しなさい。

［資　料］

1．期首積送品480円（これに係る発送諸掛24円）

2．委託販売のため、A社に商品4,800円を積送し、発送諸掛240円は現金で支払った。

3．A社より次の売上計算書（本日販売分）が送付された。なお、期末一括法により会計処理を行っている。

売　上　計　算　書（単位：円）		
Ⅰ　売　上　高		6,600
Ⅱ　諸　　掛		
雑　　費	120	
手　数　料	660	780
Ⅲ　差引手取額		5,820

4．期末積送品1,320円（これに係る発送諸掛66円）

5．発送諸掛は、積送諸掛費勘定を設ける方法で会計処理を行っている。

6．積送品売上は受託者売上額で計上している。

解答

① 積送時

（積　送　品）	4,800	（仕　　　　入）	4,800
（積 送 諸 掛 費）	240	（現　　　　金）	240

② 受託者が積送品を販売した時

（積 送 諸 掛 費）	780	（積 送 品 売 上）	6,600
（積 送 売 掛 金）	5,820		

139

③ 決算時

（仕 入）	3,960	（積 送 品）	3,960*
（積送諸掛費）	24	（繰延積送諸掛）	24
（繰延積送諸掛）	66	（積送諸掛費）	66

＊ 期首積送品480円＋当期積送分4,800円－期末積送品1,320円＝3,960円

〈積送諸掛費勘定の分析（単位：円）〉

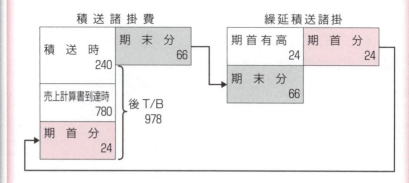

S Study 積送諸掛の繰延べについて

発送諸掛を積送品勘定に含めている場合、繰延積送諸掛勘定への振替処理がないのはなぜですか？

発送諸掛を積送品勘定に含めると、特別な処理をしなくても売上原価の算定時に販売分と未販売分に按分されて未販売分が繰り延べられるからなのよ。

問題 ▶▶▶ 問題編の**問題5**に挑戦しましょう！

5 ：試用販売

試用販売の意義

試用販売とは、得意先に商品を引き渡して一定期間試用してもらい、買取りの意思表示があった時点で売買契約が成立する販売形態のことです。

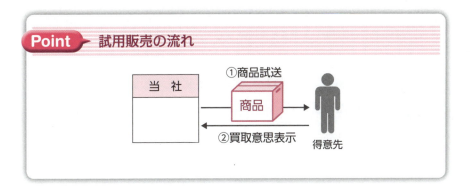

試用販売の収益認識

試用販売では、得意先が買取りの意思表示をした時点で売上収益を計上します。

「試用期間経過後、返品されないときは買い取るものとみなす」旨の契約がある場合には、買取りの意思表示がなくても試用期間が経過した時点で売上収益を認識します。

試用販売の会計処理

(1) **商品試送時**

　試用販売は、対照勘定法により処理します。
　対照勘定法とは、試送した商品について、売価を「対照勘定」といわれる貸借一対の勘定で備忘記録する方法です。

> **Point** 対照勘定の例
>
> 　対照勘定の例としては、次のようなものがあります。なお、本試験では、勘定科目は問題文の指示に従ってください。
> 　　借方科目：試用未収金、試用販売契約、試用販売売掛金
> 　　貸方科目：試用仮売上、試用販売

試用品販売の会計処理としては、対照勘定法だけではなく手許商品区分法も認められていますが、重要性が低いので 参考 として掲載しています。

例題　試用販売―試送時

　次の取引の仕訳を示しなさい。当社は、対照勘定法により会計処理を行っている。なお、対照勘定には、試用未収金および試用仮売上を用いること。
　試用販売のため商品1,500円（売価。当期原価率0.6）を試送した。

解答　（試 用 未 収 金）　1,500　　（試 用 仮 売 上）　1,500

(2) **買取意思表示があった場合**

　買取意思表示があった場合には、備忘記録を消去するとともに試用品売上を認識します。

例題　試用販売―買取意思表示時

　次の取引の仕訳を示しなさい。当社は、対照勘定法により会計処理を行っている。なお、対照勘定には、試用未収金および試用仮売上を用いること。
　試送した商品のうち1,400円（売価。前期分500円、当期分900円）につ

いて、買取りの意思表示を受けた。

| （売　掛　金） | 1,400 | （試用品売上） | 1,400 |
| （試用仮売上） | 1,400 | （試用未収金） | 1,400 |

期末試用品原価の算定

売上原価を求めるために、決算時に未買取の試用品の代金に対応する原価を期末試用品として繰り延べます。

なお、期末試用品原価については、期末試用品売価に原価率を掛けて算定します。

期末試用品は、通常、繰越試用品勘定を用いますが、繰越商品勘定で処理する場合もあります。

Point　期末試用品原価の算定

試用未収金

前期分	××	買　取	××
当期分	××	買　取	××
		未買取	××

×当期試用販売原価率
＝期末試用品原価

期末試用品原価＝試用未収金期末残高×当期試用販売原価率

試用販売の勘定連絡図

試用販売が行われた場合の勘定連絡図は次のようになります。

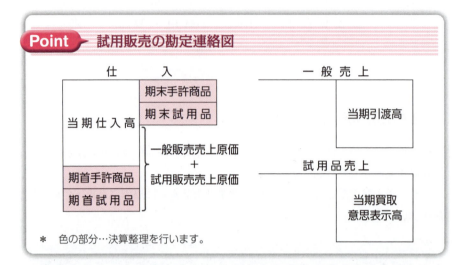

例題　試用販売—決算時

次の資料にもとづいて、決算時の仕訳を示しなさい。なお、当社は、対照勘定法により会計処理を行っている。

[資　料]
1. 期首試用品　350円（売価500円）
2. 試用販売のため商品1,500円（売価。当期原価率0.6）を試送し、試用品1,400円（売価。前期分500円、当期分900円）について、買取りの意思表示を受けた。

（仕　　　　入）	350	（繰 越 試 用 品）	350
（繰 越 試 用 品）	360	（仕　　　　入）	360

〈試用未収金の分析（単位：円)〉

	試 用 未 収 金		
前期分 500	買　取	500
当期分 1,500	買　取	900
	未買取	600	×0.6＝360（期末）

試用未収金期末残高に原価率を掛けた金額が、期末試用品の原価となります。

問題 >>> 問題編の**問題6**〜**問題7**に挑戦しましょう！

6 : 収益認識基準（本人と代理人の区分）

本人と代理人の区分の判定

　企業が財またはサービスを提供する際に、他の当事者が関与している場合があります。このとき、企業が本人に該当する場合と代理人に該当する場合では提供する履行義務が異なるので、収益の表示方法（総額表示または純額表示）について違いが生じます。そのため、企業が本人か代理人のどちらに該当するのかという判定をする必要があります。

日本の企業会計原則では、原則として、収益や費用を総額で表示すると定められていました。しかし、どのような場合に収益を総額で表示するのかといった具体的な判断基準までは明確にされていませんでした。

　本人か代理人のどちらに該当するかについては、顧客に提供する財またはサービスを識別し、財またはサービスのそれぞれが顧客に提供される前に、当該財またはサービスを企業が**支配しているかどうか**によって判定します。

Point　本人と代理人の区分の判定

　企業が財またはサービスを顧客に提供する前に支配しているかどうかを判定するにあたっては、たとえば、次の①から③の指標を考慮します。この指標により財またはサービスを支配していると判定された場合には、企業は**本人**に該当します。

① 企業が財またはサービスを提供するという約束の履行に対して主たる責任を有していること
② 財またはサービスが顧客に提供される前、あるいは財またはサービスに対する支配が顧客に移転した後において、企業が在庫リスクを有していること
③ 財またはサービスの価格の設定において企業が裁量権を有していること

企業が本人に該当する場合

企業が本人に該当すると判定された場合、顧客への財またはサービスの提供に他の当事者が関与しているときの顧客との約束は、財またはサービスを企業が自ら提供する履行義務となります。

この場合、財またはサービスの提供と交換に企業が権利を得ると見込む対価の総額を収益として認識します。

例題　企業が本人に該当する場合

次の資料にもとづいて、Ａ社が航空会社から3,600円で購入した航空券を、現金4,000円で顧客に販売した日におけるＡ社の仕訳を示しなさい。

[資　料]
1．Ａ社は、主要な航空会社と交渉し、一般の顧客に直接販売される航空券の価格より安く航空券を購入している。
2．Ａ社は、航空会社から一定数の航空券を購入することに同意しており、それらを顧客に販売できるかどうかにかかわらず、航空会社に対して航空券の代金を支払う。
3．Ａ社がそれぞれの航空券に対して支払う価格は、航空会社との事前の交渉により合意されている。
4．Ａ社は、自らの顧客に航空券を販売する価格を決定し、航空券の販売時に顧客から対価を回収する。
5．Ａ社は、航空会社の提供するサービスへの顧客の不満を解決するサポートを行っているが、航空券に関する義務の履行に対する責任は各航空会社にある。

解答

（現　　　金）	4,000	（営 業 収 益）	4,000*
（営 業 費 用）	3,600	（棚 卸 資 産）	3,600

＊　顧客に移転する航空券と交換に顧客から権利を得る対価の総額4,000円を収益として認識します。

〈本人と代理人の区分の判定〉
　Ａ社は、航空会社から航空券という形式で特定のフライトの座席に対する権利を獲得し、その権利を顧客に提供することについて主たる責任を有しています。

たとえば、何らかのトラブルが発生し顧客がフライトの座席を確保できない状況になったときは、Ａ社は顧客に対してフライトの座席を提供する責任を負うことになります。

　また、航空券については航空会社に対する代金の支払義務があるため、Ａ社は航空券について在庫リスクを有しており、航空券の販売価格はＡ社が自ら決定しているので、Ａ社は顧客に提供される前に特定のフライトの座席に対する権利を支配しているといえます。
　したがって、Ａ社は「本人」に該当すると判定され、Ａ社の履行義務は、Ａ社が自らの責任で顧客に対して航空券を提供することになります。

企業が代理人に該当する場合

　企業が代理人に該当すると判定された場合、顧客への財またはサービスの提供に他の当事者が関与しているときの顧客との約束は、財またはサービスが他の当事者によって提供されるように企業が**手配する履行義務**となります。

他の当事者によって提供されるように企業が手配するとは、言いかえると、企業が他の当事者の代理人として顧客と取引を行うということです。

　この場合、他の当事者により提供されるように手配することと交換に、企業が権利を得ると見込む**報酬または手数料の金額**（あるいは他の当事者が提供する財またはサービスと交換に受け取る額から当該他の当事者に支払う額を控除した**純額**）を収益として認識します。

例題 企業が代理人に該当する場合

　次の資料にもとづいて、顧客がウェブサイトを通じて、製品Xを4,000円で購入した日におけるA社の仕訳を示しなさい。

[資　料]

1. A社はウェブサイトを運営しており、顧客は当該ウェブサイトを通じて、多くの供給者から製品を直接購入することができる。
2. A社は、B社（供給者）との契約条件にもとづき、B社の製品Xが当該ウェブサイトを通じて販売される場合には、製品Xの販売価格の10%に相当する手数料を得る。なお、製品Xの販売価格はB社によって設定されている。
3. A社は、注文が処理される前に顧客に支払を求めており、すべての注文について返金は不要である。
4. A社は、顧客に製品Xが提供されるように手配した後は、顧客に対してそれ以上の義務を負わない。

 解答

| （売　掛　金） | 400 | （手 数 料 収 入） | 400* |

＊　B社により製品Xが顧客に提供されるよう手配するという約束をA社が充足する時に、A社は自らが権利を得る手数料の金額400円（4,000円×10%）を収益として認識します。

〈本人と代理人の区分の判定〉

　A社が顧客に提供するのはB社が供給する製品Xであり、A社は製品Xが顧客に提供されるように手配しているだけなので、製品Xの提供について主たる責任を有していません。

　また、A社は製品Xの在庫リスクを有しておらず、製品Xの販売価格はB社が決定しているので、A社は顧客に提供される前に製品Xの在庫を支配しているとはいえません。

　したがって、A社は「代理人」に該当すると判定され、A社の履行義務は、B社によって製品Xが提供されるように手配することになります。

参考 委託販売（従来の処理）

委託販売の収益認識（従来の処理）

委託販売の収益認識については、**販売基準**（原則）、**売上計算書到達日基準**があります。

販売基準	受託者が積送品を販売した日を売上収益の実現の日とする方法
売上計算書到達日基準	売上計算書が販売のつど送付されている場合に、当該売上計算書が到達した日を売上収益の実現の日とみなす方法

Point 委託販売の収益認識（従来の処理）

X1年度の決算手続中に次のような売上計算書が届いた場合の売上計上年度はどちらの収益認識基準を採用しているかによって異なります（会計期間は4月1日から3月31日）。

送り状No.	受託者販売日	計算書到達日
No. 1	X2年3月28日	X2年4月1日

販売基準によると、売上は当期の積送品売上となります。一方、売上計算書到達日基準によると、売上は次期の積送品売上になります。

販売諸掛の会計処理（従来の処理）

販売諸掛については、積送品売上の計上基準との関係で、次に示す2つの処理方法があります。

受託者売上額基準	積送品売上を受託者売上額で計上し、販売諸掛を積送諸掛費勘定で処理する方法
委託者手取額基準	積送品売上を委託者手取額で計上し、販売諸掛を認識しない方法

参考　試用販売・手許商品区分法

試用販売においても、手許商品区分法によって処理する場合があります。
手許商品区分法では、商品試送時に試用品原価を仕入勘定から試用品勘定へ振り替えるとともに、収益の認識にともなって試用品売上原価を試用品勘定から仕入勘定に振り替えます。

 試用販売にも、売上原価の振替方法として期末一括法とその都度法の2つの会計処理があります。

例題　試用販売―手許商品区分法

次の資料にもとづいて、①試送時、②買取意思表示時、③決算時の仕訳を示しなさい。なお、試用販売は期末一括法により処理する。

[資　料]
1．期首試用品　350円（売価500円）
2．試用販売のため商品900円（売価。当期原価率0.6）を試送した。
3．試送した商品のうち1,400円（売価。前期分500円、当期分900円）について、買取りの意思表示を受けた。

 解答

① 試送時
（試　用　品）　540*　（仕　　　入）　540
　* 900円×当期原価率0.6＝540円

② 買取意思表示時
（売　掛　金）　1,400　（試 用 品 売 上）　1,400

③ 決算時
（仕　　　入）　890*　（試　用　品）　890
　* 期首試用品原価350円＋900円×0.6＝890円

参考 受託販売

受託販売の意義

受託販売とは、受託者が委託者に代わって商品を販売することをいいます。

商品の販売は受託者が行いますが、その販売に係る損益はすべて委託者のものとなり、受託者側で生じる損益は販売手数料のみとなります。

Point　受託販売の流れ

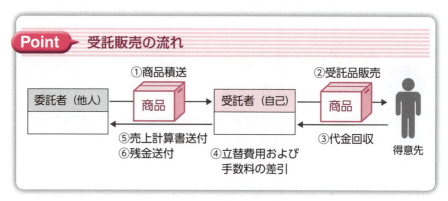

委託販売を受託者側からみた取引が受託販売です。

プラスα　受託販売勘定について

受託者は、委託者に対する債権・債務をまとめて受託販売勘定で処理します。

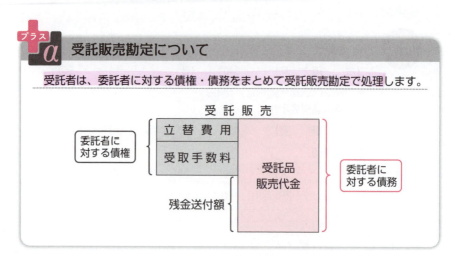

| Day 5 | Day 6 | Day 7 | **Day 8** |

例題 受託販売

　次の各取引について、受託者側の仕訳を示しなさい。なお、受託者を甲社、委託者を乙社とする。

(1) 甲社は乙社より商品（仕入額7,200円）の販売を委託され受託品を受け取った。

(2) 甲社は受託品を9,900円で売り上げ、代金は現金で受け取った。

(3) 甲社は立替費用として、雑費180円を現金で支払った。

(4) 甲社は売上計算書を作成し、乙社に送付するとともに、販売手数料990円を計上した。

```
          売 上 計 算 書 （単位：円）
 Ⅰ  売  上  高                    9,900
 Ⅱ  諸      掛
      雑      費          180
      手  数  料          990     1,170
 Ⅲ  差引手取額                    8,730
```

(5) 甲社は残金8,730円を乙社へ送付した。

解答

(1) 受託品受取時

仕 訳 な し

(2) 受託品販売時

（現　　　金）	9,900	（受 託 販 売）	9,900

(3) 立替費用支払時

（受 託 販 売）	180	（現　　　金）	180

(4) 売上計算書送付時

| (受 託 販 売) | 990 | (受 取 手 数 料) | 990 |

(5) 残金送付時

| (受 託 販 売) | 8,730 | (現　　　　金) | 8,730 |

〈受託販売勘定の分析（単位：円）〉

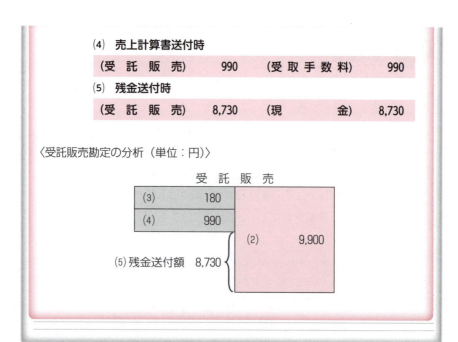

Chapter **6** のまとめ

手許商品区分法の勘定記入方法

期末一括法	売上原価を決算時に一括して仕入勘定に振り替える方法
その都度法	売上原価を収益認識のつど、仕入勘定に振り替える方法

未着品売買の取引分類

現品引取の場合	所持している貨物代表証券と引換えに商品を受け取る取引
貨物代表証券を転売する場合	現品が到着する前に貨物代表証券を転売する取引

委託販売における収益の認識基準

販売基準	受託者が積送品を販売した日に収益を計上

発送諸掛の会計処理

① 積送品勘定に直接加算する方法
② 積送諸掛費勘定を別に設ける方法

☐ 販売諸掛の会計処理

販売諸掛については、積送諸掛費などの勘定で、販売費及び一般管理費の区分に計上します。

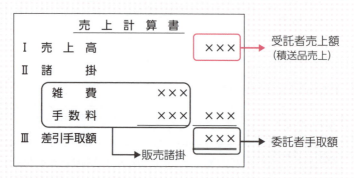

☐ 期末試用品原価の算定

期末試用品原価 ＝ 試用未収金期末残高 × 当期試用販売原価率

CHAPTER 6 特殊商品売買 2

☐ **収益認識基準（本人と代理人の区分）**

財またはサービスの提供に、他の当時者が関与している場合

当社が本人に該当する場合	収益を総額で計上
当社が代理人に該当する場合	収益を純額で計上

CHAPTER 7

工事契約

ここでは、建設業（建物の建設工事や土木工事などを行う業種）について学習します。建設業会計では、特有の勘定科目があることを意識して読み進めましょう。

また、工事契約の会計処理については、収益認識に関する会計基準における「一定の期間にわたり充足される履行義務」にもとづいて処理することになります。

Chapter 7

損益会計

工事契約

≫ビルを建てていく過程をイメージしましょう。

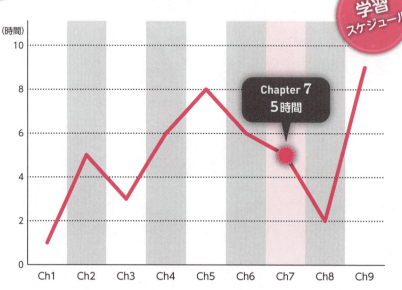

Chapter 7 5時間

Check List

- ☐ 建設業会計における特有の勘定科目を正確に覚えているか？
- ☐ 工事原価の会計処理を理解しているか？
- ☐ 進捗度にもとづき収益を認識する場合における会計処理を理解しているか？
- ☐ 完全に履行義務を充足した時点で収益を認識する場合における会計処理を理解しているか？
- ☐ 原価回収基準における会計処理を理解しているか？
- ☐ 見積りの変更があった場合の工事収益の算定を理解しているか？
- ☐ 工事損失引当金を計上する場合の会計処理を理解しているか？

Link to 財務諸表論① **Chapter8 工事契約会計**

財務諸表論では、建設業会計は工事契約会計と関連があります。

1：建設業会計

建設業会計とは

建設業では、請負工事契約にもとづいて物件ごとに建設工事を行います。建設業会計では、この建設工事の過程について会計処理を行う点が特徴的です。

建設業会計はビルなどを建てていく過程について会計処理をしていきます。

建設業特有の勘定科目

建設業会計では、建設業の特殊性を考慮した勘定科目で会計処理を行います。

Point　建設業特有の勘定科目

	通常の製造業	建設業
借方科目	売掛金	完成工事未収入金
	仕掛品（製造）	未成工事支出金
	売上原価	完成工事原価
貸方科目	買掛金・未払金	工事未払金
	前受金	未成工事受入金
	売上高	完成工事高

「未成」は、まだ完成していないという意味です。そのため「未成工事受入金」は、工事が完成する前に受け入れたお金、つまり前受金となります。

勘定体系

建設業会計の勘定連絡図は、次のようになります。

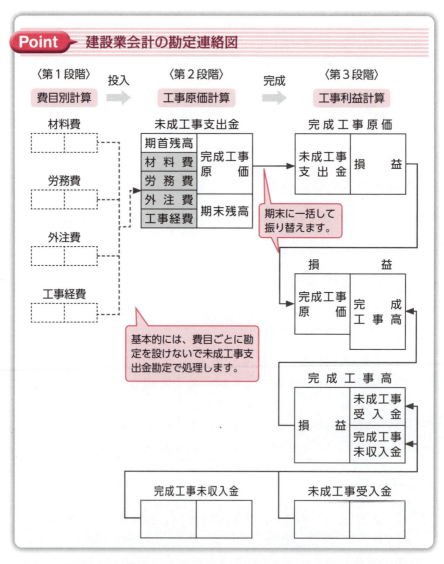

上記の勘定連絡図をここで覚える必要はありませんが、取引例をみていく際には、どの時点の取引かを確認しながらみていきましょう。

2：工事原価の会計処理

材料費の会計処理

工事に使用する材料は、購入時に未成工事支出金勘定に計上し、決算時に未使用分を材料貯蔵品勘定に振り替えます。

なお、工事が翌期以降も継続する場合には、翌期首に材料貯蔵品勘定から未成工事支出金勘定への振戻処理を行います。

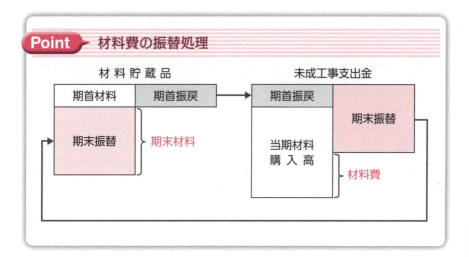

Point　材料費の振替処理

労務費の会計処理

建設業会計における労務費には、工事に直接従事する作業員に対する賃金や給料手当等があります。

労務費は、支出時に未成工事支出金勘定で処理します。

工事現場の管理を仕事にしている事務職員の給料手当等は、労務費ではなく工事経費となる点に注意しましょう。

外注費の会計処理

建設工事において、建設業者1社ですべての作業を行うのが困難な場合、その一部を下請業者に発注します。この下請業者に発注することによる支払額を外注費といいます。

外注費は、支出時に未成工事支出金勘定で処理します。

工事経費の会計処理

建設業会計における工事経費とは、材料費、労務費および外注費以外のすべての工事原価をいいます。

工事経費は、支出時に未成工事支出金勘定で処理します。

工事経費の具体例として、保険料、従業員給料手当、減価償却費などがあります。

例題　工事原価の会計処理

次の資料にもとづいて未成工事支出金勘定を作成しなさい。

[資　料]

　　　　　　　　　　期　首　試　算　表　　　　（単位：千円）
　　材 料 貯 蔵 品　　1,500 ｜ 未 払 賃 金　　　3,500
　　前 払 保 険 料　　1,000 ｜

1. 材料貯蔵品前期繰越額1,500千円について、未成工事支出金勘定への振戻処理を行う。
2. 材料14,300千円を掛けで購入した。
3. 賃金82,500千円を現金で支払った。
4. 保険料13,500千円を現金で支払った。
5. 決算整理事項
   ① 未使用材料1,000千円
   ② 未払賃金4,500千円
   ③ 前払保険料2,500千円

④ 減価償却費4,500千円

6. 上記1～5の資料は、すべて工事関係の資料である。

解答

未成工事支出金			(単位：千円)
材 料 貯 蔵 品	1,500	未 払 賃 金	3,500
前 払 保 険 料	1,000	材 料 貯 蔵 品	1,000
工 事 未 払 金	14,300	前 払 保 険 料	2,500
現　　　　金	96,000		
未 払 賃 金	4,500		
減価償却累計額	4,500		

(仕訳の単位：千円)

(1) 期首仕訳

① 材料費

（未成工事支出金）	1,500	（材 料 貯 蔵 品）	1,500

② 賃金

（未 払 賃 金）	3,500	（未成工事支出金）	3,500

③ 支払保険料

（未成工事支出金）	1,000	（前 払 保 険 料）	1,000

(2) 期中仕訳

① 材料費

（未成工事支出金）	14,300	（工 事 未 払 金）	14,300

② 賃金

（未成工事支出金）	82,500	（現　　　　金）	82,500

③ 支払保険料

（未成工事支出金）	13,500	（現　　　　金）	13,500

(3) 決算時

① 材料費

（材 料 貯 蔵 品）	1,000	（未成工事支出金）	1,000

② 賃金

（未成工事支出金）	4,500	（未 払 賃 金）	4,500

③ 支払保険料

　　　（前 払 保 険 料）　　2,500　　（未成工事支出金）　　2,500

④ 減価償却費

　　　（未成工事支出金）　　4,500　　（減価償却累計額）　　4,500

この例題では、期首試算表に計上されている勘定科目については、期首振戻と期末振替が行われる結果、未成工事支出金勘定の借方と貸方の両方に計上されます。

S 費目別の勘定による会計処理

工事原価は、各費目の支出額を未成工事支出金勘定で処理していますよね。工業簿記みたいに材料費勘定とか労務費勘定とかはないのですか？

もちろん、費目別の勘定を設ける方法もあるわ。その場合は、たとえば労務費だったら支出時には労務費勘定で処理しておいて、決算時に発生額を未成工事支出金勘定に振り替えるの。

| Day 9 | Day 10 | Day 11 | Day 12 |

3：工事契約の取り扱い（収益認識基準）

工事契約の意義

工事契約とは、仕事の完成に対して対価が支払われる請負契約のうち、土木、建築などの基本的な仕様や作業内容を顧客の指示にもとづいて行うことです。

要するに、どういった建物を建てるかお客さんに要望を聞いて行う工事のことです。

工事契約の会計処理

工事契約が一定の期間にわたり充足される履行義務に該当する場合、次の処理に分類できます。

① 進捗度にもとづき収益を認識（＊1）
② 完全に履行義務を充足した時点で収益を認識（＊2）
③ 原価回収基準（＊3）

＊1 進捗度を合理的に見積もることができる場合
＊2 期間がごく短い場合のみ適用可（容認規定）
＊3 進捗度を合理的に見積もることができないものの、履行義務を充足するさいの費用を回収できると見込む場合に、進捗度を合理的に見積もることができるときまで。ただし（以下は容認規定）、契約の初期段階に収益を認識せず、当該進捗度を合理的に見積もることができるときから収益を認識することもできる。

進捗度を合理的に見積もることができず、かつ原価回収基準が適用されない場合は、履行義務を完全に充足するか、進捗度を合理的に見積もることができるようになったときに、収益を計上します。

進捗度にもとづき収益を認識する方法

工事契約が、一定の期間にわたり充足される履行義務であり、履行義務の充足に係る進捗度を合理的に見積もることができる場合は、工事の進捗度にもとづいて収益を一定の期間にわたり認識します。

工事の進捗度は、決算日までに実施した工事に関して発生した工事原価の工事原価総額に対する割合を決算日における工事進捗度とする方法（原価比例法）などを採用します。

完成前でも工事の進み具合に応じて工事収益と工事原価を計上します。

進捗度にもとづき収益を認識する方法による会計処理

(1) **工事代金前受時**
　　工事代金を前受けした場合、未成工事受入金勘定で処理します。

(2) **決算時**
　① **完成工事高**
　　決算において、工事進捗度に応じた工事収益を完成工事高として計上します。なお、代金を後日受け取る場合には、完成工事未収入金勘定で処理します。

工事の途中で計上した完成工事未収入金は金銭債権として扱うため、貸倒引当金の設定対象になります。

　② **完成工事原価**
　　完成工事高に対する原価を未成工事支出金勘定から完成工事原価勘定に振り替えます。

Day 9 Day 10 Day 11 Day 12

Point 進捗度にもとづき収益を認識する方法の勘定連絡図

未成工事支出金

材 料 費	
労 務 費	完成工事
外 注 費	原 価
工事経費	

完成工事原価

未成工事 支出金	損 益

原価比例法（次ページ参照）の場合、当期に発生した工事原価を全額振り替えるので、未成工事支出金勘定の期末残高はゼロになります。

(3) **進捗度にもとづき収益を認識する方法における工事収益の算定**

① **工事進捗度の見積り**

進捗度にもとづき収益を認識する方法は、工事の進捗状況にもとづいて工事収益を計上するため、工事収益の算定にあたって決算日における工事進捗度を見積る必要があります。

Point 決算日における工事進捗度の見積り方法

決算日における工事進捗度の見積り方法には、通常、原価比例法を用います。

原価比例法	決算日までに実施した工事に関して発生した工事原価が、工事原価総額に占める割合をもって決算日における工事進捗度とする方法

$$工事進捗度 = \frac{決算日までに発生した工事原価累計額}{見積工事原価総額}$$

例） 見積工事原価総額600円、1年目の工事原価実際発生額150円のときの工事進捗度

169

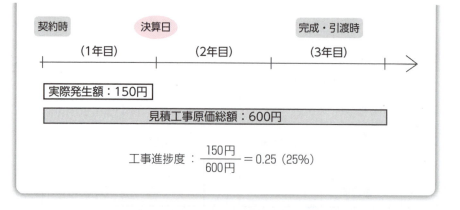

履行義務の充足に係る進捗度の適切な見積りの方法には、アウトプット法とインプット法があります。どちらの方法によるかは、財またはサービスの性質を考慮して判断します。なお、原価比例法はインプット法の一つとなります。

② **工事収益の算定**

原価比例法にもとづいた工事収益の算定方法は、次のようになります。

> **Point** 進捗度にもとづき収益を認識する方法における工事収益の算定
>
> 各期に計上する工事収益の金額は、工事収益総額に工事進捗度を掛けた金額から、過年度に計上した工事収益を控除した金額となります。
>
> (1) 第1年度の工事収益
> 　　完成工事高＝工事収益総額×工事進捗度
>
> (2) 第2年度以降の工事収益
> 　　完成工事高＝工事収益総額×工事進捗度－過年度工事収益累計額
>
> (3) 完成引渡年度の工事収益
> 　　完成工事高＝工事収益総額－過年度工事収益累計額

完成引渡年度は工事進捗度が100％なので、工事収益総額から過年度の工事収益累計額を引くことで完成工事高を求めます。

| 例題 | 進捗度にもとづき収益を認識する方法 |

次の資料にもとづいて、各年度の仕訳を示しなさい。

[資 料]
(1) X1年度
① 当社は、建物の建設についての契約を締結した。なお、工事契約は一定の期間にわたり充足される履行義務であり、履行義務の充足にかかる進捗度を合理的に見積ることができる。
② 契約で取り決められた当初の工事収益総額は50,000千円であり、工事原価総額の当初見積額は25,000千円である。また、契約時に工事代金の一部として12,500千円を受け取った。
③ X1年度の発生原価は、総額で7,500千円である。
(2) X2年度
X2年度の発生原価は、総額で12,000千円である。
(3) X3年度
建物が完成し、引渡しが完了した。X3年度の発生原価は、総額で5,500千円である。
(4) 当社は、決算日における工事進捗度を原価比例法により算定している。

解答　　　　　　　　　　　　　　　　　　（仕訳の単位：千円）

(1) X1年度（工事中）
① 工事代金前受時
（現　金　預　金）　12,500　　（未成工事受入金）　12,500
② 工事原価支払時
（未成工事支出金）　7,500　　（現　金　預　金）　7,500
③ 決算時
(イ) 完成工事原価の計上
（完 成 工 事 原 価）　7,500　　（未成工事支出金）　7,500

(ロ) 完成工事高の計上

(未成工事受入金)	12,500	(完 成 工 事 高)	15,000
(完成工事未収入金)	2,500		

(2) X2年度（工事中）

① 工事原価支払時

(未成工事支出金)	12,000	(現 金 預 金)	12,000

② 決算時

(イ) 完成工事原価の計上

(完 成 工 事 原 価)	12,000	(未成工事支出金)	12,000

(ロ) 完成工事高の計上

(完成工事未収入金)	24,000	(完 成 工 事 高)	24,000

(3) X3年度（完成・引渡し）

① 工事原価支払時

(未成工事支出金)	5,500	(現 金 預 金)	5,500

② 完成・引渡時

(完成工事未収入金)	11,000	(完 成 工 事 高)	11,000

③ 決算時

(完 成 工 事 原 価)	5,500	(未成工事支出金)	5,500

(1) X1年度

① 完成工事原価：7,500千円

② 完成工事高

(イ) 工事進捗度：$\dfrac{決算日までに発生した工事原価累計額7,500千円}{見積工事原価総額25,000千円}$

$= 0.3$

(ロ) 完成工事高：請負価額50,000千円 × 0.3 = 15,000千円

決算整理後残高試算表　　　　　（単位：千円）

完 成 工 事 原 価	7,500	完 成 工 事 高	15,000
完 成 工 事 未 収 入 金	2,500		

完成工事高計上時に、あらかじめ受け取っていた未成工事受入金を取り崩した差額を完成工事未収入金とします。

(2) X2年度
　① 完成工事原価：12,000千円
　② 完成工事高
　　(イ) 工事進捗度：$\dfrac{\text{決算日までに発生した工事原価累計額（7,500千円＋12,000千円）}}{\text{見積工事原価総額25,000千円}}$

　　　　　　　　＝ 0.78
　　(ロ) 完成工事高：請負価額50,000千円 × 0.78
　　　　　　　　　－X1年度完成工事高15,000千円＝24,000千円

決算整理後残高試算表			(単位：千円)
完 成 工 事 原 価	12,000	完 成 工 事 高	24,000
完成工事未収入金	26,500*		

＊ 前期末完成工事未収入金2,500千円＋当期発生完成工事未収入金24,000千円
　＝26,500千円

(3) X3年度
　① 完成工事原価：5,500千円
　② 完成工事高：請負価額50,000千円－過年度工事収益累計額（15,000千円＋24,000千円）
　　　　　　　　＝11,000千円

決算整理後残高試算表			(単位：千円)
完 成 工 事 原 価	5,500	完 成 工 事 高	11,000
完成工事未収入金	37,500*		

＊ 前期末完成工事未収入金26,500千円＋当期発生完成工事未収入金11,000千円
　＝37,500千円

完成引渡年度は、完成引渡時に完成工事高を計上します。

▍完全に履行義務を充足した時点で収益を認識する方法

　工事契約について、契約における取引開始日から完全に履行義務を充足すると見込まれる時点までの期間がごく短い場合には、一定の期間にわたり収益を認識せず、完全に履行義務を充足した時点で収益を認識することができます。

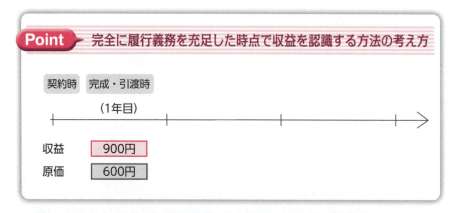

　工事が完成し、引渡しをした期に一括で工事収益と工事原価を計上します。なお、「ごく短い」とは、おおむね3カ月程度となります。

▍完全に履行義務を充足した時点で収益を認識する方法による会計処理

(1) **工事代金前受時**

　工事代金を前受けした場合、未成工事受入金勘定で処理します。

　工事代金前受時の処理は、進捗度にもとづき収益を認識する方法と同じです。

(2) **完成・引渡年度**

　① **完成工事高**

　　工事が完成し、顧客に引き渡した時点で完成工事高を計上します。なお、代金を後日受け取る場合には、完成工事未収入金勘定で処理します。

　② **完成工事原価**

　　完成時までに発生した原価の総額を未成工事支出金勘定から完成工事原

価勘定に振り替えます。

> **Point** 完全に履行義務を充足した時点で収益を認識する方法の勘定連絡図

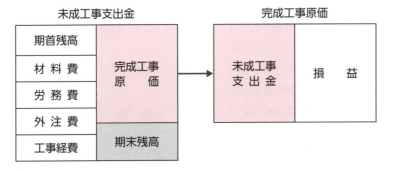

建設中の工事に関する原価は、未成工事支出金勘定に計上しておき、完成し、引き渡した期に完成工事原価勘定へ振り替えます。

したがって、未成工事支出金勘定の期末残高は、当期末に未完成の工事についての原価になります。

例題 完全に履行義務を充足した時点で収益を認識する方法

次の資料にもとづいて、各年度の仕訳を示しなさい。

[資　料]

(1) X1年度
① 当社は、建物の建設についての契約を締結した。なお、契約における取引開始日から完全に履行義務を充足すると見込まれる時点までの期間がごく短い場合に該当する。
② 契約で取り決められた当初の工事収益総額は50,000千円であり、工事原価総額の当初見積額は25,000千円である。また、契約時に工事代金の一部として12,500千円を受け取った。
③ X1年度の発生原価は、総額で7,500千円である。

(2) X2年度

建物が完成し、引渡しが完了した。X2年度の発生原価は、総額で17,500千円である。

解答

(仕訳の単位：千円)

(1) X1年度（工事中）

① 工事代金前受時

| （現　金　預　金） | 12,500 | （未成工事受入金） | 12,500 |

② 工事原価支払時

| （未成工事支出金） | 7,500 | （現　金　預　金） | 7,500 |

③ 決算時

| 仕　訳　な　し |

(2) X2年度（完成・引渡し）

① 工事原価支払時

| （未成工事支出金） | 17,500 | （現　金　預　金） | 17,500 |

② 完成・引渡時

| （未成工事受入金） | 12,500 | （完　成　工　事　高） | 50,000 |
| （完成工事未収入金） | 37,500 | | |

③ 決算時

| （完　成　工　事　原　価） | 25,000 | （未成工事支出金） | 25,000 |

---

(1) X1年度

　　完全に履行義務を充足した時点で収益を認識する方法の場合、工事が完成し、引渡しをした期に工事収益と工事原価を計上します。したがって、建物が未完成であるX1年度では、工事収益と工事原価は計上されません。

決算整理後残高試算表			(単位：千円)
未成工事支出金	7,500	未成工事受入金	12,500

(2) X2年度

　　完全に履行義務を充足した時点で収益を認識する方法の場合、完成・引渡年度に工事収益総額50,000千円を完成工事高に計上し、発生した原価の総額25,000千円を未成工事支出金から完成工事原価に振り替えます。

	決算整理後残高試算表		（単位：千円）
完成工事原価	25,000	完成工事高	50,000
完成工事未収入金	37,500		

完全に履行義務を充足した時点で収益を認識する方法では、工事が完成し、引渡しをした期に未成工事支出金勘定を完成工事原価勘定に振り替えます。

原価回収基準

原価回収基準とは、履行義務の充足に係る進捗度を合理的に見積ることができる時まで、履行義務を充足する際に発生する費用のうち、回収することが見込まれる費用の金額で収益を認識する方法のことです。

ざっくりいうと、かかった費用（原価）のうち回収できると判断した金額をそのまま収益（売上）として計上しようという方法です。

原価回収基準は、進捗度を合理的に見積ることができないものの、履行義務を充足する際に生じる費用を回収できると見込まれる場合に採用できます。

たとえば、進捗度が不明であるけれど、当期に発生した原価は10,000円とわかっており、少なくとも、この10,000円は回収可能と判断したときは、原価回収基準にもとづくと売上は10,000円となります。

例題　原価回収基準

次の資料にもとづいて、各年度の完成工事高を求めなさい。

［資　料］
　1．X1年度期首に建物の建設工事を50,000千円で請け負った。また、工期は3年であり、工事契約は一定の期間にわたり充足される履行義務である。

2．各年度の実際工事原価は以下のとおりである。なお、発生した原価については、各年度において全額回収することができると見込まれている。

X1年度	X2年度	X3年度
7,500千円	12,000千円	5,500千円

3．X1年度およびX2年度の各決算日において、当該履行義務の充足に係る進捗度を合理的に見積ることができない。
4．X3年度に建物が完成し、引渡しが完了した。

X1年度： 7,500千円
X2年度：12,000千円
X3年度：30,500千円

(1) X1年度の完成工事高

X1年度の実際工事原価の全額を完成工事高として計上します。

⇒ 7,500千円

(2) X2年度の完成工事高

X2年度の実際工事原価の全額を完成工事高として計上します。

⇒ 12,000千円

［資料］2．により費用（原価）がすべて回収できると見込まれるため、X1年度とX2年度については、回収することが見込まれる費用（原価）の金額をそのまま完成工事高として計上します。

(3) X3年度の完成工事高

50,000千円－（7,500千円＋12,000千円）＝30,500千円

(4) 各年度の完成工事高と完成工事原価

（単位；千円）

	完成工事原価	完成工事高
X1年度	7,500	7,500
X2年度	12,000	12,000
X3年度	5,500	30,500
合計	25,000	50,000

X3年度に建物の完成・引渡しという履行義務が完了するので、X3年度の完成工事高は、請負金額からX1年度とX2年度の完成工事高の合計を差し引いた30,500千円となります。

原価回収基準の適用要件を満たしている場合、容認処理として、契約の初期段階では収益を認識せず、進捗度を合理的に見積もることができるときから収益を認識することもできます。この場合、合理的な見積りが可能となるまで収益が全く計上されない点が、原価回収基準と異なります。

問題 >>> 問題編の**問題1**に挑戦しましょう！

4：工事収益総額・見積工事原価総額の変更

▌見積りの変更

進捗度にもとづき収益を認識する方法において、履行義務の充足に係る進捗度は、各決算日に見直します。また、見積りを変更する場合は、会計上の見積りの変更として処理します。

▌工事収益総額の変更

工事途中において、工事収益総額を変更した場合、次のように工事収益を求めます。

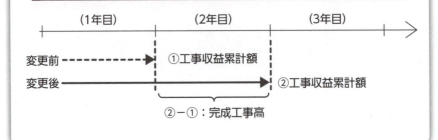

例題　工事収益総額の変更

次の資料にもとづいて、各年度の完成工事高を求めなさい。

[資　料]

(1) X1年度
　① 当社は、建物の建設についての契約を締結した。なお、工事契約は一定の期間にわたり充足される履行義務であり、履行義務の充足にかかる進捗度を合理的に見積ることができる。
　② 契約で取り決められた当初の工事収益総額は50,000千円であり、工事原価総額の当初見積額は25,000千円である。
　③ X1年度の発生原価は、総額で7,500千円である。

(2) X2年度
　① X2年度の発生原価は、総額で12,000千円である。
　② X2年度末に工事収益総額を52,500千円に変更した。

(3) X3年度
　建物が完成し、引渡しが完了した。X3年度の発生原価は、総額で7,000千円である。

(4) 当社は、決算日における工事進捗度を原価比例法により算定している。

解答　X1年度：15,000千円
　　　　　X2年度：25,950千円
　　　　　X3年度：11,550千円

(1) X1年度の完成工事高

$$50,000 千円 \times \frac{7,500 千円}{25,000 千円} = 15,000 千円$$

(2) X2年度の完成工事高

　X2年度以降の完成工事高は、変更後の工事収益総額52,500千円を用いて算定します。

$$52,500 千円 \times \frac{7,500 千円 + 12,000 千円}{25,000 千円} - 15,000 千円 = 25,950 千円$$

(3) X3年度の完成工事高

52,500千円－（15,000千円＋25,950千円）＝11,550千円

(4) 各年度の完成工事原価と完成工事高

（単位：千円）

	完成工事原価	完成工事高
X1年度	7,500	15,000
X2年度	12,000	25,950
X3年度	7,000	11,550
合　計	26,500	52,500

 完成工事原価は、実際発生額となるため、必ずしも見積工事原価総額とは一致しません。

見積工事原価総額の変更

工事途中に、見積工事原価総額を変更した場合、次のように工事収益を求めます。

Point　見積工事原価総額の変更

見積工事原価総額を変更した場合には、変更後の見積工事原価総額にもとづいて工事進捗度を求め、工事収益を算定します。

完成工事高
＝工事収益総額×$\dfrac{決算日までに発生した工事原価累計額}{変更後の見積工事原価総額}$
－過年度工事収益累計額

例題　見積工事原価総額の変更

次の資料にもとづいて、各年度の完成工事高を求めなさい。

［資　料］

(1) X1年度

① 当社は、建物の建設についての契約を締結した。なお、工事契約は一定の期間にわたり充足される履行義務であり、履行義務の充足にかかる進捗度を合理的に見積ることができる。

② 契約で取り決められた当初の工事収益総額は50,000千円であり、工事原価総額の当初見積額は25,000千円である。

③ X1年度の発生原価は、総額で7,500千円である。

(2) X2年度

① X2年度の発生原価は、総額で12,000千円である。

② X2年度末の見積工事原価総額を26,000千円に変更した。

(3) X3年度

建物が完成し、引渡しが完了した。X3年度の発生原価は、総額で7,000千円である。

(4) 当社は、決算日における工事進捗度を原価比例法により算定している。

解答

X1年度：15,000千円
X2年度：22,500千円
X3年度：12,500千円

(1) X1年度の完成工事高

$$50,000 千円 \times \frac{7,500 千円}{25,000 千円} = 15,000 千円$$

(2) X2年度の完成工事高

X2年度以降の工事進捗度は、変更後の見積工事原価総額26,000千円を用いて算定します。

$$50,000\text{千円} \times \frac{7,500\text{千円} + 12,000\text{千円}}{26,000\text{千円}} - 15,000\text{千円} = 22,500\text{千円}$$

(3) X3年度の完成工事高

$$50,000\text{千円} - (15,000\text{千円} + 22,500\text{千円}) = 12,500\text{千円}$$

(4) 各年度の完成工事原価と完成工事高

（単位：千円）

	完成工事原価	完成工事高
X1年度	7,500	15,000
X2年度	12,000	22,500
X3年度	7,000	12,500
合　計	26,500	50,000

完成工事原価報告書

建設業会計では、損益計算書の添付書類として完成工事原価報告書（Cost Report＝C/R）を作成します。完成工事原価報告書は完成工事原価の内訳明細書であり、未成工事支出金勘定の記入内容を報告式に記載したものです。

```
    完成工事原価報告書              損益計算書
 Ⅰ  材 料 費    ×××      Ⅰ  完 成 工 事 高    ×××
 Ⅱ  労 務 費    ×××  ──▶ Ⅱ  完 成 工 事 原 価  ×××
 Ⅲ  外 注 費    ×××         完成工事総利益    ×××
 Ⅳ  工 事 経 費  ×××      Ⅲ  販売費及び一般管理費  ×××
    完成工事原価  ×××

               貸 借 対 照 表
    完成工事未収入金    ×××   工 事 未 払 金    ×××
    未成工事支出金     ×××   未成工事受入金    ×××
```

問題 ▶▶▶ 問題編の**問題2**に挑戦しましょう！

5 ： 工事損失引当金

工事損失引当金とは

　工事契約について、工事原価総額等が工事収益総額を超過する可能性が高く、かつ、その金額を合理的に見積ることができる場合には、その超過すると見込まれる額（工事損失）のうち、当該工事契約に関してすでに計上された損益の額を控除した残額を**工事損失引当金**として計上します。

　工事損失引当金は、次期以降に見込まれる赤字分（損失分）を、当期に引当金として先に計上しておこうとするものです。

工事損失引当金の会計処理

(1) 設定時の会計処理

　工事収益総額と工事原価総額を比較して工事損失が見込まれる場合、工事契約の全体から見込まれる工事損失から、当期までの工事損益を控除した金額を工事損失引当金として計上します。

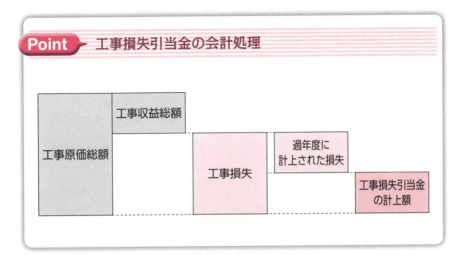

Point 工事損失引当金の会計処理

⑵ 取崩時の会計処理

　工事の進捗や完成・引渡しにより工事損失が確定したときは、確定した分の工事損失引当金を取り崩します。

 工事損失引当金は、工事の進捗の程度にかかわらず適用されます。

例題　工事損失引当金

次の資料にもとづいて、各年度の仕訳（工事原価支払時の仕訳は除く）を示しなさい。

［資　料］
⑴　当社は、建物の建設についての契約を締結した。なお、工事契約は一定の期間にわたり充足される履行義務であり、履行義務の充足にかかる進捗度を合理的に見積ることができる。
⑵　工事収益総額15,000千円、請負時（X1年度）の見積工事原価総額14,700千円
⑶　実際の発生原価
　　X1年度：4,410千円　X2年度：8,190千円　X3年度：3,150千円
⑷　X2年度に、見積工事原価総額は15,750千円に増加したが、請負金額の見直しは行われなかった。
⑸　X3年度に建物が完成し、引渡しが完了した。
⑹　当社は、決算日における工事進捗度を原価比例法により算定している。

解答　　　　　　　　　　　　　　　　　（仕訳の単位：千円）

⑴　X1年度（工事中）

| （完成工事原価） | 4,410 | （未成工事支出金） | 4,410 |
| （完成工事未収入金） | 4,500 | （完 成 工 事 高） | 4,500* |

　＊　$15,000 千円 \times \dfrac{4,410 千円}{14,700 千円} = 4,500 千円$

Day 9 | Day 10 | Day 11 | Day 12

(2) X2年度（工事中）

① 工事原価および工事収益の計上

（完 成 工 事 原 価）	8,190	（未成工事支出金）	8,190
（完成工事未収入金）	7,500	（完 成 工 事 高）	7,500*

$$* \quad 15,000千円 \times \frac{4,410千円 + 8,190千円}{15,750千円} - 4,500千円 = 7,500千円$$

② 工事損失引当金の計上

（完 成 工 事 原 価）	150	（工事損失引当金）	150

(3) X3年度（完成・引渡し）

① 工事原価および工事収益の計上

（完 成 工 事 原 価）	3,150	（未成工事支出金）	3,150
（完成工事未収入金）	3,000	（完 成 工 事 高）	3,000*

$$* \quad 15,000千円 - (4,500千円 + 7,500千円) = 3,000千円$$

② 工事損失引当金の取崩し

（工事損失引当金）	150	（完 成 工 事 原 価）	150

(1) 工事損失引当金の設定

　　X2年度に見積工事原価総額が増加した結果、請負金額を上回り、工事損失が見込まれます。そこで、工事損失引当金を設定します。

① 見積られた工事損失の総額：

　　請負金額15,000千円－変更後の工事原価総額15,750千円＝△750千円

② X1年度の損益：4,500千円－4,410千円＝90千円（利益）

③ X2年度の損益：7,500千円－8,190千円＝△690千円（損失）

④ X2年度末までに発生した工事損失：

　　△690千円＋90千円＝△600千円

⑤ 今後見込まれる工事損失：

　　750千円－600千円＝150千円（工事損失引当金）

(2) 工事損失引当金の取崩し

　　完成・引渡しにより工事損失が確定するので、工事損失引当金を取り崩します。

工事損失引当金の繰入額は、完成工事原価に含め、取崩額は、完成工事原価から控除します。

参考 工事契約に関する会計基準（旧基準）

▶ 工事契約に係る認識基準

これまで適用されていた工事契約に関する会計基準では、工事契約に係る認識基準として、**工事進行基準**と**工事完成基準**という2つの方法があります。

工事契約に係る認識基準とは、工事契約に関する工事収益および工事原価を認識するための基準のことです。

工事契約に関する会計基準は、収益認識基準が新しく設定されたことにより廃止されました。

▶ 工事進行基準の意義

工事進行基準とは、工事契約に関して、工事収益総額、工事原価総額および決算日における工事進捗度を合理的に見積り、これに応じて当期の工事収益および工事原価を認識する方法です。

収益認識基準でいう、進捗度にもとづき収益を認識する方法と同様の会計処理を行うことになります。

▶ 工事完成基準の意義

工事完成基準とは、工事契約に関して、工事が完成し、目的物の引渡しを行った時点で、工事収益および工事原価を認識する方法です。

収益認識基準でいう、完全に履行義務を充足した時点で収益を認識する方法と同様の会計処理を行うことになります。

工事契約に係る認識基準について

　工事契約に関して、工事の進行途上においても、その進捗部分について成果の確実性が認められる場合には工事進行基準を適用し、この要件を満たさない場合には工事完成基準を適用します。

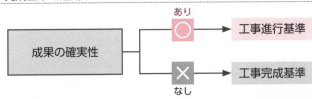

　なお、成果の確実性が認められるには、工事収益総額、工事原価総額、および決算日における工事進捗度を、信頼性をもって見積ることができる必要があります。

Chapter 7 のまとめ

建設業会計における勘定科目

		通常の製造業	建 設 業
借方科目		売 掛 金	完成工事未収入金
		仕掛品（製造）	未成工事支出金
		売 上 原 価	完成工事原価
貸方科目		買掛金・未払金	工 事 未 払 金
		前 受 金	未成工事受入金
		売 上 高	完成工事高

材料費の振替処理

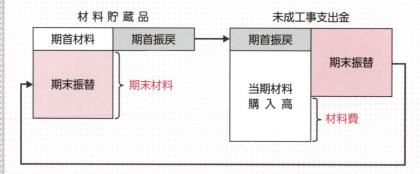

□ 一定の期間にわたり充足される履行義務の会計処理

① 進捗度にもとづき収益を認識（＊1）

② 完全に履行義務を充足した時点で収益を認識（＊2）

③ 原価回収基準（＊3）

＊1 進捗度を合理的に見積もることができる場合

＊2 期間がごく短い場合のみ適用可（容認規定）

＊3 進捗度を合理的に見積もることができないものの、履行義務を充足するさいの費用を回収できると見込む場合に、進捗度を合理的に見積もることができるときまで。ただし（以下は容認規定）、契約の初期段階に収益を認識せず、当該進捗度を合理的に見積もることができるときから収益を認識することもできる。

□ 工事進捗度の算定方法（原価比例法）

$$工事進捗度 = \frac{決算日までに発生した工事原価累計額}{見積工事原価総額}$$

☐ **進捗度にもとづき収益を認識する方法における工事収益の算定**

(1) **第1年度の工事収益**

> 完成工事高＝工事収益総額×工事進捗度

(2) **第2年度以降の工事収益**

> 完成工事高＝工事収益総額×工事進捗度－過年度工事収益累計額

(3) **完成引渡年度の工事収益**

> 完成工事高＝工事収益総額－過年度工事収益累計額

☐ **見積りの変更があった場合の工事収益の算定**

(1) **工事収益総額を変更した場合**

> 完成工事高
> ＝変更後工事収益総額×工事進捗度－過年度工事収益累計額
> 当期末における変更後工事収益累計額

(2) **見積工事原価総額を変更した場合**

> 完成工事高＝工事収益総額×$\dfrac{\text{決算日までに発生した工事原価累計額}}{\text{変更後の見積工事原価総額}}$
> －過年度工事収益累計額

CHAPTER 8

税金

社会において経済活動を行う企業には、さまざまな税金が関係してきます。そして、会計処理を行う際にも、その税金の特徴に応じて処理方法が異なってきます。

そのため、それぞれの税金がどのような目的で課されるものなのか、また、どのような会計処理をするのかを中心におさえていきましょう。

Chapter 8

損益会計
税　金

≫会社にはいろいろな税金が課されます。

学習スケジュール

Chapter 8
2時間

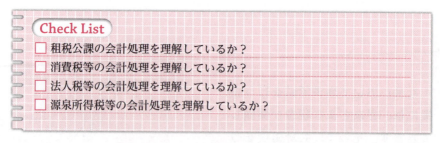

Check List
- □ 租税公課の会計処理を理解しているか？
- □ 消費税等の会計処理を理解しているか？
- □ 法人税等の会計処理を理解しているか？
- □ 源泉所得税等の会計処理を理解しているか？

Link to　財務諸表論① **Chapter9 税金**

財務諸表論でも、税金の学習内容はほぼ同じです。ただし、事業税の考え方などは、学習しておくと計算の理解も深まりますので関連づけて学習しましょう。

1：租税公課とは

税金の分類

税金はその処理方法に準じて、次のように分類されます。

租税公課	費用処理するもの
取得税、登録免許税、関税など	取得した資産の付随費用として処理するもの
法人税、住民税、事業税（所得割）	利益の控除として処理するもの
消費税	企業の負担にはならないもの

 ここは、本試験で直接的に問われることはないので、軽く確認して次に進みましょう。

租税公課の会計処理

租税公課とは、税金のうち費用処理をするもので、租税公課勘定により処理します。

> **Point** 租税公課の具体例
>
> 租税公課に該当する税金には、次のものがあります。
> ・固定資産税
> ・事業税のうち外形標準課税による付加価値割および資本割
> ・印紙税
> ・利子税
> ・延滞金（納期限延長によるもの）

195

なお、税務上は、不動産取得税なども租税公課として取り扱うことができますが、会計上は、原則として取得した資産の付随費用として処理します。

例題　租税公課

次の各取引の仕訳を示しなさい。
(1) 固定資産税7,500円を現金で納付した。
(2) 収入印紙975円および切手30円を現金で購入したが未処理である。なお、期末において収入印紙225円および切手15円が未使用であることが判明した。

解答

(1) 固定資産税納付時

| （租　税　公　課） | 7,500 | （現　　　　金） | 7,500 |

(2) 収入印紙および切手

① 取得時

| （租　税　公　課） | 975*1 | （現　　　　金） | 1,005 |
| （通　信　費） | 30*2 | | |

*1　収入印紙代
*2　切手代

② 未使用分の振替処理

| （貯　蔵　品） | 240* | （租　税　公　課） | 225 |
| | | （通　信　費） | 15 |

*　未使用の収入印紙および切手は、貯蔵品勘定で処理します。

事業税と外形標準課税

　事業税とは、法人の行う事業および個人の行う一定の事業に対して、その事業の事務所または事業所がある道府県が課す税金で、法人の所得金額に対して課税される税金のことです。

　なお、資本金1億円超の法人については外形標準課税の適用対象となり、事業税の一部は、事業所の床面積、従業員数、資本金等および付加価値など、外観から客観的に判断できる基準にもとづいて税額を算定します。

　この場合、事業税の総額は、次のように算定します。

> 事業税額 ＝ 所得割額（法人税等）＋ 付加価値割額（租税公課）
> 　　　　　　　　　　　　　　　　　　　　外形基準部分
> 　　　　　＋ 資本割額（租税公課）
> 　　　　　　　外形基準部分

所得割額は法人税等として処理し、外形基準部分は租税公課として処理することをおさえておけば十分です。

問題 >>> 問題編の**問題1**に挑戦しましょう！

2：消費税等の概要

消費税等の意義

消費税等とは、国内における商品の販売、サービスの提供等に対して課税される間接税であり、国税である消費税と地方消費税の総称のことです。

 間接税とは税金を負担する人（担税者）と税金を納める人（納税義務者）が異なる税金のことです。消費税等では、担税者は一般消費者、納税義務者は事業者となります。

Point 消費税等のしくみ

消費税等の納付額は、事業者が得意先などから預かった消費税等から仕入先などに支払った消費税等を控除した残額となります。

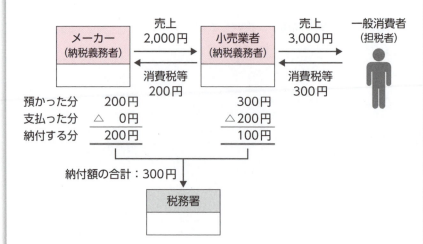

預かった分から支払った分を控除することで、取引全体の納付額は担税者が負担する消費税等の300円となります。

消費税等の税額計算

消費税等は、国税である消費税が消費税率7.8％および地方消費税が消費税額 $\times \frac{22}{78}$（消費税率換算値2.2％）として算定されます。

> **Point** 消費税等の税率
>
> 例）売上高が1,000円の場合の消費税等
> (1) 消費税額：売上高1,000円×消費税率7.8％＝78円
> (2) 地方消費税額：消費税額78円×地方消費税率 $\frac{22}{78}$ ＝22円
> (3) (1)＋(2)＝消費税等100円
>
>

簿記の学習上は、簡便的に合計税率10％で消費税等を計算してかまいません。

消費税等の申告および納付

消費税等は、課税期間末日の翌日から起算して2カ月以内に確定申告を行って納付します。なお、会社は通常、中間申告・納付を行うため、確定申告により納付すべき消費税等は、年税額から中間納付額を差し引いた額となります。

> **Point** 消費税等の申告および納付
>
>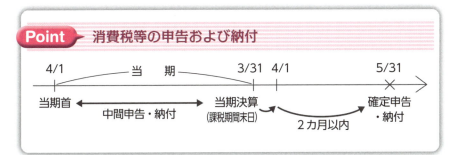

3：消費税等の会計処理

税抜方式の会計処理

税抜方式とは、仕入先等に支払った消費税等を仮払消費税等勘定で、得意先等から預かった消費税等を仮受消費税等勘定で処理する方式です。決算時に、両者を相殺し、その差額を未払消費税等または未収消費税等で処理します。

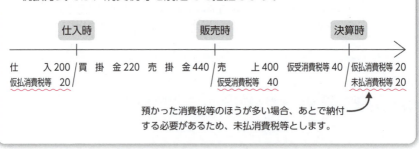

Point 税抜方式の会計処理

税抜方式では、消費税等を別建てで把握します。

仕入時 / 販売時 / 決算時

仕　　入 200　買　掛　金 220　売　掛　金 440　売　　上 400　仮受消費税等 40　仮払消費税等 20
仮払消費税等 20　　　　　　　　　　　　　　　　仮受消費税等 40　　　　　　　　　　　未払消費税等 20

預かった消費税等のほうが多い場合、あとで納付する必要があるため、未払消費税等とします。

決算時に、仮受消費税等（預かった消費税等）＜仮払消費税等（支払った消費税等）である場合、あとで還付を受けるので未収消費税等が計上されます。

例題　税抜方式の会計処理

次の各取引の仕訳を示しなさい。なお、消費税等の税率は10％であり、税抜方式を採用している。

(1)　商品3,300円（税込み）を掛けで仕入れた。
(2)　商品8,800円（売価。税込み）を掛けで売り上げた。
(3)　営業費990円（税込み）を現金で支払った。
(4)　機械1,100円（税込み）を購入し、現金で支払った。

(5) 消費税等150円について現金で中間納付を行った。
(6) 決算日を迎えた。

解答

(1) 仕入時

(仕 入)	3,000	(買 掛 金)	3,300
(仮払消費税等)	300*		

＊ $3,300円 \times \dfrac{0.1}{1.1} = 300円$

(2) 売上時

(売 掛 金)	8,800	(売 上)	8,000
		(仮受消費税等)	800*

＊ $8,800円 \times \dfrac{0.1}{1.1} = 800円$

(3) 営業費支払時

(営 業 費)	900	(現 金)	990
(仮払消費税等)	90*		

＊ $990円 \times \dfrac{0.1}{1.1} = 90円$

(4) 機械購入時

(機 械)	1,000	(現 金)	1,100
(仮払消費税等)	100*		

＊ $1,100円 \times \dfrac{0.1}{1.1} = 100円$

(5) 中間納付時

(仮払消費税等)	150	(現 金)	150

(6) 決算時

(仮受消費税等)	800	(仮払消費税等)	640*1
		(未払消費税等)	160*2

＊1 300円＋90円＋100円＋150円＝640円
＊2 貸借差額

仮に、決算時の仮払消費税等が900円であった場合、未払消費税等ではなく、借方に未収消費税等100円が計上されます。

商品売買における返品等

商品売買において返品等がある場合、返品等の会計処理に合わせて消費税等の精算処理を行います。

> **例題　返品等**
>
> 次の各取引の仕訳を示しなさい。なお、消費税等の税率は10%であり、税抜方式を採用している。
> (1) 商品11,000円（売価。税込み）が返品され、代金については売掛金から差し引いた。
> (2) 商品について5,500円（税込み）の値引があり、代金については買掛金から差し引いた。
>
> **解答**
>
> (1) 売上戻り時
>
> | （売　　　　上） | 10,000 | （売　掛　金） | 11,000 |
> |---|---|---|---|
> | （仮受消費税等） | 1,000* | | |
>
> * $11,000円 \times \dfrac{0.1}{1.1} = 1,000円$
>
> (2) 仕入値引時
>
> | （買　掛　金） | 5,500 | （仕　　　　入） | 5,000 |
> |---|---|---|---|
> | | | （仮払消費税等） | 500* |
>
> * $5,500円 \times \dfrac{0.1}{1.1} = 500円$

返品等の処理は、仕入時・売上時の逆仕訳となります。

貸倒引当金の設定および貸倒れ

(1) 貸倒引当金設定時の会計処理

通常、期末売掛金は税込金額で計上されているため、貸倒引当金は税込金額に対して設定します。

(2) 貸倒時の会計処理

税抜方式では、売掛金が貸し倒れた場合、仮受消費税等の減額処理を行います。

例題　貸倒れ

次の各取引の仕訳を示しなさい。なお、消費税等の税率は10%であり、税抜方式を採用している。

(1) 期首売掛金4,400円（税込み）が貸し倒れた。なお、当該売掛金については、一般債権として貸倒引当金が設定されている。
(2) 当期に発生した売掛金2,200円（税込み）が貸し倒れた。

解答

(1) 前期発生売掛金の貸倒時

（貸倒引当金）	4,000	（売　掛　金）	4,400
（仮受消費税等）	400*		

* $4,400円 \times \dfrac{0.1}{1.1} = 400円$

(2) 当期発生売掛金の貸倒時

（貸倒損失）	2,000	（売　掛　金）	2,200
（仮受消費税等）	200*		

* $2,200円 \times \dfrac{0.1}{1.1} = 200円$

前期発生の売掛金の場合は、貸倒引当金の取崩しに、当期発生の売掛金の場合は、貸倒損失の計上になります。

貸倒引当金に対する消費税額について

貸倒引当金を設定するときは債権の税込金額に対して設定するのに、取り崩すときは債権の税抜金額で取り崩すのはなぜですか？

実は、貸倒引当金の設定や取崩しを税込金額で処理するか、税抜金額で処理するかは、特に決まりはないの。だから、本試験では問題文の指示に従うことになるわね。
本書では、過去の本試験にならって設定は税込金額、取崩しは税抜金額で会計処理をしているの。処理に統一感がなくてスッキリしないけど、消費税額に対して設定した貸倒引当金は、洗替法で考えた場合、翌期に戻入処理されて、2事業年度を通した損益はゼロになるから問題は発生しないのよ。

有形固定資産の買換え

　有形固定資産の買換取引は、有形固定資産の購入と売却の複合取引なので、仮払消費税等と仮受消費税等が1つの取引から生じます。

有形固定資産の買換えの具体的な会計処理は、教科書2で詳しく解説します。ここでは、消費税額の算定方法だけおさえておきましょう。

例題　有形固定資産の買換え

　次の取引の仕訳を示しなさい。なお、消費税等の税率は10％であり、税抜方式を採用している。
　X1年4月1日に車両22,000円（税込み）を購入した。当該車両について、当期首（X4年4月1日）に車両の買換えを行い、新車両33,000円（税込み）を購入した。その際の、適正評価額および下取価額は4,400円（税込み）であり、差額代金は現金で支払った。なお、当該車両は耐用年数4年、残存価額をゼロとする定額法により減価償却を行っている。

解答

(減価償却累計額)	15,000	(車　　　両)	20,000
(車 両 売 却 損)	1,000	(現　　　金)	28,600
(車　　　両)	30,000	(仮受消費税等)	400
(仮払消費税等)	3,000		

(1) 旧車両の売却

旧車両を下取価額で売却したものとして仕訳を行います。

(減価償却累計額)	15,000*2	(車　　　両)	20,000*1
(現　　　金)	4,400	(仮受消費税等)	400*3
(車 両 売 却 損)	1,000		

*1　車両（税込み）22,000円 × $\dfrac{1}{1.1}$ ＝ 20,000円

*2　車両20,000円 × $\dfrac{1年}{4年}$ × 経過年数3年 ＝ 15,000円

*3　下取価額4,400円 × $\dfrac{0.1}{1.1}$ ＝ 400円

(2) 新車両の購入

(車　　　両)	30,000*1	(現　　　金)	33,000
(仮払消費税等)	3,000*2		

*1　新車両（税込み）33,000円 × $\dfrac{1}{1.1}$ ＝ 30,000円

*2　購入価額33,000円 × $\dfrac{0.1}{1.1}$ ＝ 3,000円

(3) (1)＋(2)→解答

旧車両は、下取価額で売却したと考えます。なお、有形固定資産の売却に係る仮受消費税等の金額は下取価額（売却価額）にもとづいて算定します。

問題 ≫ 問題編の**問題2**～**問題5**に挑戦しましょう！

4：法人税等の会計処理

▶ 法人税等の意義

法人税等とは、法人税、住民税及び事業税（所得割）の総称のことです。

▶ 法人税等の申告および納付

法人税等は、決算によって確定した利益にもとづいて算定し、決算日の翌日から起算して2カ月以内に確定申告を行って納付します。なお、会社は通常、中間申告・納付を行うため、確定申告により納付すべき法人税等は、年税額から中間納付額を差し引いた額となります。

Point 法人税等の申告および納付

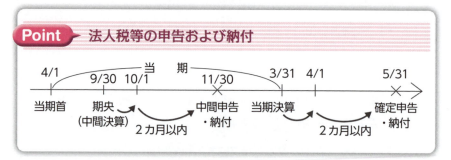

期央とは、一会計期間の真ん中のことです。4月1日から3月31日までの1年間の場合は、9月30日が期央になります。

Day 9 | Day 10 | **Day 11** | Day 12

法人税等の会計処理 🚩

法人税等の会計処理方法には、**一勘定制**と**二勘定制**の２つの方法があります。

一勘定制	法人税等について、法人税等勘定のみを設定する方法
二勘定制	法人税等について、法人税等勘定と仮払法人税等勘定の２つの勘定を設定する方法

CHAPTER
8

税
金

例題　法人税等

次の取引の、各問における仕訳を示しなさい。

(1)　法人税等の中間申告を行い5,100円を現金で納付した。

(2)　法人税等の年税額は12,000円であった。

(3)　翌期に、確定申告を行い、法人税等を現金で納付した。

問１　一勘定制を採用した場合

問２　二勘定制を採用した場合

解答　**問１　一勘定制を採用した場合**

(1)　**中間納付時**

（法　人　税　等）	5,100	（現　　　　金）	5,100

(2)　**決算時**

（法　人　税　等）	6,900	（未払法人税等）	6,900*

＊　年税額12,000円－中間納付額5,100円＝6,900円

(3)　**確定納付時**

（未払法人税等）	6,900	（現　　　　金）	6,900

207

問2　二勘定制を採用した場合

(1) 中間納付時

| (仮払法人税等) | 5,100 | (現　　　金) | 5,100 |

(2) 決算時

| (法　人　税　等) | 12,000 | (仮払法人税等) | 5,100 |
| | | (未払法人税等) | 6,900 |

(3) 確定納付時

| (未払法人税等) | 6,900 | (現　　　金) | 6,900 |

中間納付を行っているため、確定納付する金額は、年税額から中間納付分を控除した金額になります。

問題 ≫≫ 問題編の**問題6**に挑戦しましょう！

5：源泉所得税等

源泉所得税等の意義

公社債の利子や株式の配当等は、受け取る際に所得税等が課税され天引きされます。この時、天引きされた税金を**源泉所得税等**といいます。

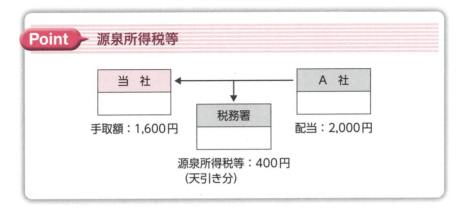

源泉所得税等の会計処理

源泉所得税等は、法人税等の一部を前払いしたものなので、法人税等納付額から控除することができます。

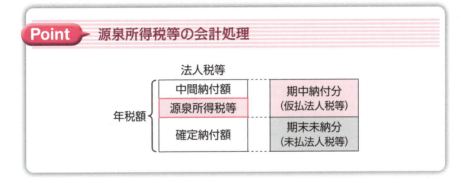

上記は、配当を受け取った側の会社の会計処理です。

例題 源泉所得税等

次の取引の仕訳を示しなさい。
(1) 法人税等の中間申告を行い5,100円を現金で納付した（二勘定制で処理）。
(2) 当社は配当金3,000円（源泉所得税750円控除後）を現金で受け取った。なお、源泉所得税は全額当期の法人税等から控除できるものである。
(3) 法人税等の年税額は12,000円である。

解答

(1) 中間納付時

| （仮払法人税等） | 5,100 | （現　　　　金） | 5,100 |

(2) 配当金受取時

| （仮払法人税等） | 750 | （受 取 配 当 金） | 3,750 |
| （現　　　　金） | 3,000 | | |

(3) 決算時

| （法 人 税 等） | 12,000 | （仮払法人税等） | 5,850* |
| | | （未払法人税等） | 6,150 |

＊ 中間納付額5,100円＋源泉所得税等750円＝5,850円

法人税等

年税額 12,000円	中間納付額 5,100円	期中納付分（仮払法人税等） 5,850円
	源泉所得税等 750円	
	確定納付額 6,150円	期末未納分（未払法人税等） 6,150円

問題 >>> 問題編の**問題７**〜**問題８**に挑戦しましょう！

参考 税込方式（消費税等）

税込方式の会計処理

税込方式とは、仕入先等に支払った消費税等を資産の取得原価または費用に含め、得意先等から預かった消費税等を収益に含める方式です。決算時に、納付すべき消費税額を租税公課で処理します。

Point 税込方式の処理

税込方式では、仮払消費税等や仮受消費税等はでてきません。

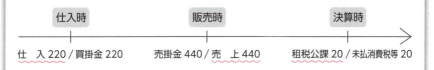

決算時に、未収消費税等が計上される場合には、貸方勘定は雑収入勘定となります。

例題 税込方式の会計処理

次の各取引の仕訳を示しなさい。なお、消費税等の税率は10%であり、税込方式を採用している。

(1) 商品3,300円（税込み）を掛けで仕入れた。
(2) 商品8,800円（売価。税込み）を掛けで売り上げた。
(3) 営業費990円（税込み）を現金で支払った。
(4) 機械1,100円（税込み）を購入し、現金で支払った。
(5) 消費税等150円について現金で中間納付を行った。
(6) 決算日を迎えた。

解答

(1) 仕入時
（仕　　　　入）　3,300　（買　掛　金）　3,300

(2) 売上時
（売　掛　金）　8,800　（売　　　　上）　8,800

(3) 営業費支払時
（営　業　費）　990　（現　　　　金）　990

(4) 機械購入時
（機　　　　械）　1,100　（現　　　　金）　1,100

(5) 中間納付時
（租　税　公　課）　150　（現　　　　金）　150

(6) 決算時
（租　税　公　課）　160　（未払消費税等）　160*

＊ $(8,800円 － 3,300円 － 990円 － 1,100円) \times \dfrac{0.1}{1.1} － 150円 ＝ 160円$

税込方式では、税込金額となっている収入・支出から消費税額を算定し、そこから中間納付額を差し引いて未払消費税等を求めます。

消費税の取り扱い（収益認識基準）

　収益認識に関する会計基準の施行により、消費税のように第三者のために回収する額は、収益に含めることができなくなりました。したがって、収益認識基準を適用する企業では、消費税に関する会計処理として税込方式は採用できません。

Chapter 8 のまとめ

☐ **租税公課の会計処理**

　租税公課とは、税金のうち費用処理をするもので、租税公課勘定により処理します。

〈租税公課の具体例〉

　・固定資産税
　・事業税のうち外形標準課税による付加価値割および資本割
　・印紙税
　・利子税
　・延滞金（納期限延長によるもの）

☐ **消費税等の会計処理**

税抜方式	仕入先等に支払った消費税等を仮払消費税等勘定で、得意先等から預かった消費税等を仮受消費税等勘定で処理する方式
税込方式	仕入先等に支払った消費税等を資産の取得原価または費用に含め、得意先等から預かった消費税等を収益に含める方式（収益認識基準の下では採用不可）

☐ **法人税等の会計処理**

一勘定制	法人税等について、法人税等勘定のみを設定する方法
二勘定制	法人税等について、法人税等勘定と仮払法人税等勘定の２つの勘定を設定する方法

源泉所得税等の会計処理

　源泉所得税等は、法人税等の一部を前払いしたものなので、法人税等納付額から控除することができます。

	法人税等	
年税額	中間納付額	期中納付分 （仮払法人税等）
	源泉所得税等	
	確定納付額	期末未納分 （未払法人税等）

CHAPTER 9 税効果会計

今まで皆さんが学習してきた論点は、基本的には会計上の話しかでてきませんでした。しかし、税効果会計は税務上の処理に会計上の処理が影響を受けるという少し変わった論点となります。

なぜ、税効果会計を行う必要があるのかという点をおさえつつ、会計処理をみていきましょう。

Chapter 9

損益会計
税効果会計

≫ 将来の影響額を当期に計算します。

Chapter 9
9時間

Check List
- □ 損金と益金を理解しているか？
- □ 税務調整の流れを理解しているか？
- □ 一時差異を理解しているか？
- □ 永久差異を理解しているか？
- □ 税効果会計を理解しているか？
- □ 将来減算一時差異の効果を理解しているか？
- □ 将来減算一時差異の会計処理の流れを理解しているか？
- □ 将来加算一時差異の効果を理解しているか？
- □ 将来加算一時差異の会計処理の流れを理解しているか？

Link to 財務諸表論① **Chapter10 税効果会計**

財務諸表論では、税効果会計の理論的な根拠を学習します。繰延法、資産負債法と関連づけて学習していきましょう。

1 : 税務調整と差異

▌法人税等の算定方法

　法人税等は、税務上の利益である所得金額を算定し、これに法人税等の税率を掛けて求めます。

> **Point** 法人税等の算定方法
>
> 　法人税等は、会計上の利益に対して課せられる税金ですが、実際には所得金額にもとづいて算定されます。
>
> | 法人税等 | = | 所得金額
(税務上の利益) | × | 税　率 |

ここは、本試験では直接的に問われないので、軽く確認して次に進みましょう。

▌損金と益金

　会計の目的が企業の財政状態および経営成績の把握なのに対して、税法の目的は課税の公平です。
　したがって、両者の目的の違いから、認識される費用・収益の範囲にも違いが生じるため、税法では費用・収益のことを**損金・益金**といって区別します。

税務調整

税務調整とは、会計上の費用・収益を税務上の損金・益金に調整することで、結果として会計上の利益を所得金額へと調整する手続きのことです。

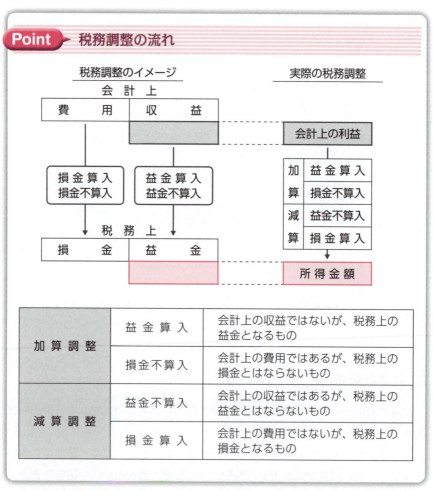

 税務調整は、会計上の費用・収益と税務上の損金・益金の範囲が異なるために必要となります。

差異について

税務調整などによって生じる、各科目の会計上と税務上の金額的なズレを「差異」といいます。その差異には、**一時差異**と**永久差異**があります。

(1) **一時差異**

① **一時差異の意義**

一時差異とは、会計上の資産・負債の金額と税務上の資産・負債の金額との一時的なズレのことです。

> **Point** 一時差異
>
> 例）X1年度において、取得原価1,500円の商品の時価が1,200円になったため、計上した商品評価損300円が税務上否認され、加算調整が行われた場合の一時差異
>
>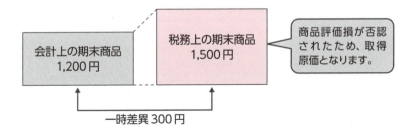
>
> 例）X2年度において、商品の販売にともない、税務上、X1年度に加算調整された商品評価損300円が認容され、減算調整が行われた場合の一時差異
>
>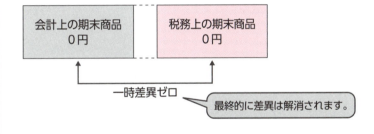

「否認」は、会計上の収益・費用が、税務上の益金・損金として認められないこと、「認容」は、会計上は収益・費用としていないが、税務上は益金・損金として認められることです。

② 一時差異の分類

一時差異には、将来における法人税等を減少または増加させる効果があり、その効果によって次の2つに分類することができます。

分類	意義	具体例
将来減算一時差異	将来減算一時差異とは、将来において減算調整が行われ、法人税等が減少する一時差異	・商品評価損 ・引当金繰入限度超過額 ・減価償却限度超過額 ・未払事業税
将来加算一時差異	将来加算一時差異とは、将来において加算調整が行われ、法人税等が増加する一時差異	・固定資産圧縮積立金

詳細については後述します。ここでは、一時差異が2つに分類される点だけおさえておきましょう。

(2) 永久差異

① 永久差異の意義

永久差異とは、会計上の資産・負債の金額と税務上の資産・負債の金額にはズレが生じず、会計上の費用・収益の金額と税務上の費用・収益の金額のみにズレが生じる差異のことです。

| Point | 永久差異 |

例) X1年度において、受取配当金150円が否認され、減算調整が行われた場合の永久差異

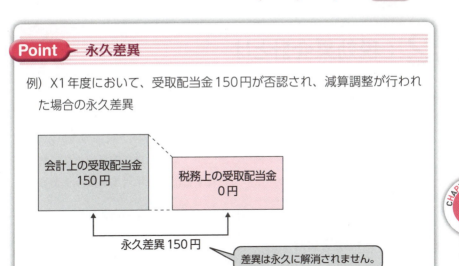

② **永久差異の具体例**

永久差異となるものには、次のものがあります。

永久差異	受取配当金等の益金不算入額
	交際費等の損金不算入額
	寄附金の損金不算入額
	損金不算入の罰科金

問題 >>> 問題編の**問題1**に挑戦しましょう！

2：税効果会計とは

税効果会計の意義

税効果会計とは、一時差異に起因する将来における法人税等の増減効果を、当期の決算に反映させる会計手続のことです。なお、永久差異は将来における法人税等の増減効果が生じないため、税効果会計の適用対象とはなりません。

Point　税効果会計

税効果会計を適用することで、将来の法人税等の支払額に対する影響額が当期の貸借対照表に反映されます。

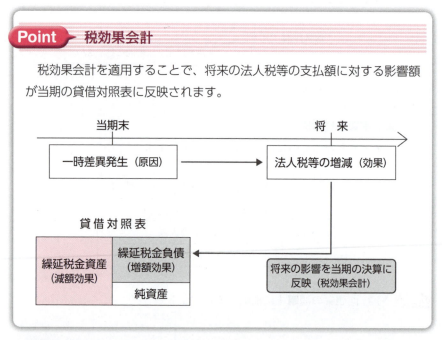

 税効果会計の適用対象となるのは一時差異だけで、永久差異は適用外である点をしっかりとおさえておきましょう。

税効果会計の処理方法

税効果会計の処理方法には、繰延法と資産負債法があります。
繰延法は、発生年度における法人税等の額と税引前当期純利益とを期間的に対応させることを目的としているのに対して、資産負債法は、将来の法人税等の支払額に対する影響を表示することを目的としています。
本書では、資産負債法の考え方にもとづいて説明していきます。

3：将来減算一時差異

▶ 将来減算一時差異の意義

将来減算一時差異とは、将来において減算調整が行われ、法人税等が減少する一時差異のことです。

Point 将来減算一時差異の効果

例）当期末に将来減算一時差異が200円生じた場合の法人税等の減少効果（法定実効税率40％）

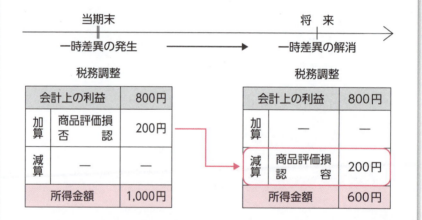

一時差異が解消した期の所得金額が、会計上の利益に比べて200円分減少します。この結果、一時差異が解消した期の法人税等の金額（600円×40％＝240円）は、会計上の利益にもとづいて計算した金額（800円×40％＝320円）に比べて80円減少します。

 将来減算一時差異は、差異が解消する期に所得金額を減算調整する差異です。発生した期の税務調整では加算調整となります。

将来減算一時差異の会計処理

(1) 繰延税金資産

税効果会計では、将来減算一時差異によって生ずる将来の法人税等の減少効果を当期において認識し、その効果を**繰延税金資産勘定**で処理します。

繰延税金資産の計上額は、将来減算一時差異に法定実効税率を掛けて算定します。

> 繰延税金資産 ＝ 将来減算一時差異 × 法定実効税率

繰延税金資産は、一時差異が解消する期の税金を発生した期に前払いしていると考えられるため、法人税等の前払額に相当するといえます。

(2) 法人税等調整額

繰延税金資産は決算ごとに評価し、相手勘定を**法人税等調整額勘定**として処理します。なお、法人税等調整額勘定は、法人税等勘定に対する評価勘定です。

法人税等の納付額は、税務上の処理で確定しています。そのため、法人税等の金額を直接調整せずに、法人税等調整額で間接的に調整します。

＋α 税効果会計に係る損益計算書の表示

法人税等調整額は純額で表示し、貸方残高の場合は法人税等から控除し、借方残高の場合は法人税等に加算します。

貸方残高の場合			借方残高の場合		
税引前当期純利益		××	税引前当期純利益		××
法 人 税 等	××		法 人 税 等	××	
法人税等調整額	△××	××	法人税等調整額	＋××	××
当 期 純 利 益		××	当 期 純 利 益		××

商品評価損

(1) 一時差異の発生年度

税務上、商品評価損は、税金逃れの目的で不正に計上することを防止するため、一定の場合を除いて、加算調整（損金不算入）が行われます。この結果、将来減算一時差異が生じるため、繰延税金資産を計上します。

(2) 一時差異の解消年度

商品が販売または廃棄された事業年度において、減算調整（損金算入）が行われます。この結果、将来減算一時差異が解消するため、繰延税金資産を取り崩します。

 差異が解消したときは、発生したときの逆仕訳を行います。

 税効果会計―棚卸資産

次の各取引の仕訳を示しなさい。なお、法定実効税率は40％である。

(1) X1年度において、税務上、商品評価損50円が否認され、加算調整が行われた。
(2) X2年度において、商品の販売にともない、税務上、X1年度に加算調整された商品評価損50円が認容され、減算調整が行われた。

解答

(1) X1年度

| （繰延税金資産） | 20 | （法人税等調整額） | 20 |

(2) X2年度

| （法人税等調整額） | 20 | （繰延税金資産） | 20 |

(1) X1年度の会計処理

将来の法人税等が減少することを当期の決算に反映させるために、繰延

税金資産を計上するとともに貸方に法人税等調整額を計上します。
① 一時差異

会計上の期末商品：××　⎫
税務上の期末商品：××　⎬一時差異50円（商品評価損）
　　　　　　　　　　　　⎭

② 繰延税金資産

一時差異50円×40％＝20円

(2) X2年度の会計処理

商品が販売され、将来減算一時差異が解消されたので、繰延税金資産を取り崩すとともに法人税等調整額を借方に計上します。

会計上の期末商品：ゼロ　⎫
税務上の期末商品：ゼロ　⎬一時差異ゼロ→差異解消
　　　　　　　　　　　　⎭

会計上と税務上の期末商品の差異は、商品評価損の金額と一致するため、商品評価損50円が一時差異となります。

貸倒引当金繰入限度超過額

　税務上、損金計上できる貸倒引当金繰入額（税務上は洗替法により考えるため、貸倒引当金の設定額ともいえます）には限度額があり、これを超える金額は、加算調整（損金不算入）が行われ将来減算一時差異が生じます。

　そして、翌期における貸倒引当金の取崩しにともない、減算調整（損金算入）が行われ、将来減算一時差異が解消します。

会計処理の流れは、商品評価損と同じです。

例題　税効果会計—貸倒引当金

次の各取引の仕訳を示しなさい。なお、法定実効税率は40%である。

(1) X1年度において税務上、貸倒引当金繰入限度超過額300円（貸倒引当金繰入額900円、貸倒引当金繰入限度額600円）が否認され、加算調整が行われた。

(2) X2年度において貸倒引当金の取崩処理にともない、税務上、X1年度に加算調整された貸倒引当金繰入限度超過額300円が認容され、減算調整が行われた。

解答

(1) X1年度

| (繰延税金資産) | 120 | (法人税等調整額) | 120 |

(2) X2年度

| (法人税等調整額) | 120 | (繰延税金資産) | 120 |

(1) X1年度の会計処理

① 一時差異

会計上の貸倒引当金：900円
税務上の貸倒引当金：600円 }一時差異300円

② 繰延税金資産

一時差異300円×40％＝120円

(2) X2年度の会計処理

会計上の貸倒引当金：ゼロ
税務上の貸倒引当金：ゼロ }一時差異ゼロ→差異解消

▌賞与引当金繰入限度超過額

税務上、賞与は実際に賞与の支給をした際に損金として認められるため、賞与引当金の計上は認められません。したがって、賞与引当金の全額について、

加算調整（損金不算入）が行われ、将来減算一時差異が生じます。

　そして、翌期における賞与引当金の取崩し（賞与の支給）にともない、減算調整（損金算入）が行われ、将来減算一時差異が解消します。

例題　税効果会計─賞与引当金

　次の各取引の仕訳を示しなさい。なお、法定実効税率は40%である。

(1)　X1年度において税務上、賞与引当金繰入限度超過額150円（賞与引当金繰入額150円、賞与引当金繰入限度額ゼロ）が否認され、加算調整が行われた。

(2)　X2年度において賞与引当金の取崩処理にともない、税務上、X1年度に加算調整された賞与引当金繰入限度超過額150円が認容され、減算調整が行われた。

解答

(1)　**X1年度**

（繰延税金資産）	60	（法人税等調整額）	60

(2)　**X2年度**

（法人税等調整額）	60	（繰延税金資産）	60

(1)　X1年度の会計処理

　①　一時差異

　　会計上の賞与引当金：150円　⎫
　　　　　　　　　　　　　　　　⎬ 一時差異150円
　　税務上の賞与引当金：ゼロ　　⎭

　②　繰延税金資産

　　一時差異150円×40%＝60円

(2)　X2年度の会計処理

　　会計上の賞与引当金：ゼロ　⎫
　　　　　　　　　　　　　　　⎬ 一時差異ゼロ→差異解消
　　税務上の賞与引当金：ゼロ　⎭

▍減価償却限度超過額

　税務上、損金計上できる減価償却費には限度額があり、これを超える金額については加算調整（損金不算入）が行われ、将来減算一時差異が生じます。
　そして、一定の場合を除いて、減価償却資産が売却または除却された事業年度において減算調整（損金算入）が行われ、将来減算一時差異が解消します。

例題　税効果会計―減価償却限度超過額

次の各取引の仕訳を示しなさい。なお、法定実効税率は40%である。
(1) X1年度において税務上、減価償却限度超過額300円（減価償却費900円、減価償却限度額600円）が否認され、加算調整が行われた。
(2) X2年度は、X1年度と同様に減価償却を行っている。
(3) X3年度において、有形固定資産の売却にともない、税務上、X1年度およびX2年度に加算調整された減価償却限度超過額600円（減価償却累計額1,800円、減価償却限度額1,200円）が認容され、減算調整が行われた。

解答

(1) X1年度
（繰延税金資産）　120　（法人税等調整額）　120

(2) X2年度
（繰延税金資産）　120　（法人税等調整額）　120

(3) X3年度
（法人税等調整額）　240　（繰延税金資産）　240

---

(1) X1年度の会計処理
　① 一時差異
　　　会計上の減価償却累計額：900円 ┐
　　　　　　　　　　　　　　　　　　├ 一時差異 300円
　　　税務上の減価償却累計額：600円 ┘
　② 繰延税金資産

一時差異 300 円 × 40％ ＝ 120 円

(2) X2 年度の会計処理

① 一時差異

会計上の減価償却累計額：900 円 ＋ 900 円 ＝ 1,800 円 ⎫
　　　　　　　　　　　　　　　　　　　　　　　　　　⎬ 一時差異 600 円
税務上の減価償却累計額：600 円 ＋ 600 円 ＝ 1,200 円 ⎭

② 繰延税金資産

一時差異 600 円 × 40％ ＝ 240 円

③ 繰延税金資産の追加計上額

X2 年度の繰延税金資産 240 円 － X1 年度の繰延税金資産 120 円
＝ 120 円

(3) X3 年度の会計処理

会計上の減価償却累計額：ゼロ ⎫
　　　　　　　　　　　　　　　⎬ 一時差異ゼロ→差異解消
税務上の減価償却累計額：ゼロ ⎭

本試験における税効果の取扱い

いろいろな取引で一時差異が発生することはわかったのですが、本試験では、どの取引が税効果会計の対象になるかを自分で判断できないといけないのですか？

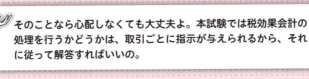

そのことなら心配しなくても大丈夫よ。本試験では税効果会計の処理を行うかどうかは、取引ごとに指示が与えられるから、それに従って解答すればいいの。

例題 将来減算一時差異のまとめ

次の資料にもとづいて、決算整理後残高試算表を作成しなさい。なお、法定実効税率は40％である。

[資　料]

```
　　　　　　　　　　決算整理前残高試算表　　　　（単位：円）
　売　掛　金　　　　 90,000　貸倒引当金　　　　　   300
　繰越商品　　　　　 15,000　建物減価償却累計額　54,000
　建　　　物　　　　600,000
　繰延税金資産　　　 15,690
　仕　　　入　　　　300,000
```

1．決算整理事項

(1) 期末商品棚卸高は18,000円、商品評価損は1,200円である。この商品評価損は、税務上否認されるため、税効果会計を適用する。

(2) 差額補充法による貸倒引当金繰入額は1,950円である。税務上の貸倒引当金繰入限度額は900円であり、貸倒引当金繰入限度超過額に対して税効果会計を適用する。

(3) 賞与引当金繰入額は19,350円である。税務上、賞与は支払時に損金算入されるため、賞与引当金に対して税効果会計を適用する。

(4) 建物の減価償却費は18,000円である。税務上の減価償却限度額は12,000円（当期首における減価償却限度額の累計は36,000円）であり、減価償却限度超過額に対して税効果会計を適用する。

2．前期末における繰延税金資産の発生に関する原因別の内訳

```
　　　　　　　　　　　　　　　　　　繰延税金資産
　商品評価損否認　　　　　　　　　　　　　 270円
　貸倒引当金繰入限度超過額　　　　　　　　 420円
　賞与引当金繰入限度超過額　　　　　　　 7,800円
　減価償却限度超過額（累計）　　　　　　 7,200円
　　　合　　計　　　　　　　　　　　　　15,690円
```

解答

決算整理後残高試算表			（単位：円）
売　掛　金	90,000	貸倒引当金	2,250
繰　越　商　品	16,800	賞与引当金	19,350
建　　　物	600,000	建物減価償却累計額	72,000
繰延税金資産	18,360	法人税等調整額	2,670
仕　　　入	297,000		
商品評価損	1,200		
貸倒引当金繰入額	1,950		
賞与引当金繰入額	19,350		
建物減価償却費	18,000		

(1)　売上原価の算定と棚卸資産の期末評価

（仕　　　入）	15,000	（繰　越　商　品）	15,000
（繰　越　商　品）	18,000	（仕　　　入）	18,000
（商品評価損）	1,200	（繰　越　商　品）	1,200
（繰延税金資産）	210*	（法人税等調整額）	210

＊　商品評価損1,200円×法定実効税率40%－前T/B270円＝210円（増加）

(2)　貸倒引当金

（貸倒引当金繰入額）	1,950	（貸倒引当金）	1,950
（繰延税金資産）	120*	（法人税等調整額）	120

＊　（貸倒設定額2,250円－繰入限度額900円）×法定実効税率40%－前T/B420円
　＝120円（増加）

〈貸倒引当金繰入限度超過額〉

貸倒引当金繰入限度超過額は、貸倒引当金繰入額ではなく、貸倒引当金設定額と貸倒引当金繰入限度額との差額になります。貸倒引当金繰入額と貸倒引当金繰入限度額との差額としないように注意しましょう。

(3) 賞与引当金

| (賞与引当金繰入額) | 19,350 | (賞 与 引 当 金) | 19,350 |
| (法人税等調整額) | 60 | (繰 延 税 金 資 産) | 60* |

* 賞与引当金19,350円×法定実効税率40%－前T/B7,800円＝△60円（減少）

(4) 減価償却

| (建物減価償却費) | 18,000 | (建物減価償却累計額) | 18,000 |
| (繰 延 税 金 資 産) | 2,400* | (法人税等調整額) | 2,400 |

* （建物減価償却累計額72,000円－償却限度額累計48,000円）
　×法定実効税率40%－前T/B7,200円＝2,400円（増加）

	① 前期末の繰延税金資産	② 当期末の繰延税金資産	③ 発生or解消 (②－①)
商品評価損	270円	480円	210円
貸倒引当金	420円	540円	120円
賞与引当金	7,800円	7,740円	△60円
減 価 償 却	7,200円	9,600円	2,400円
合　　計	15,690円	18,360円	2,670円

前期末の繰延税金資産が問題文の資料に与えられている場合は、当期末の繰延税金資産を算定し、差額で法人税等調整額を求めると効率的です。

問題 >>> 問題編の**問題２**〜**問題４**に挑戦しましょう！

4：将来加算一時差異

将来加算一時差異の意義

将来加算一時差異とは、将来において加算調整が行われ、法人税等が増加する一時差異のこと です。

Point 将来加算一時差異の効果

例）当期末に将来加算一時差異が200円生じた場合の法人税等の増加効果（法定実効税率40％）

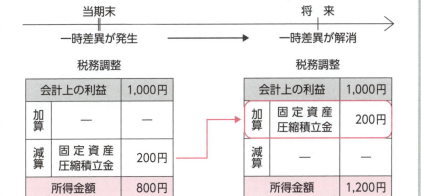

　一時差異が解消した期の所得金額が、会計上の利益に比べて200円分増加します。一時差異が解消した期の法人税等の金額（1,200円×40％＝480円）は、会計上の利益にもとづいて計算した金額（1,000円×40％＝400円）に比べて80円増加します。

将来加算一時差異の会計処理

(1) 繰延税金負債

　税効果会計では、将来加算一時差異によって生じる将来の法人税等の増加効果を当期において認識し、その効果を繰延税金負債勘定で処理します。

　繰延税金負債の計上額は、将来加算一時差異に法定実効税率を掛けて算定します。

> 繰延税金負債 ＝ 将来加算一時差異 × 法定実効税率

繰延税金負債は、一時差異が解消する期の税金が発生した期に未払いになっていると考えられるため、法人税等の未払額に相当するといえます。

(2) 法人税等調整額

　繰延税金負債は決算ごとに評価し、相手勘定を法人税等調整額勘定として処理します。

将来加算一時差異に関する具体的な会計処理は、教科書2で詳しく解説します。ここでは、概要だけおさえておきましょう。

参考 税率の変更

▌税率が変更された場合

税効果会計では、繰延税金資産または繰延税金負債の金額は、回収または支払いが行われると見込まれる期の税率にもとづいて計算します。

ここで、決算日までに税率の変更があった場合、過年度に計上した繰延税金資産および繰延税金負債を新たな税率にもとづいて再計算します。

▌税率を変更したことによる修正差額

税率が変更された場合、繰延税金資産または繰延税金負債に修正差額が生じます。この場合、元々の税率で計上していた繰延税金資産または繰延税金負債の金額を加減算して修正するとともに、相手勘定は法人税等調整額とします。

Point 税率が変更された場合

例）X1年度の将来減算一時差異が200円、法定実効税率40％であり、繰延税金資産を計上していたが、X2年度になり将来減算一時差異は200円のままであったが法定実効税率が30％に変わった場合

80円を60円に修正するため、修正差額20円分だけ繰延税金資産を減らす。
⇒貸方に繰延税金資産、相手勘定は法人税等調整額
（借）法人税等調整額 20 （貸）繰延税金資産 20

その他有価証券などの評価替えによって評価・換算差額等が生じる場合、上記とは異なる処理をします。このことについては、その他有価証券へ税効果会計を適用する場合の処理を含め教科書2で紹介します。

税効果会計―税率の変更

次の資料にもとづいて、X2年度末の税効果会計に関する仕訳を示しなさい。法人税等の実効税率はX1年度は40%、X2年度は税率の変更が行われ30%になった。

〈資料〉一時差異の内容　　　　　　　　　　　　（単位：円）

	X1年度	X2年度
〈将来減算一時差異〉		
①棚卸資産評価損	18,000	6,000
②貸倒引当金繰入限度超過額	15,000	20,000

解答

（法人税等調整額）　5,400　（繰延税金資産）　5,400

(1) X1年度末

（繰延税金資産）　13,200　（法人税等調整額）　13,200*

* 将来減算一時差異（18,000円＋15,000円）×変更前税率40%
  ＝13,200円

(2) X2年度末

（法人税等調整額）　5,400*　（繰延税金資産）　5,400

* 将来減算一時差異（6,000円＋20,000円）×変更後税率30%＝7,800円
  7,800円－13,200円＝△5,400円（繰延税金資産を減額）

(3) X2年度　決算整理後残高試算表

決算整理後残高試算表

繰延税金資産	7,800	
法人税等調整額	5,400	

X2年度の決算整理後残高試算表の繰延税金資産は、X2年度の将来減算一時差異を変更後の法定実効税率で計算した金額となります。

Chapter **9** のまとめ

☐ **税務調整**

税務調整：会計上の費用・収益を税務上の損金・益金に調整することで、
結果として会計上の利益を所得金額へと調整する手続き

加算調整	益 金 算 入	会計上の収益ではないが、税務上の益金となるもの
	損 金 不 算 入	会計上の費用ではあるが、税務上の損金とはならないもの
減算調整	益 金 不 算 入	会計上の収益ではあるが、税務上の益金とはならないもの
	損 金 算 入	会計上の費用ではないが、税務上の損金となるもの

☐ **一時差異の分類**

分 類	意 義
将 来 減 算 一 時 差 異	将来減算一時差異とは、将来において減算調整が行われ、法人税等が減少する一時差異
将 来 加 算 一 時 差 異	将来加算一時差異とは、将来において加算調整が行われ、法人税等が増加する一時差異

☐ **繰延税金資産・繰延税金負債の計算方法**

繰延税金資産＝将来減算一時差異×法定実効税率

繰延税金負債＝将来加算一時差異×法定実効税率

問題集

Chapter 2　　　　　　　　　　　　　　　　　　　一般商品売買1

 原価率⑴　　　　　　　　　　　　　基礎　8分　解答>>>34P

問1　下記の【資料】にもとづいて、決算整理仕訳および決算整理後残高試算表を示しなさい。

【資　料】

(1)

	決算整理前残高試算表		（単位：円）
繰越商品	32,500	売　　上	305,000
仕　　入	249,000		

(2)　期末商品棚卸高　各自推定　円
(3)　売価は原価率が80％となるように設定している。

問2　下記の【資料】にもとづいて、決算整理仕訳および決算整理後残高試算表を示しなさい。

【資　料】

(1)

	決算整理前残高試算表		（単位：円）
繰越商品	32,500	売　　上	305,000
仕　　入	249,000		

(2)　期末商品棚卸高　各自推定　円
(3)　売価は原価の25％増しになるように設定している。

問3　下記の【資料】にもとづいて、原価率を算定しなさい。

【資　料】

(1)

	決算整理前残高試算表		（単位：円）
繰越商品	32,500	売　　上	305,000
仕　　入	249,000		

(2)　期末商品棚卸高　37,500円

問4 下記の【資料】にもとづいて、利益加算率を算定しなさい。

【資 料】

(1)

決算整理前残高試算表					(単位：円)
繰 越 商 品	32,500	売	上		305,000
仕 入	249,000				

(2) 期末商品棚卸高　37,500円

問題 2　原価率(2)
応用　⏱ 5分　解答 >>> 36P

問1 下記の【資料】にもとづいて、決算整理後残高試算表を示しなさい。

【資料1】

決算整理前残高試算表					(単位：千円)
繰 越 商 品	12,000	売	上		540,000
仕 入	440,000				

【資料2】

(1) 当期の利益率は20％である。

(2) 期末商品　[各自推定]千円

問2 下記の【資料】にもとづいて、決算整理前残高試算表を示しなさい。

【資料1】

決算整理後残高試算表					(単位：千円)
繰 越 商 品	600	売	上		11,800
仕 入	[各自推定]				

【資料2】

(1) 当期の原価率は70％である。

(2) 期首商品　1,000千円

問3 下記の【資料】にもとづいて、決算整理後残高試算表を示しなさい。

【資料1】

決算整理前残高試算表					(単位：千円)
繰 越 商 品	750	売	上		[各自推定]
仕 入	6,000				

【資料2】

(1) 売上原価率は80％である。

(2) 期末商品　450千円

3

問題3 返品等

基礎　3分　解答>>>38P

下記の【資料】にもとづいて、決算整理後残高試算表を作成しなさい。

【資料1】

決算整理前残高試算表		（単位：千円）	
繰 越 商 品	3,620	売　　　　上	37,800
仕　　　　入	31,160	仕 入 戻 し	400
売 上 戻 り	500	仕入値引・割戻	280
売上値引・割戻	340		

【資料2】決算整理事項等
(1) 商品の返品・値引き・割戻しに関する事項
　① 期中においては、独立勘定で処理を行っている。
　② 決算整理において、仕入勘定および売上勘定から減額処理を行うものとする。
(2) 期末商品実地棚卸高　4,500千円

問題4 割引

基礎　2分　解答>>>40P

次の取引について仕訳を示しなさい。なお、当社は商品の引渡しから代金の決算まで1年以内と見込まれており、約束した対価の額について重要な金融要素の影響を調整していない。
(1) 買掛金72,000円の決済を行ったが、支払期日前に支払ったため、720円の割引を受け残額は現金で支払った。
(2) 売掛金25,000円に対して1％の割引を行い、残額は現金で受け取った。

問題5 返品等と原価率

応用　8分　解答>>>41P

下記の【資料】にもとづいて、決算整理後残高試算表を完成しなさい。

【資料1】

決算整理前残高試算表		（単位：円）	
繰 越 商 品	60,000	売　　　　上	683,000
仕　　　　入	599,200		
販 売 費	13,500		

【資料2】
1 仕入勘定から仕入戻し3,500円、仕入値引・割戻5,500円、仕入割引800円が控除されており、売上勘定から売上戻り10,000円、売上値引・割戻7,000円が控除されている。
2 期末商品帳簿棚卸高 各自推定 円
3 売価は原価の15％増しに設定している。
4 売上の対価に関して、重要な金融要素の影響はない。

問題6 他勘定振替(1)

次の取引について仕訳を示しなさい。なお、商品売買取引については三分法を採用している。
(1) 原価1,500円の商品が火災により焼失した。なお、火災保険は付していない。
(2) 原価7,000円の商品を備品として使用することとした。
(3) 原価10,000円の商品が盗難にあった。
(4) 原価8,000円の商品を見本品として提供した。

問題7 他勘定振替(2)

下記の【資料】にもとづいて、(1)決算整理仕訳および(2)決算整理後残高試算表を示しなさい。

【資料1】

	決算整理前残高試算表		（単位：円）
繰越商品	8,620	売上	143,000
仕入	112,500		

【資料2】決算整理事項等
(1) 期中に商品倉庫に火災が発生し、在庫商品2,350円（原価）が焼失したが、未処理となっている。なお、火災保険は付していない。
(2) 期末商品実地棚卸高12,800円

| 問題 8 | 収益認識基準（取引価格の配分） | 応用 | ⏱ 5分 | 解答>>>45P |

収益認識に関する会計基準および同適用指針に基づき、次の【資料】の取引を会計処理した場合、A社が当期に計上する売上高の金額を答えなさい。

【資　料】

1　A社は、通常、X製品、Y製品、およびZ製品を独立して販売しており、設定されている独立販売価格と当期引渡済みの販売数量は、以下の通りである。

製品	独立販売価格	引渡数量
X	200円	50個
Y	300円	30個
Z	200円	40個

2　A社は、通常、X製品とY製品を組み合わせて400円で販売している。

3　A社は顧客と、上記3種類の製品を1個ずつ組み合わせて1セットとし、1セット600円で50セット販売する契約を締結した。このうち、引渡済の数量は1の表の通りである。これ以外に当期の販売契約はない。なお、1セットの値引額100円は製品Xと製品Yの販売に係るものである。

4　A社は通常、商品の引渡時に収益を認識する。

6

Chapter 3　一般商品売買2

問題 1 　分記法(1)・売上原価対立法(1)・三分法　基礎　8分　解答>>>47P

　下記の【資料】にもとづいて、各問の場合における決算整理仕訳および各残高試算表を示しなさい。なお、仕訳が不要な場合は借方科目欄に「仕訳不要」と記入すること。

問1　分記法
問2　売上原価対立法
問3　三分法（売上原価を仕入勘定で算定する方法）
問4　三分法（売上原価を売上原価勘定で算定する方法）

【資　料】

	原　　価	売　　価
①　期　首　商　品	1,200円	——
②　当　期　仕　入　高	24,000円	——
③　当　期　売　上　高	——	30,400円
④　期　末　商　品	880円	——

問題 2 　分記法(2)・売上原価対立法(2)　応用　10分　解答>>>50P

　下記の【資料】にもとづいて、次の各問に答えなさい。なお、商品の売買はすべて掛けにより行っている。

問1　商品売買の会計処理について、分記法および売上原価対立法を採用した場合における決算整理前残高試算表のA～Dにあてはまる金額を求めなさい。

①　分記法を採用した場合

決算整理前残高試算表			（単位：千円）
商　　　　　　　品	A	商　品　販　売　益	B

②　売上原価対立法を採用した場合

決算整理前残高試算表			（単位：千円）
商　　　　　　　品	C	売　　　　　　　上	
売　上　原　価	D		

7

問2 商品売買の会計処理について、①分記法および②売上原価対立法を採用した場合の決算整理仕訳を示しなさい。なお、仕訳が不要の場合には借方科目欄に「仕訳不要」と記入すること。

【資　料】商品売買に関する事項（期中の取引については日付の代わりに取引番号を付している。）

(単位：千円)

日付	摘　　要	受入金額	払出金額	残　　高	売上金額
4／1	前 期 繰 越	200,000	——	200,000	——
(1)	仕　　　入	1,235,000	——	1,435,000	——
(2)	売　　　上	——	1,300,000	135,000	1,625,000
(3)	仕　　　入	1,150,000	——	1,285,000	——
(4)	仕　　　入	856,000	——	2,141,000	——
(5)	売　　　上	——	2,000,000	141,000	2,500,000

問題3　総記法

基礎 　8分　 解答>>>53P

下記の【資料】にもとづいて、商品販売益および期首商品棚卸高の金額を答えなさい。

【資料1】

決算整理前残高試算表　　　　　　（単位：円）

商　　　　　　品	11,400

【資料2】決算整理事項等

1　当期商品仕入高は60,000円である。

2　期末商品棚卸高は7,320円である。

3　当期の売上利益率は25％である。

8

Chapter 4　一般商品売買3

問題1　期末商品の評価(1)　[基礎]　8分　解答>>>55P

下記の【資料】にもとづいて、次の各問に答えなさい。

問1　決算整理仕訳を示しなさい。
問2　繰越商品勘定および仕入勘定の記入・締切を示しなさい（日付は省略）。なお、相手勘定科目の内訳を記入し、「諸口」を用いないこと。
問3　決算整理後残高試算表を示しなさい。
問4　翌期首における振戻処理を示しなさい。

【資　料】

(1)

決算整理前残高試算表			(単位：円)
繰　越　商　品	100,000	売　　　上	530,000
仕　　　　　入	300,000		

(2) 期末商品棚卸高
　① 帳簿棚卸高　　120個　@1,000円（原価）
　② 実地棚卸高　　110個　@980円（正味売却価額）
　③ 実地棚卸高のうち5個は品質低下品であり、正味売却価額は1個あたり280円である。
　④ 品質低下品に係る評価損については切放法により、残りの商品に係る評価損については洗替法によりそれぞれ処理を行う。なお、前期末に商品の収益性低下の事実はなかった。

問題2　期末商品の評価(2)　[応用]　8分　解答>>>57P

下記の【資料】にもとづいて、次の問1～問2に答えなさい。

問1　商品の評価損について洗替法を採用した場合
　① 当期首における振戻処理に関する修正仕訳を示しなさい。
　② 決算整理後残高試算表を示しなさい。
問2　仮に商品の評価損について切放法を採用した場合の決算整理後残高試算表を示しなさい。

【資料】

(1)

決算整理前残高試算表　　　　　（単位：円）

繰 越 商 品	73,200	売	上	397,500
仕　　　　入	225,000			

(2) 期首商品棚卸高

　　決算整理前残高試算表の繰越商品は、前期末に計上された商品評価損1,800円が控除されている。

(3) 期末商品棚卸高

　① 帳簿棚卸高　　120個　　@750円（原価）
　② 実地棚卸高　　110個　　@735円（正味売却価額）

問題3　期末商品の評価(3)・商品有高帳　　基礎　12分　解答>>>59P

下記の【資料】にもとづいて、次の各問に答えなさい。

問1　商品の払出単価の決定方法として先入先出法を採用した場合の決算整理仕訳および決算整理後残高試算表を示しなさい。

問2　次の各方法により、期末商品帳簿棚卸高、売上原価および棚卸減耗費を計算しなさい。

　(1) 総平均法　　(2) 移動平均法

【資料】

① 期　首　商　品　　100個　@400円（原価）
② 仕　　　　入　　　100個　@800円（原価）
③ 売　　　　上　　　150個　@1,800円（売価）
④ 仕　　　　入　　　100個　@1,200円（原価）
⑤ 売　　　　上　　　130個　@2,000円（売価）
⑥ 仕　　　　入　　　100個　@1,600円（原価）
⑦ 期末実地棚卸高　　110個　　　―

問題4 期末商品の評価(4)　応用　6分　解答>>>62P

下記の【資料】にもとづいて、決算整理後残高試算表を示しなさい。

【資料1】

	決算整理前残高試算表		（単位：千円）
繰　越　商　品	（　　　）	売　　　　　上	384,250
仕　　　　　入	247,385	商 品 評 価 損 益	（　　　）

【資料2】

(1) 前期末の商品

	帳簿数量	実地数量	帳簿原価	正味売却価額
A商品	1,200個	1,150個	@900円	@1,520円
B商品	4,000個	4,000個	@1,255円	@1,235円
C商品	2,450個	2,450個	@2,600円	@2,945円

(2) 当期末の商品

	帳簿数量	実地数量	帳簿原価	正味売却価額
A商品	2,200個	2,120個	@900円	@1,615円
B商品	3,640個	3,440個	@1,250円	@1,330円
C商品	3,500個	3,400個	@2,680円	@2,565円

（注）帳簿数量と実地数量との差異について調べたところ、次の事項が判明した。
　　　決算直前に返品処理したB商品200個（売価@1,400円）が、期末現在でまだ倉庫に到着していなかった。

(3) 当社は収益性の低下に基づく評価損の計上については、洗替法により処理を行っている。また、正味売却価額は、販売単価から見積販売直接経費（販売単価の5％）を控除して算定している。

問題5 期末商品の評価(5)・他勘定振替　応用　6分　解答>>>65P

下記の【資料】にもとづいて、(1)決算整理後残高試算表および(2)損益計算書（一部）を示しなさい。

【資料1】

	決算整理前残高試算表		（単位：千円）
繰　越　商　品	17,640	売　　　　　上	316,160
仕　　　　　入	236,360		

【資料２】
(1) 得意先が期末日直前に返品した商品3,200千円（原価2,400千円）が未着であったため、当社では未記帳であることが判明した。
(2) 期末帳簿棚卸高　18,200千円
　　期末実地棚卸高　15,480千円

帳簿棚卸高と実地棚卸高の差額について調査したところ、うち1,320千円は期中に見本品として得意先に送付したものが未記帳であることが判明した。その他の差額は棚卸減耗であるが、うち40％は原価処理する。また、返品された商品は汚損品であったため、正味売却価額1,000千円で評価し、商品評価損は原価処理する。

問題6　期末商品の評価(6)　　応用　6分　解答>>>68P

下記の【資料】にもとづいて、次の各問に答えなさい。
問1　決算整理仕訳を示しなさい。
問2　決算整理後残高試算表を示しなさい。
問3　翌期首における振戻処理を示しなさい。

【資　料】
(1) 決算整理前残高試算表

決算整理前残高試算表　　　　（単位：円）

繰越商品	100,000	売上	530,000
仕入	300,000		

(2) 期末商品棚卸高
① 帳簿棚卸高　120個　@1,000円（原価）
② 実地棚卸高　110個　@980円（正味売却価額）
③ 実地棚卸高のうち5個は品質低下品であり、正味売却価額は1個あたり280円である。
④ 品質低下に基づく評価損については切放法により、残りの商品に係る評価損については洗替法によりそれぞれ処理を行う。なお、前期末に商品の収益性低下の事実はなかった。
⑤ 棚卸減耗費のうち20％と収益性の低下に基づく評価損については原価処理を行う。

問題 **7** 売価還元法(1) 【基礎】 ⏱ 5分 解答>>>70P

下記の【資料】にもとづいて、(1)決算整理仕訳および(2)決算整理後残高試算表を示しなさい。

【資料1】

	決算整理前残高試算表		（単位：千円）
繰 越 商 品	12,600	売　　　　上	228,000
仕　　　入	168,840		

【資料2】

1　期末商品は、売価還元法により評価する。

2　商品に関するデータは次のとおりである。

期 首 商 品 売 価	16,800千円
原 始 値 入 額	55,960千円
値 上 額	22,000千円
値 上 取 消 額	4,400千円
値 下 額	10,000千円
値 下 取 消 額	2,800千円
期末帳簿棚卸売価	24,000千円
期末実地棚卸売価	20,000千円
正 味 売 却 価 額	14,000千円

3　売上原価は仕入勘定で算定する。

4　商品評価損は原価処理する。

問題 **8** 売価還元法(2) 【基礎】 ⏱ 5分 解答>>>72P

下記の【資料】にもとづいて、(1)決算整理仕訳および(2)決算整理後残高試算表を示しなさい。

【資料1】

	決算整理前残高試算表		（単位：千円）
繰 越 商 品	12,600	売　　　　上	228,000
仕　　　入	168,840		

【資料2】
1　期末商品は、売価還元法により評価する。なお、期末商品帳簿棚卸高の算定にあたっては売価還元法の原価率（原則）、収益性の低下に基づく帳簿価額の切下げにあたっては値下額および値下取消額を除外した売価還元法の原価率（特例）を用いる。
2　商品に関するデータは次のとおりである。

　　　期 首 商 品 売 価　　16,800千円
　　　原 始 値 入 額　　　55,960千円
　　　値　　上　　額　　　22,000千円
　　　値 上 取 消 額　　　 4,400千円
　　　値　　下　　額　　　10,000千円
　　　値 下 取 消 額　　　 2,800千円
　　　期末帳簿棚卸売価　　24,000千円
　　　期末実地棚卸売価　　20,000千円

3　売上原価は仕入勘定で算定する。

問題9　売価還元法(3)・他勘定振替　　応用　5分　解答>>>74P

下記の【資料】にもとづいて、決算整理後残高試算表を示しなさい。

【資料1】

　　　　　　　　　　　決算整理前残高試算表　　　　　（単位：円）

繰 越 商 品	4,800	売　　　　上	61,600
仕　　　　入	45,600		

【資料2】
(1)　商品の評価方法として売価還元法を採用している。
(2)　期中に見本品として2,400円（売価）の商品を提供したが未処理である。
(3)　商品に関する売価は次のとおりである。

　　　期 首 商 品　　　　 6,400円
　　　仕 入 商 品　　　　61,600円
　　　純 値 上 額　　　　 4,000円
　　　期末帳簿棚卸高　　　8,000円（上記(2)考慮済み）
　　　期末実地棚卸高　　　7,600円

(4)　期末商品について収益性の低下が認められるため、正味売却価額を見積もったところ、その額は5,200円であった。なお、収益性の低下による帳簿価額の切下げ額は売上原価に算入する。

問題 10 仕入諸掛

基礎　6分　解答>>> 76P

下記の【資料】にもとづいて、次の各問に答えなさい。

問1　決算整理仕訳を示しなさい。

問2　決算整理後残高試算表を示しなさい。

問3　仮に、商品の払出単価の計算について総平均法を採用した場合の期末商品棚卸高に対応する仕入諸掛の金額を示しなさい。ただし、総平均法による期末商品棚卸高は32,000円（送状価額）とする。

【資料1】

決算整理前残高試算表				（単位：円）
繰　越　商　品	43,200	売　　　　　上		1,200,000
仕　　　　　入	760,000			
営　　業　　費	320,000			

【資料2】

1　期首商品棚卸高43,200円には、仕入諸掛3,200円が含まれている。

2　営業費のうち76,000円は、商品仕入に係る支払運賃である。

3　期末商品帳簿棚卸高は33,600円（送状価額）であり、実地棚卸高と一致している。なお、売上原価は仕入勘定で算定する。

4　商品の払出単価の計算は、先入先出法を採用している。

問題 11 仕入・売上の計上基準(1)

基礎　3分　解答>>> 78P

下記の【資料】にもとづいて、(1)決算整理仕訳および(2)決算整理後残高試算表を示しなさい。

【資　料】

(1)	決算整理前残高試算表			（単位：円）
繰　越　商　品	19,500	売　　　　上		183,750
仕　　　　入	149,400			

(2)　売上の計上基準については、検収基準を採用しているが、期中は出荷基準に基づいて会計処理を行っている。なお、商品売買はすべて掛けで行っている。

(3)　決算日直近に掛け売上として処理した商品750円（原価600円）について、未検収であることが判明した。

(4)　期末商品実地棚卸高　21,900円

問題12 仕入・売上の計上基準(2)　　基礎　6分　解答>>>79P

下記の【資料】にもとづいて、必要な修正仕訳を示しなさい。なお、当期はX1年4月1日からX2年3月31日までとする。

【資　料】
1　決算整理事項
　(1)　当社の取扱商品は下記の3商品であった。なお、商品売買は掛けで行っている。
　　①　売上伝票入力担当者が誤って、X2年3月31日のA品（売価1,800円／個　原価1,080円／個）の出荷数量合計を1,000個とすべきところを100個としていた。
　　②　期末日に、B品（売価2,250円／個　原価1,395円／個）については500個が売上処理されていたが、運送の都合で実際の出荷は翌日になされていたため商品は在庫計上されていた。
　　③　X2年3月28日に出荷され保税地に搬入されたC品4,200千円が同日をもって掛け売上が計上されていたが、船荷証券は、X2年4月3日付けで発行されていた。

Chapter 5　　　　　　　　　　　　　　　特殊商品売買1

問題 1　割賦販売　　　　　　　　　基礎　8分　解答>>>81P

　下記の【資料】にもとづいて、前期末の残高勘定、答案用紙に示した各時点の仕訳および試算表を示しなさい。なお、契約における重要な金融要素は考慮しないものとする。

【資料】
(1) 当社は商品の仕入および売上についてはすべて掛けにより行っている。
(2) 当社は一般販売のほかに、割賦販売も行っている。一般販売については三分法により会計処理を行っている。
(3) 前期末商品棚卸高350円、前期末売掛金1,000円、前期末割賦売掛金1,500円（前期利益率30％）
(4) 商品8,450円を仕入れた。
(5) 商品5,000円（売価）を一般販売した。
(6) 売掛金4,750円を現金で回収した。
(7) 商品7,500円（売価）を割賦販売した（当期利益率40％）。
(8) 割賦売掛金6,500円（前期分1,000円、当期分5,500円）を現金で回収した。
(9) 期末商品棚卸高300円

問題 2　重要な金融要素（一般商品売買）　　応用　7分　解答>>>84P

　収益認識に関する会計基準および同適用指針に基づき、以下の問に答えなさい。
　商品（現金販売価格980円、掛上高1,000円）を掛けで売り上げた。この場合において、①商品を引き渡したとき、②回収期日に掛代金を回収したとき、③回収期日より早く掛代金を回収したとき（金利10円を減免する）の仕訳を解答欄にしたがって完成させなさい。なお、掛売上の対価に含まれる金利は重要性があるものとする。また、当社は債権管理のため、債権（売掛金）を債権金額で計上するとともに、未経過の利息部分は評価勘定「利息未決算」を用いて処理している。

問題 3　収益認識基準（割賦販売、重要な金利要素の調整）　応用　20分　解答>>>85P

　次の【資料】にもとづいて、問に答えなさい。
　X1年4月1日、中古車販売業を営むA社は、運送業を営むB社に、運搬用の車両を360,000円で販売した。両社の会計期間は、4月1日から翌年3月31日までである。計算過程で1円未満の端数が生じる場合、その端数を計算の都度四捨五入すること。

【資　料】

- ・代金は、車両の販売時に90,000円、X2年3月31日、X3年3月31日、X4年3月31日に、それぞれ90,000円を3回の年賦で現金で受け払いする。
- ・割賦金には年利4.803％（複利）の利息が含まれており、車両の現金販売価格は（　　　）円である。両社とも利息要素を区分して処理し、利息の配分は、A社は利息法による。
- ・A社は、車両の引渡時に売上収益を全額計上する。

問　下記(1)～(2)の仕訳を完成させなさい。勘定科目は【勘定科目群】から選ぶこと。

【勘定科目群】

受取利息	売上	売上割引	割賦売掛金
割賦買掛金	割賦仮売上	割賦販売契約	割賦未払金
減価償却費	減価償却累計額	現金	仕入
支払利息	車両運搬具	利息未決算	――

(1)　A社のX1年4月1日の販売時の仕訳

債権金額から利息を控除した金額で債権を計上している場合

借　　　　　方		貸　　　　　方	
勘　定　科　目	金　　額	勘　定　科　目	金　　額
現　　　　　金	90,000	（　　　　　）	［　　　　　］
（　　　　　）	［　　　　　］		

(2)　A社のX3年3月31日の債権回収時の仕訳

債権管理のため、販売時に債権金額で債権を計上し、評価勘定を使っている場合

借　　　　　方		貸　　　　　方	
勘　定　科　目	金　　額	勘　定　科　目	金　　額
現　　　　　金	90,000	（　　　　　）	［　　　　　］
（　　　　　）	［　　　　　］	（　　　　　）	［　　　　　］

Chapter 6 特殊商品売買2

問題 1 未着品売買(1)　　基礎　10分　解答>>>89P

下記の【資料】にもとづいて、(1)期末一括法、(2)その都度法により、仕訳および試算表を示しなさい。なお、商品売買取引はすべて掛けによる。

【資　料】残高試算表の一部
① 期首手許商品有高　2,400円　　期首貨物代表証券有高　480円
② 貨物代表証券購入高　12,240円
③ 貨物代表証券現品引取高　3,360円
④ 貨物代表証券販売高　9,600円（売価、原価率0.9）
⑤ 商品仕入高　21,120円
⑥ 一般販売高　30,000円（売価、原価率0.8）
⑦ 期末手許商品有高　2,880円　　期末貨物代表証券有高　720円

問題 2 未着品売買(2)　　基礎　3分　解答>>>91P

下記の【資料】にもとづいて、決算整理後残高試算表を作成しなさい。

【資料1】

	決算整理前残高試算表		（単位：千円）
繰　越　商　品	19,680	一　般　売　上	294,000
未　着　品	63,360	未　着　品　売　上	62,400
仕　入	234,120		

【資料2】
(1) 決算日に貨物代表証券3,600千円について現品引取を行ったが未処理である。なお、当期の未着品売買の原価率は85％であり、売上原価については、期末に一括して計上する。
(2) 期末手許商品棚卸高22,200千円、期末未着品 各自推定 千円

問題3 委託販売(1)　　基礎　2分　解答>>>92P

下記の【資料】にもとづいて、決算整理後残高試算表を示しなさい。

【資料】
(1) 決算整理前残高試算表

	決算整理前残高試算表		（単位：円）
繰　越　商　品	390	一　般　売　上	8,370
積　送　品	210	積　送　品　売　上	3,150
仕　　　　入	9,300		

(2) 積送品売上を計上のつど、その原価を仕入勘定へ振り替えている。
(3) 期末手許商品　465円

問題4 委託販売(2)　　基礎　4分　解答>>>93P

下記の【資料】にもとづいて、(1)決算整理仕訳および(2)決算整理後残高試算表を示しなさい。

【資料1】

	決算整理前残高試算表		（単位：円）
繰　越　商　品	9,480	一　般　売　上	各自推定
積　送　品	16,500	積　送　品　売　上	各自推定
仕　　　　入	82,350		

【資料2】
① 期末積送品　1,800円
② 一般売上の原価率は75％である。
③ 積送品売価は原価の40％増である。
④ 積送品売上の売上原価は期末に仕入勘定で一括計算する。
⑤ 期末商品手許棚卸高　8,220円

| 問題 5 | 委託販売(3) | 応用 | 6分 | 解答 >>> 95P |

下記の【資料】にもとづいて、次の各問に答えなさい。

問1 決算整理仕訳および決算整理後残高試算表を示しなさい。

問2 仮に、期末積送品に係る発送諸掛を平均法で算定する場合、決算整理後残高試算表に計上される繰延積送諸掛および積送諸掛費の金額を算定しなさい。

【資料1】決算整理前残高試算表

決算整理前残高試算表　　　　　　（単位：円）

繰 越 商 品	272,000	一 般 売 上	548,000
積 送 品	384,000	積 送 品 売 上	400,000
繰 延 積 送 諸 掛	1,120		
仕 入	488,000		
積 送 諸 掛 費	32,800		

【資料2】

1　一般売上と積送品売上の売上原価は期末に仕入勘定で一括計算する。

2　期末手許商品　320,000円

3　積送品売上は受託者売上額によって計上している。

4　期首積送品　64,000円
　　当期積送高　320,000円
　　期末積送品　80,000円

5　積送諸掛費のうち6,560円は当期の発送諸掛であり、このうち期末積送品に係る金額は先入先出法により算定する。

問題6 試用販売(1)

下記の【資料】にもとづいて、決算整理後残高試算表を作成しなさい。

【資料1】

決算整理前残高試算表　　（単位：千円）

繰 越 商 品	20,400	一 般 売 上	180,000
繰 越 試 用 品	（　　）	試 用 品 売 上	102,120
仕　　　　入	214,560	試 用 仮 売 上	14,760
試 用 未 収 金	14,760		

【資料2】決算整理事項等
(1) 期末手許商品棚卸高は21,840千円である。
(2) 試用未収金の前期繰越高は13,200千円であり、すべて期中において買取意思表示を受け、売上を計上している。
(3) 試用販売の原価率は毎期同一ではないが、期中は一定している。なお、前期の一般販売の原価率は78％であり、試用販売は一般販売価格の10％増である。また、当期の一般販売の原価率は80％であり、試用販売は一般販売価格の20％増である。

問題7 試用販売(2)

下記の【資料】にもとづいて、決算整理後残高試算表（一部）を作成しなさい。

【資料1】

決算整理前残高試算表　　（単位：千円）

繰 越 商 品	18,720	一 般 売 上	154,200
繰 越 試 用 品	9,240	試 用 品 売 上	81,960
仕　　　　入	183,360	試 用 仮 売 上	11,880
試 用 未 収 金	11,880		

【資料2】決算整理事項等
(1) 期末手許商品棚卸高は19,200千円である。
(2) 試用未収金の前期繰越高は12,000千円であり、すべて期中において買取意思表示を受け、売上を計上している。なお、当期の試送高は81,840千円（売価）である。
(3) 試用販売の原価率は毎期同一ではないが、期中は一定している。当期の試用販売の売価は、一般販売の売価の10％増である。

Chapter 7　工事契約

問題 1　工事契約(1)　　基礎　10分　解答>>>101P

下記の【資料】にもとづいて、次の各問における、各年度の工事原価および工事収益の金額、答案用紙に示した各年度の仕訳を示しなさい。なお、収支は現金預金とし、金額が0になる場合は「0」と記入すること。

問1　履行義務の充足に係る進捗度を合理的に見積ることができる場合（見積総工事原価は24,000千円であり、決算日における工事進捗度は原価比例法によって算定する。）

問2　X1年度およびX2年度の各決算日において、履行義務の充足に係る進捗度を合理的に見積ることができない場合

【資　料】
(1) X1年度
　① 当社は、建物の建設工事を48,000千円で請け負った。工期は3年であり、工事契約は一定の期間にわたり充足される履行義務である。なお、契約時点において、請負金額は工事原価総額を回収できる金額とすることが既に合意されている。
　② 当期の発生原価は、総額で7,200千円である。
(2) X2年度
　当期の発生原価は、総額で11,520千円である。
(3) X3年度
　建物が完成し、引渡しが完了した。当期の発生原価は、総額で5,280千円である。

問題 2　工事契約(2)　　基礎　5分　解答>>>104P

当社は建設業を営んでおり、X1年度において長期工事を請け負った。この工事契約は、一定の期間にわたり充足される履行義務であり、履行義務の充足に係る進捗度を合理的に見積ることができる。長期請負工事の内容については、以下の【資料】に示すとおりである。これらにもとづいて、この長期請負工事に係る(1)X2年度における完成工事高および完成工事原価並びに(2)X3年度における完成工事高および完成工事原価の各金額を求めなさい。

【資料1】長期請負工事に関する資料
(1) 工事請負金額：1,540,000千円
(2) 見積総工事原価：1,155,000千円

(3) 工期：X1年度からX3年度まで

【資料2】実際工事原価に関する資料
(1) X1年度：88,200千円
(2) X2年度：632,520千円
(3) X3年度：483,280千円

【資料3】その他
　当社は、決算日における工事進捗度を原価比例法により算定している。上記の長期請負工事は、X2年度において、総工事原価の見積額を1,201,200千円に変更している。また、X3年度において予定通り完成し、引渡が完了している。

Chapter 8　　　税　金

問題 1　租税公課
基礎　4分　解答 >>> 106P

下記の【資料】にもとづいて、決算整理後残高試算表を示しなさい。

【資料1】

決算整理前残高試算表　　　（単位：千円）

現	金	預	金	535,260
売		掛	金	1,948,800
貯		蔵	品	14,520
営		業	費	5,533,800

【資料2】決算整理事項等

1　現金預金等に関する事項

期末に金庫内を確認した結果、次のものが発見された。

(1)　郵便切手　930千円（購入時に営業費に計上済み）

(2)　収入印紙　1,500千円（購入時に営業費に計上済み）

(3)　Ｐ産業㈱から売掛金の回収として受け取った同社振出しの小切手1,500千円（未処理）

2　棚卸資産に関する事項

(1)　決算整理前残高試算表の貯蔵品は前期末残高である。

(2)　貯蔵品については、購入時に営業費で処理し、期末に未使用分を資産計上している。

(3)　貯蔵品の実地棚卸高　15,960千円（金庫内で発見した郵便切手および収入印紙の在庫分は含まれていない）

問題 2　消費税等(1)
基礎　6分　解答 >>> 107P

下記の【資料】にもとづいて、仕訳を示しなさい。なお、消費税等は税抜方式で処理しており、税率は10％としている。

【資　料】

(1)　商品18,000円（税抜価格）を掛けで売り上げた。

(2)　商品12,000円（税抜価格）を掛けで仕入れた。

(3)　営業費3,600円（税抜価格）を現金で支払った。

(4)　上記(1)から(3)にもとづいて、決算で未払消費税等を計上した。

25

問題3 消費税等(2) 基礎　4分　解答>>>108P

下記の【資料】にもとづいて、仕訳を示しなさい。なお、消費税等の税率は10％とし、消費税等の会計処理については税抜方式を採用している。

【資 料】
(1) 商品3,520円（税込価格）を返品した。代金は未払いである。
(2) 売上について880円（税込価格）の値引きを行った。代金は未収である。
(3) 前期発生売掛金17,600円（税込価格）が貸し倒れた。
(4) 当期発生売掛金4,400円（税込価格）が貸し倒れた。
(5) 当期の仮受消費税等は24,000円、仮払消費税等は30,400円と計算された。

問題4 消費税等(3) 基礎　6分　解答>>>110P

下記の(1)および(2)の取引に関する仕訳を示しなさい。消費税等に関する会計処理は税抜方式を採用し、消費税等の税率は10％とする。なお、事業年度は4月1日から3月31日までとし、有形固定資産の残存価額は取得原価の10％とする。また、仕訳の際に使用する科目は、下記の枠に示したものを使用しなさい。

現　金　預　金	車　　　　両	備　　　　品
仮　受　消　費　税　等	仮　払　消　費　税　等	減　価　償　却　累　計　額
減　価　償　却　費	固　定　資　産　売　却　損	固　定　資　産　売　却　益

(1) 取得原価30,000千円（税抜き）、期首減価償却累計額14,400千円の車両を当期の7月20日に16,170千円（税込み）で売却し、代金については現金で受け取った。なお、当該車両は耐用年数5年の定額法で減価償却を行い、記帳方法は間接控除法を採用している。

(2) 取得原価48,000千円（税抜き）、期首帳簿価額27,000千円の備品を当期の9月10日に下取りに出し、定価60,000千円（税抜き）の備品を取得した。旧備品の下取り価額は23,430千円（税込み）であり、追加支払額については小切手を振り出して支払った。なお、備品の減価償却は償却率0.25の定率法で行っており、記帳方法は直接控除法を採用している。

問題 5　消費税等(4)　応用　6分　解答>>>111P

下記の【資料】にもとづいて、仕訳を示しなさい。なお、消費税等は税込方式で処理しており、税率は10%としている。

【資　料】
(1)　商品18,000円（税抜価格）を掛けで売り上げた。
(2)　商品12,000円（税抜価格）を掛けで仕入れた。
(3)　営業費3,600円（税抜価格）を現金で支払った。
(4)　上記(1)から(3)にもとづいて、決算で未払消費税等240円を計上した。

問題 6　法人税等　基礎　4分　解答>>>112P

下記の【資料】にもとづいて、次の各問における仕訳を示しなさい。収支は現金預金とすること。なお、決算日は年1回3月末日とする。
問1　法人税等について、一勘定制で処理した場合
問2　法人税等について、二勘定制で処理した場合

【資　料】
(1)　X1年11月20日　当期の中間申告を行い、法人税等4,500千円を納付した。
(2)　X2年3月31日　当期の法人税等の年税額は15,000千円である。
(3)　X2年5月25日　前期分の法人税等について確定申告・納付を行った。

問題 7　源泉所得税等(1)　基礎　3分　解答>>>114P

次の取引の仕訳を示しなさい。なお、仮払法人税等勘定を用いること。
(1)　法人税等の中間納付として1,250千円を現金で支払った。
(2)　所有する株式に対して配当金領収証200千円（源泉所得税50千円控除後）を受け取った。
(3)　決算の結果、当期の法人税等の金額が2,000千円となった。なお、配当金に関する源泉所得税は、全額当期の法人税等から控除できる。

問題8 源泉所得税等(2)　基礎　3分　解答>>>115P

下記の【資料】にもとづいて、決算整理後残高試算表を示しなさい。

【資料1】

決算整理前残高試算表　（単位：千円）

| 仮 払 金 | 335 | 受 取 利 息 配 当 金 | 200 |

【資料2】

(1) 仮払金は、法人税等の中間申告納付額である。
(2) 受取利息配当金200千円は、源泉所得税50千円控除後の金額で計上されているが、税引前の金額に修正すること。なお、この源泉所得税は、全額当期の法人税等から控除できるものである。
(3) 法人税等の額が750千円となるように確定申告納付額を未払計上する。

Chapter 9 税効果会計

問題1 税務調整

下記の【資料】にもとづいて、当期の法人税等の金額を算定しなさい。

【資 料】
(1) 会計上の収益は15,000千円、費用は13,500千円である。
(2) 税務上、商品評価損750千円について損金不算入とされる。
(3) 税務上、貸倒引当金繰入限度超過額390千円について損金不算入とされる。
(4) 税務上、前期に損金に算入されなかった貸倒引当金繰入限度超過額270千円については、全額取崩処理を行った。
(5) 上記の他に、受取配当金等の益金不算入額が360千円ある。
(6) 法人税等の計算に当たっては、税率を40％とする。

問題2 税効果会計(1)

下記の【資料】にもとづいて、次の各問に答えなさい。法定実効税率は40％とする。
問1 当期末の決算整理前残高試算表（一部）を作成しなさい。
問2 当期末の決算整理後残高試算表（一部）を作成しなさい。

【資 料】
1 前期末の将来減算一時差異は、次のとおりである。
   貸倒引当金繰入限度超過額　　4,800千円
   賞与引当金繰入限度超過額　　9,000千円
   商 品 評 価 損 否 認 額　　7,500千円
   未 払 事 業 税 否 認 額　　12,000千円
2 当期末の将来減算一時差異は、次のとおりである。
   貸倒引当金繰入限度超過額　　9,000千円
   賞与引当金繰入限度超過額　　8,100千円
   商 品 評 価 損 否 認 額　　6,000千円
   未 払 事 業 税 否 認 額　　13,500千円

問題3 税効果会計(2)

下記の【資料】にもとづいて、次の各問に答えなさい。なお、決算日は3月31日であり、前期および当期の法定実効税率は40%とする。

問1　税効果会計について、決算整理で必要となる仕訳を示しなさい。
問2　決算整理後残高試算表を示しなさい。

【資料1】決算整理前残高試算表

決算整理前残高試算表　　　（単位：千円）

売　掛　金	120,000	貸　倒　引　当　金	2,160
繰　越　商　品	27,000	減価償却累計額	1,800,000
建　　　　物	3,000,000		
繰　延　税　金　資　産	88,980		
仕　　　　入	1,500,000		

【資料2】決算整理事項

1　期末帳簿棚卸高は36,000千円であり、正味売却価額は31,500千円である。商品評価損については原価処理する。なお、当該商品評価損は税務上否認されるため、税効果会計を適用する。

2　決算整理前残高試算表の売掛金はすべて一般債権であり、期末債権残高に対して2％の貸倒引当金を設定する。なお、税務上の貸倒引当金繰入限度額は2,100千円であるため、貸倒引当金繰入限度超過額について税効果会計を適用する。

3　賞与引当金45,000千円を計上する。なお、賞与引当金は税務上全額否認されるため、税効果会計を適用する。

4　建物の減価償却費は60,000千円である。なお、税務上の減価償却限度額は54,000千円（当期首における減価償却限度額の累計は1,620,000千円）であり、減価償却限度超過額に対して税効果会計を適用する。

5　前期末における繰延税金資産の発生の原因別の内訳

	繰延税金資産
商品評価損否認	1,200千円
貸倒引当金繰入限度超過額	180千円
賞与引当金繰入限度超過額	15,600千円
減価償却限度超過額（累計）	72,000千円
合　　　計	88,980千円

問題4 税効果会計(3)　　応用　⏱10分　解答>>>123P

当社の下記の【資料】にもとづいて、決算整理後残高試算表を作成しなさい。なお、当期はX8年4月1日からX9年3月31日までであり、法定実効税率は40%とする。

【資料1】

決算整理前残高試算表　　（単位：千円）

受 取 手 形	190,000	貸 倒 引 当 金	6,500
売 掛 金	232,500	賞 与 引 当 金	28,500
繰 延 税 金 資 産	各自推定		
仮 払 法 人 税 等	52,500		
営 業 費	589,000		

【資料2】決算整理事項

1　当社は金銭債権を「一般債権」、「貸倒懸念債権」および「破産更生債権等」に区分して貸倒見積高を算定し、差額補充法により貸倒引当金の繰入を行っている。なお、決算整理前残高試算表の貸倒引当金は一般債権に対して設定されたものである。

(1)　X社は決算日現在、破産していることが判明したため、X社に対する売掛金6,750千円および受取手形3,250千円を破産更生債権等に区分し、これらの金額を破産更生債権等勘定に振り替えるとともに、債権金額の全額を貸倒見積額として貸倒引当金を設定することにした。なお、税務上の繰入限度額は債権金額に対して50%であるため、税効果会計を適用する。

(2)　X社以外の債権は、一般債権に区分されるため、債権金額の2%を貸倒見積額として貸倒引当金を設定する。なお、税務上の繰入限度額は7,425千円であるため、税効果会計を適用する。

2　当社の賞与支給対象期間は毎年6月～11月と12月～5月、支給日は12月10日と6月10日である。X9年6月10日に総額40,500千円の賞与を支給する見込みであり、そのうち当期負担分を賞与引当金として計上する。当期中に支給した賞与68,750千円は営業費に計上している。

なお、税務上、賞与は支払時に損金算入されることになっているので、賞与引当金繰入額に対して税効果会計を適用する。また、前期末において税効果会計を適用して計上した繰延税金資産は賞与引当金に係るもののみである。

3　法人税等に法人税等調整額を加減した額が税引前当期純利益の40%となるように、法人税等を計上する。また、法人税等の当期計上額から中間納付額を差し引いた額を未払法人税等として計上する。なお、上記1および2で計上した費用額を含む当期の費用総額は4,625,000千円、収益総額は5,000,000千円である。

問題集

解答・解説

Chapter 2 一般商品売買1

 原価率(1)

	日付	時間	学習メモ
1回目	／	／8分	
2回目	／	／8分	
3回目	／	／8分	

問1

決算整理　　　　　　　　　　　　　　　　　　　　（単位：円）

借　方　科　目	金　　　額	貸　方　科　目	金　　　額
仕　　　　　入	32,500	繰　越　商　品	32,500
繰　越　商　品	37,500	仕　　　　　入	37,500

※　後T／Bの勘定科目より、売上原価を仕入勘定で算定する方法であると判断します。

決算整理後残高試算表　　　　（単位：円）

繰　越　商　品	（　37,500）	売　　　　　上	305,000
仕　　　　　入	（244,000）		

問2

決算整理　　　　　　　　　　　　　　　　　　　　（単位：円）

借　方　科　目	金　　　額	貸　方　科　目	金　　　額
仕　　　　　入	32,500	繰　越　商　品	32,500
繰　越　商　品	37,500	仕　　　　　入	37,500

※　後T／Bの勘定科目より、売上原価を仕入勘定で算定する方法であると判断します。

決算整理後残高試算表　　　　（単位：円）

繰　越　商　品	（　37,500）	売　　　　　上	305,000
仕　　　　　入	（244,000）		

問3	80	%
問4	25	%

解説

問1 原価率を用いた推定
① 売上原価：売上305,000円 × 0.8 = 244,000円
② 期末商品棚卸高：期首32,500円 + 仕入249,000円 − 売上原価244,000円 = 37,500円
売上高から原価率を用いて売上原価を推定し、期末商品棚卸高を算定します。

問2 利益加算率を用いた推定
① 売上原価：売上305,000円 × $\dfrac{1}{1.25}$ = 244,000円
② 期末商品棚卸高：期首32,500円 + 仕入249,000円 − 売上原価244,000円 = 37,500円
原価率ではなく、利益加算率で指示されている点が**問1**との違いです。

問3 原価率の算定

$$\dfrac{売上原価（期首32,500円 + 仕入249,000円 − 期末37,500円）}{売上305,000円} = 0.8 \rightarrow 原価率80\%$$

問4 利益加算率の算定

$$\dfrac{売上305,000円}{売上原価（期首32,500円 + 仕入249,000円 − 期末37,500円）} = 1.25 \rightarrow 利益加算率25\%$$

（参考）
原価率と利益加算率の関係は次のようになります（単位：円）。

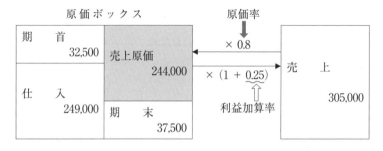

出題論点
・売価と原価の関係性
・原価率、利益率の算定

学習のポイント
・原価率と利益加算率の違いをおさえましょう。

解答2 原価率(2)

	日付	時間	学習メモ
1回目	/	/5分	
2回目	/	/5分	
3回目	/	/5分	

問1

決算整理後残高試算表　　　（単位：千円）

繰 越 商 品	(	20,000)	売	上		540,000
仕 入	(	432,000)				

問2

決算整理前残高試算表　　　（単位：千円）

繰 越 商 品	(	1,000)	売	上		11,800
仕 入	(	7,860)				

問3

決算整理後残高試算表　　　（単位：千円）

繰 越 商 品	(	450)	売	上	(	7,875)
仕 入	(	6,300)				

解説 （仕訳の単位：千円）

問1　決算整理後残高試算表の作成

(1) 利益率は原価率の補数（合わせて1となる数）となるので、まず、問題文の【**資料2**】の利益率から原価率を求めます。

① 原　価　率：1 － 利益率0.2 ＝ 0.8
② 売上原価：売上540,000千円 × 0.8 ＝ 432,000千円
③ 期末商品：期首12,000千円 ＋ 仕入440,000千円 － 売上原価432,000千円
　　　　　　＝ 20,000千円

(2) 決算整理仕訳

| （仕　　　　　　入） | 12,000 | （繰　越　商　品） | 12,000 |
| （繰　越　商　品） | 20,000 | （仕　　　　　　入） | 20,000 |

(参考)

仕入勘定を用いて計算すると、次のようになります（単位：千円）。

```
         仕        入
  期　首 12,000 │ 売上原価
  前T／B        │      432,000
        440,000 │ 期　末 20,000  ⇐ 差額
```

問2　決算整理前残高試算表の作成

決算整理後残高試算表の金額から、決算整理前残高試算表の金額を推定します。なお、決算整理後残高試算表の仕入勘定残高は売上原価を表しています（単位：千円）。

問3　決算整理後残高試算表の作成

(1) 売上原価の算定

| （仕　　　　　　入） | 750 | （繰　越　商　品） | 750 |
| （繰　越　商　品） | 450 | （仕　　　　　　入） | 450 |

(2) 売上の算定

売上原価を原価率で割ることで、売上を算定します(単位:千円)。

 出題論点

・売価と原価の関係性
・残高試算表の数値の推定

 学習のポイント

・原価ボックスを作成して原価と売価の関係をおさえましょう。

解答3 返品等

	日付	時間	学習メモ
1回目	/	/3分	
2回目	/	/3分	
3回目	/	/3分	

決算整理後残高試算表　　(単位:千円)

繰 越 商 品	(4,500)	売 上	(36,960)
仕 入	(29,600)		

（仕訳の単位：千円）

(1) 売上の修正

① 売上戻り

| (売 上) | 500 | (売 上 戻 り) | 500 |

② 売上値引・割戻

| (売 上) | 340 | (売 上 値 引・割 戻) | 340 |

(2) 仕入の修正

① 仕入戻し

| (仕 入 戻 し) | 400 | (仕 入) | 400 |

② 仕入値引・割戻

| (仕 入 値 引・割 戻) | 280 | (仕 入) | 280 |

(3) 売上原価の算定

決算整理後残高試算表の勘定科目より、売上原価を仕入勘定で算定する方法であると判断します。

| (仕 入) | 3,620 | (繰 越 商 品) | 3,620 |
| (繰 越 商 品) | 4,500 | (仕 入) | 4,500 |

(参考) 七分法

繰越商品、仕入、仕入戻し、仕入値引・割戻、売上、売上戻り、売上値引・割戻の各勘定を設定する方法を、一般的に七分法といいます。この処理方法によると、期中における総仕入高・総売上高・返品等の金額などを容易に把握することができます。

出題論点

・返品、値引、割戻の会計処理

学習のポイント

・決算整理前残高試算表に値引等が独立の勘定科目で記載されている場合、決算時に仕入や売上に振り替える必要がある点に注意しましょう。

割引

	日付	時間	学習メモ
1回目	／	／2分	
2回目	／	／2分	
3回目	／	／2分	

(単位：円)

	借方科目	金額	貸方科目	金額
(1)	買　掛　金	72,000	現　　　　金	71,280
			仕　入　割　引	720
(2)	現　　　　金	24,750	売　掛　金	25,000
	売　　　　上	250		

解説

仕入割引は収益として、売上割引は収益の減額として処理します。
(2) 売上割引：25,000円 × 1% = 250円

出題論点

・割引の会計処理

学習のポイント

・仕入割引は返品等とは会計処理が違う点をおさえましょう。

解答
5 返品等と原価率

	日付	時間	学習メモ
1回目	／	／8分	
2回目	／	／8分	
3回目	／	／8分	

解答・解説

CH
2

決算整理後残高試算表 （単位：円）

繰 越 商 品	（	60,000）	売		上	（	683,000）
仕 入	（	600,000）	仕 入 割 引	（	800）
販 売 費	（	13,500）			

解説

(1) 仕入割引

仕入割引が仕入から控除されているので仕入の金額を修正します。

① 適正な仕訳

三分法における仕入割引の正しい仕訳は次のとおりです。

（買 掛 金）	800	（仕 入 割 引）	800

② 当社の仕訳

仕入割引について、期中に次のような仕訳を行っています。

（買 掛 金）	800	（仕 入）	800

③ 修正仕訳（①－②）

仕入割引は営業外収益で処理をするので、決算において仕入勘定を調整します。

（仕 入）	800	（仕 入 割 引）	800

41

この結果、仕入勘定は次のようになります（単位：円）。

後T／B仕入割引：800円

(2) 売上原価と期末商品の推定

算定した売上高と原価率をもとに、売上原価と期末商品棚卸高を算定します（単位：円）。

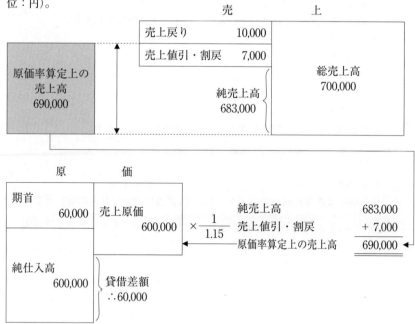

後T／B仕入：690,000円×$\frac{1}{1.15}$＝600,000円

(仕 入)	60,000	(繰 越 商 品)	60,000
(繰 越 商 品)	60,000 *	(仕 入)	60,000

* 期末商品帳簿棚卸高：60,000 円 + 600,000 円 − 600,000 円 = 60,000 円

 出題論点

・仕入割引
・原価率の算定

 学習のポイント

・原価率算定に用いる売上高は、売上値引・割戻控除前の売上高となる点に注意しましょう。

 他勘定振替(1)

	日付	時間	学習メモ
1回目	／	／3分	
2回目	／	／3分	
3回目	／	／3分	

(単位：円)

	借 方 科 目	金 額	貸 方 科 目	金 額
(1)	火 災 損 失	1,500	仕 入	1,500
(2)	備 品	7,000	仕 入	7,000
(3)	商 品 盗 難 損	10,000	仕 入	10,000
(4)	見 本 品 費	8,000	仕 入	8,000

解説

いずれの問題も、仕入れた商品に対する影響があるものです。

また、問題文より三分法を使用していることがわかるため、当期に仕入れた商品は「仕入」で処理されています。よって、「仕入」の減額をする処理をします。

 出題論点

・他勘定振替の会計処理

 学習のポイント

・他勘定振替を行う原因別に借方の勘定科目が異なる点に注意しましょう。
・他勘定振替高は仕入勘定から発生した原因に関連した勘定科目に振り替えます。

 他勘定振替(2)

	日付	時間	学習メモ
1回目	／	／3分	
2回目	／	／3分	
3回目	／	／3分	

(1) 決算整理仕訳　　　　　　　　　　　　　　　　　　　　　　（単位：円）

借方科目	金　額	貸方科目	金　額
火　災　損　失	2,350	仕　　　　入	2,350
仕　　　　入	8,620	繰　越　商　品	8,620
繰　越　商　品	12,800	仕　　　　入	12,800

※　後T/Bの勘定科目より、売上原価を仕入勘定で算定する方法であると判断します。

(2) 決算整理後残高試算表

決算整理後残高試算表　　　　（単位：円）

繰 越 商 品	(	12,800)	売	上	143,000
仕 入	(	105,970)			
火 災 損 失	(	2,350)			

出題論点

・他勘定振替の会計処理

学習のポイント

・他勘定振替高が未処理なので、資料の決算整理前残高試算表は、当期仕入高を表しています。

解答8　収益認識基準（取引価格の配分）

	日付	時間	学習メモ
1回目	／	／5分	
2回目	／	／5分	
3回目	／	／5分	

売上高の金額	23,200 円

解説

　A社は50セットの販売契約を締結済ですが、履行義務を充足したのはX50個、Y30個、Z40個であるため、これらについて収益を認識します。なお、取引価格を各履行義務に配分するにあたって、XとYはセット販売による値引が行われているため、値引後の取引価格を配分します。

(1) 取引価格の配分

　X製品200円＋Y製品300円−組み合せ販売価格400円＝値引額100円

$$値引額100円 \times \frac{\text{X 製品 200 円}}{\text{X 製品 200 円} + \text{Y 製品 300 円}} = \text{X 製品値引額40円}$$

X製品独立販売価格200円 − X製品値引額40円 = X製品値引後販売価格160円

$$値引額100円 \times \frac{\text{Y 製品 300 円}}{\text{X 製品 200 円} + \text{Y 製品 300 円}} = \text{Y 製品値引額60円}$$

Y製品独立販売価格300円 − Y製品値引額60円 = Y製品値引後販売価格240円

(2) 履行義務の充足による収益の認識

X製品値引後販売価格160円 × 50個 = 8,000円
Y製品値引後販売価格240円 × 30個 = 7,200円
Z製品値引後販売価格200円 × 40個 = 8,000円
8,000円 + 7,200円 + 8,000円 = 売上高23,200円

☑️ **出題論点**

・収益認識基準（取引価格の配分）

☑️ **学習のポイント**

・値引きの配分

Chapter 3

一般商品売買2

解答 1 分記法(1)・売上原価対立法(1)・三分法

	日付	時間	学習メモ
1回目	／	／8分	
2回目	／	／8分	
3回目	／	／8分	

問 1

分記法 (単位：円)

整 理 前 残高試算表	決算整理前残高試算表	
	商　　　　品（　　880）	商 品 販 売 益（ 6,080）
決 算 整 理	（仕 訳 不 要）（　　　）／（　　　　　）（　　　）	
整 理 後 残高試算表	決算整理後残高試算表	
	商　　　　品（　　880）	商 品 販 売 益（ 6,080）

問 2

売上原価対立法 (単位：円)

整 理 前 残高試算表	決算整理前残高試算表	
	商　　　　品（　　880） 売 上 原 価（ 24,320）	売　　　　上（ 30,400）
決 算 整 理	（仕 訳 不 要）（　　　）／（　　　　　）（　　　）	
整 理 後 残高試算表	決算整理後残高試算表	
	商　　　　品（　　880） 売 上 原 価（ 24,320）	売　　　　上（ 30,400）

47

問3

三分法（売上原価を仕入勘定で算定する方法）　　　　　　　　（単位：円）

整　理　前 残高試算表	決算整理前残高試算表			
	繰　越　商　品　（　1,200）	売　　　　　上　（30,400）		
	仕　　　　　入　（24,000）			
決　算　整　理	（仕　　　　　　　入）（　1,200）／（繰　越　商　品）（　1,200）			
	（繰　越　商　品）（　　880）／（仕　　　　　　　入）（　　880）			
整　理　後 残高試算表	決算整理後残高試算表			
	繰　越　商　品　（　　880）	売　　　　　上　（30,400）		
	仕　　　　　入　（24,320）			

問4

三分法（売上原価を売上原価勘定で算定する方法）　　　　　　（単位：円）

整　理　前 残高試算表	決算整理前残高試算表			
	繰　越　商　品　（　1,200）	売　　　　　上　（30,400）		
	仕　　　　　入　（24,000）			
決　算　整　理	（売　上　原　価）（　1,200）／（繰　越　商　品）（　1,200）			
	（売　上　原　価）（24,000）／（仕　　　　　入）（24,000）			
	（繰　越　商　品）（　　880）／（売　上　原　価）（　　880）			
整　理　後 残高試算表	決算整理後残高試算表			
	繰　越　商　品　（　　880）	売　　　　　上　（30,400）		
	売　上　原　価　（24,320）			

解説

1　売上原価および商品販売益の算定

売上原価：期首商品1,200円＋当期仕入高24,000円－期末商品880円＝24,320円

商品販売益：当期売上高30,400円－売上原価24,320円＝6,080円

2 会計処理

問1 分記法（単位：円）

① 決算整理前残高試算表

決算整理前残高試算表

期末⇒ 商　　品　　880 ｜ 商品販売益　　6,080 ⇐販売益

② 決算整理仕訳

　分記法は、商品の販売のつど、商品販売益を算定しているので仕訳は不要です。

③ 決算整理仕訳を行わないので、決算整理後残高試算表と決算整理前残高試算表の金額は同じになります。

問2 売上原価対立法（単位：円）

① 決算整理前残高試算表

決算整理前残高試算表

期末⇒ 商　　品　　　880 ｜ 売　　上　　30,400 ⇐売上
売上原価⇒ 売上原価　24,320 ｜

② 決算整理仕訳

　売上原価対立法は、商品の販売のつど、売上原価を算定しているので仕訳は不要です。

③ 決算整理仕訳を行わないので、決算整理後試算表と決算整理前試算表の金額は同じになります。

問3・問4 三分法（単位：円）

① 決算整理前残高試算表

決算整理前残高試算表

期首⇒ 繰越商品　　1,200 ｜ 売　　上　　30,400 ⇐売上
仕入⇒ 仕　　入　　24,000 ｜

② 決算整理仕訳⇒解答参照

③ 決算整理後残高試算表

決算整理前残高試算表

期末⇒ 繰越商品　　　880 ｜ 売　　上　　30,400 ⇐売上
売上原価⇒ 仕　　入　　24,320 ｜
（売上原価）

49

✓ 出題論点

- 一般商品売買の会計処理（分記法、売上原価対立法、三分法）
- 決算整理後残高試算表への反映額の違い

✓ 学習のポイント

- 各方法について、どのような点が共通する部分と異なる部分になるかおさえましょう。
- 各方法に特有の勘定科目や残高試算表をヒントに、情報を整理しましょう。

解答2 分記法(2)・売上原価対立法(2)

	日付	時間	学習メモ
1回目	／	／10分	
2回目	／	／10分	
3回目	／	／10分	

問1

（単位：千円）

| A | 141,000 | B | 825,000 | C | 141,000 | D | 3,300,000 |

問2

① 分記法

（単位：千円）

借方科目	金額	貸方科目	金額
仕訳不要			

② 売上原価対立法

（単位：千円）

借方科目	金額	貸方科目	金額
仕訳不要			

解説 （仕訳の単位：千円）

1 分記法（同種取引はまとめて示しています）

(1) 期首残高試算表

期首残高試算表		（単位：千円）
商　　　品	200,000	

(2) 仕入取引

（商　　　　　品）	3,241,000 *	（買　　掛　　金）	3,241,000

＊　1,235,000千円 + 1,150,000千円 + 856,000千円 = 3,241,000千円

(3) 売上取引

【資料】商品売買に関する事項の払出金額が売上原価を示します。

（売　　掛　　金）	4,125,000 *1	（商　　　　品）	3,300,000 *2
		（商 品 販 売 益）	825,000 *3

＊1　1,625,000千円 + 2,500,000千円 = 4,125,000千円

＊2　1,300,000千円 + 2,000,000千円 = 3,300,000千円

＊3　貸借差額

(4) 決算整理前残高試算表（問1①）

決算整理前残高試算表		（単位：千円）	
商　　　品	A 141,000	商 品 販 売 益	B 825,000

(5) 決算整理（問2①）

仕　訳　不　要

(6) 決算整理後残高試算表

決算整理後残高試算表		（単位：千円）	
商　　　品	141,000	商 品 販 売 益	825,000

2 売上原価対立法

(1) 期首残高試算表

期首残高試算表		（単位：千円）
商　　　品	200,000	

51

(2) 仕入取引

| （商 品） | 3,241,000 * | （買 掛 金） | 3,241,000 |

* 1,235,000千円 + 1,150,000千円 + 856,000千円 = 3,241,000千円

(3) 売上取引および売上原価の算定

| （売 掛 金） | 4,125,000 | （売 上） | 4,125,000 *1 |
| （売 上 原 価） | 3,300,000 *2 | （商 品） | 3,300,000 |

* 1　1,625,000千円 + 2,500,000千円 = 4,125,000千円
* 2　1,300,000千円 + 2,000,000千円 = 3,300,000千円

(4) 決算整理前残高試算表（問1②）

決算整理前残高試算表　　　（単位：千円）

| 商　　　　品 | C　141,000 | 売　　　　上 | 4,125,000 |
| 売　上　原　価 | D 3,300,000 | | |

(5) 決算整理（問2②）

仕　訳　な　し

(6) 決算整理後残高試算表

決算整理後残高試算表　　　（単位：千円）

| 商　　　　品 | 141,000 | 売　　　　上 | 4,125,000 |
| 売　上　原　価 | 3,300,000 | | |

出題論点

・分記法と売上原価対立法の各方法の残高試算表計上額の推定

学習のポイント

・残高試算表の各項目が、取引のどの結果を表しているのかについて正確に理解しましょう。
・分記法と売上原価対立法の勘定科目の違いをおさえましょう。

解答 3 総記法

	日付	時間	学習メモ
1回目	／	／8分	
2回目	／	／8分	
3回目	／	／8分	

商品販売益	18,720 円
期首商品棚卸高	3,480 円

解説

決算整理前残高試算表の商品勘定が貸方残高であるため総記法を採用していると判断します。

1　商品販売益の算定

決算整理前残高試算表の商品勘定が貸方残高であるため、期末商品帳簿棚卸高に決算整理前残高試算表の商品勘定を足して、商品販売益を計算します。

（商　　　　品）　18,720　　（商　品　販　売　益）　18,720 *

* 商品販売益：期末商品帳簿棚卸高7,320円 + 前T／B商品（貸方）11,400円 = 18,720円

2　期首商品棚卸高の算定

商品販売益を売上利益率で割り戻すことで、売上高を算定し、貸借差額で期首商品棚卸高を算定します（単位：円）。

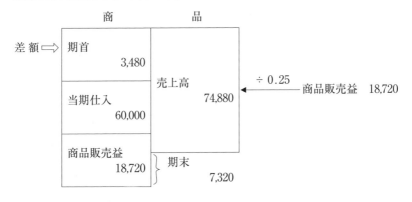

出題論点

・総記法

 学習のポイント

・総記法は、期末商品棚卸高と決算整理前残高試算表の商品勘定の金額は異なるので注意しましょう。
・商品勘定の貸方に売価が記入されている点をおさえましょう。

Chapter 4 一般商品売買3

 期末商品の評価(1)

	日付	時間	学習メモ
1回目	/	/8分	
2回目	/	/8分	
3回目	/	/8分	

問1

(単位:円)

借方科目	金　額	貸方科目	金　額
仕　　　入	100,000	繰 越 商 品	100,000
繰 越 商 品	120,000	仕　　　入	120,000
棚 卸 減 耗 費	10,000	繰 越 商 品	15,700
商 品 評 価 損 益	5,700		

問2

繰　越　商　品　　　　　　(単位:円)

前　期　繰　越	100,000	(仕　　　　　入)	(100,000)
(仕　　　　　入)	(120,000)	(棚 卸 減 耗 費)	(10,000)
		(商 品 評 価 損 益)	(5,700)
		次　期　繰　越	(104,300)
	(220,000)		(220,000)

仕　　　入　　　　　　(単位:円)

決算整理前残高	300,000	(繰　越　商　品)	(120,000)
(繰　越　商　品)	(100,000)	(損　　　　　益)	(280,000)
	(400,000)		(400,000)

問3

決算整理後残高試算表　　　　　　（単位：円）

繰　越　商　品　（　104,300)	売　　　　　　上	530,000
仕　　　　　入　（　280,000)		
商　品　評　価　損　益　（　5,700)		
棚　卸　減　耗　費　（　10,000)		

問4

（単位：円）

借　方　科　目	金　　　額	貸　方　科　目	金　　　額
繰　越　商　品	2,100	商　品　評　価　損　益	2,100

解説

(a)　期末帳簿棚卸高：@1,000円×120個＝120,000円

(b)　棚卸減耗費：@1,000円×（120個－110個）＝10,000円

(c)　商品評価損（劣化品）：(@1,000円－@280円)×5個＝3,600円 ⎫
(d)　商品評価損（良品）：(@1,000円－@980円)×105個＝2,100円 ⎬ 合計5,700円

(e)　次期繰越額：⎰ 良品：@980円×105個＝102,900円 ⎱ 合計104,300円
　　　　　　　　⎱ 劣化品：@280円×5個＝1,400円 ⎰

原　価 @1,000円

正味売却価額 @980円
（良品分）

正味売却価額 @280円
（劣化品分）

	(d) 商品評価損 （洗替法）	(c) 商　品 評価損 （切放法）	(b) 棚　卸 減耗費
	(e) 次期繰越額		

良品　　　実　地　　　帳　簿
105個　　　110個　　　120個

出題論点

・期末商品の評価
・棚卸減耗費、商品評価損益の会計処理

 学習のポイント

・商品評価損益の算定にあたり発生原因別に会計処理が異なる場合があるので問題文に注意しましょう。
・慣れるまでは解説のボックス図を実際に下書きしながら解きましょう。

 期末商品の評価(2)

	日付	時間	学習メモ
1回目	／	／8分	
2回目	／	／8分	
3回目	／	／8分	

問 1

①
(単位：円)

借方科目	金　　額	貸方科目	金　　額
繰 越 商 品	1,800	商品評価損益	1,800

②　　　　　　　　決算整理後残高試算表　　　（単位：円）

繰 越 商 品 （　　80,850） ｜ 売　　　　　上　　　397,500
仕　　　　入 （　210,000） ｜ 商品評価損益 （　　　150）
棚 卸 減 耗 費 （　　 7,500） ｜

問2

決算整理後残高試算表 （単位：円）

繰　越　商　品	（	80,850）	売	上	397,500	
仕　　　　　入	（	208,200）				
棚　卸　減　耗　費	（	7,500）				
商　品　評　価　損　益	（	1,650）				

解説 （仕訳の単位：円）

問1

1　期首振戻の修正

洗替法は、当期首において前期末に計上された商品評価損の振戻処理を行います。

（繰　越　商　品）	1,800	（商　品　評　価　損　益）	1,800 *

* 【資料】(2)　期首商品棚卸高

2　決算整理

(1)　売上原価の算定

（仕　　　　　入）	75,000	（繰　越　商　品）	75,000 *1
（繰　越　商　品）	90,000 *2	（仕　　　　　入）	90,000

* 1　前T／B繰越商品73,200円 + 1,800円 = 75,000円
* 2　@750円 × 120個 = 90,000円

(2)　棚卸減耗費の算定

（棚　卸　減　耗　費）	7,500 *	（繰　越　商　品）	7,500

* @750円 ×（120個 − 110個）= 7,500円

(3)　商品評価損益の算定

（商　品　評　価　損　益）	1,650 *	（繰　越　商　品）	1,650

* （@750円 − @735円）× 110個 = 1,650円

問2

1　期首振戻の修正

切放法は、当期首において前期末に計上された商品評価損の振戻処理は行いません。

仕　訳　な　し

2　決算整理

(1)　売上原価の算定

| （仕 | 入） | 73,200 | （繰 | 越 | 商 | 品） | 73,200 *1 |
| （繰 | 越 | 商 | 品） | 90,000 *2 | （仕 | | 入） | 90,000 |

* 1　前T／B繰越商品73,200円
* 2　@750円×120個＝90,000円

(2)　棚卸減耗費の算定

| （棚　卸　減　耗　費） | 7,500 * | （繰　越　商　品） | 7,500 |

*　@750円×（120個－110個）＝7,500円

(3)　商品評価損益の算定

| （商　品　評　価　損　益） | 1,650 * | （繰　越　商　品） | 1,650 |

*　（@750円－@735円）×110個＝1,650円

 出題論点

・期末商品の評価
・棚卸減耗費の会計処理と商品評価損の会計処理（洗替法と切放法）

 学習のポイント

・洗替法と切放法は、当期首において前期末に計上された商品評価損の振戻処理を行うのかどうかで会計処理が異なってきます。なお、どちらの方法を採用しても、当期の損益計算書への損益の影響は同じですが、表示する「商品評価損益」勘定の金額が異なる点に注意しましょう。

 期末商品の評価(3)・商品有高帳

	日付	時間	学習メモ
1回目	／	／12分	
2回目	／	／12分	
3回目	／	／12分	

59

問1

決算整理仕訳 （単位：円）

借　方　科　目	金　　額	貸　方　科　目	金　　額
仕　　　　　入	40,000	繰　越　商　品	40,000
繰　越　商　品	184,000	仕　　　　　入	184,000
棚　卸　減　耗　費	12,000	繰　越　商　品	12,000

※　試算表で用いられている勘定科目を用いて仕訳を行います。

　　　　　　　　決算整理後残高試算表　　　　　（単位：円）

繰　越　商　品	（　172,000)	売　　　　　上	（　530,000)
仕　　　　　入	（　216,000)		
棚　卸　減　耗　費	（　12,000)		

問2

方　　　　法	期末商品帳簿棚卸高	売　上　原　価	棚　卸　減　耗　費
(1)　総　平　均　法	120,000 円	280,000 円	10,000 円
(2)　移　動　平　均　法	180,000 円	220,000 円	15,000 円

解説

問1

(1)　決算整理前残高試算表

　　　　　　　　決算整理前残高試算表　　　　　（単位：円）

繰　越　商　品	40,000 [*1]	売　　　　　上	530,000 [*3]
仕　　　　　入	360,000 [*2]		

* 1　@400円×100個＝40,000円
* 2　②仕入@800円×100個＋④仕入@1,200円×100個＋⑥仕入@1,600円×100個
　　　＝360,000円
* 3　③売上@1,800円×150個＋⑤売上@2,000円×130個＝530,000円

(2)　決算整理（先入先出法のため、後に仕入れたものから順に残ります。）
　　　先入先出法を採用した場合、棚卸減耗費は、払出単価の決定方法に準じて「先に仕入れたもの（@1,200円）から減耗が生じる。」と考えます。

（仕		入）	40,000	（繰	越	商　品）	40,000
（繰	越	商　品）	184,000 *1	（仕		入）	184,000
（棚	卸	減　耗　費）	12,000	（繰	越	商　品）	12,000 *2

* 1　期末帳簿棚卸数量：①100個 + ②100個 − ③150個 + ④100個 − ⑤130個
　　　　　　　　　　　　+ ⑥100個 = 120個

　　　期末帳簿棚卸高：$\begin{cases} @1,200円 × 20個 = 24,000円 \\ @1,600円 × 100個 = 160,000円 \end{cases}$ 184,000円

* 2　棚卸減耗費：@1,200円 ×（120個 − 110個）= 12,000円

問2

(1) 総平均法

　　総平均単価：$\dfrac{@400円×100個 + @800円×100個 + @1,200円×100個 + @1,600円×100個}{100個 + 100個 + 100個 + 100個}$

　　　　　　　= @1,000円

　　期末帳簿棚卸高：@1,000円 × 120個 = 120,000円
　　売上原価：期首40,000円 + 当期仕入360,000円 − 期末帳簿120,000円
　　　　　　= 280,000円
　　棚卸減耗費：@1,000円 ×（120個 − 110個）= 10,000円

(2) 移動平均法

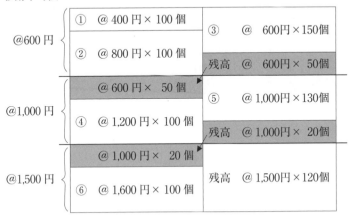

　　期末帳簿棚卸高：@1,500円 × 120個 = 180,000円
　　売上原価：期首40,000円 + 当期仕入360,000円 − 期末帳簿180,000円 = 220,000円
　　棚卸減耗費：@1,500円 ×（120個 − 110個）= 15,000円

出題論点

・払出単価の決定方法

 学習のポイント

・先入先出法、総平均法、移動平均法について計算方法の違いをおさえましょう。
・払出単価の決定方法は、期末棚卸高の金額の決定方法でもあるので、期末棚卸高と売上原価を求める場合、ボックス図を用いて条件を整理しましょう。

 期末商品の評価(4)

	日付	時間	学習メモ
1回目	／	／6分	
2回目	／	／6分	
3回目	／	／6分	

決算整理後残高試算表　　　（単位：千円）

繰　越　商　品	（　　15,179）	売　　　　　上	384,250
仕　　　　　入	（　 243,900）		
商 品 評 価 損 益	（　　　　311）		
棚 卸 減 耗 費	（　　　　340）		

解説

1　決算整理前残高試算表（仕訳の単位：千円）
(1)　商品評価損益

本問では洗替法を採用しているため、前T/Bに計上されている商品評価損益は期首の振戻処理により生じるものです。

① 　前期における収益性の低下の判定

A商品：帳簿原価@900円≦正味売却価額@1,520円

∴　収益性の低下なし

　　　　B商品：帳簿原価@1,255円＞正味売却価額@1,235円
　　　　　∴　収益性の低下あり→商品評価損益：(@1,255円－@1,235円)×4,000
　　　　　　　個＝80千円
　　　　C商品：帳簿原価@2,600円≦正味売却価額@2,945円
　　　　　∴　収益性の低下なし
　②　前期における商品評価損益

| (商品評価損益) | 80 | (繰越商品) | 80 |

　③　期首の振戻

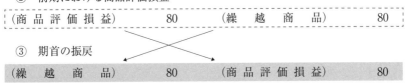

| (繰越商品) | 80 | (商品評価損益) | 80 |

(2)　繰越商品

　　上記(1)を考慮した上で前T/Bの繰越商品を求めます。
　①　A商品：@900円×1,150個＝1,035千円
　②　B商品：@1,235円×4,000個＝4,940千円
　③　C商品：@2,600円×2,450個＝6,370千円
　④　①＋②＋③＋商品評価損益80千円＝12,425千円（前T/B）

2　売上原価

帳簿上の期末商品および売上原価の算定を行います。なお、B商品は返品分が倉庫に未達であり実地数量に反映されていないだけなので、帳簿数量は資料で与えられている3,640個を用います。

| (仕　　　　　　入) | 12,425 | (繰　越　商　品) | 12,425 *1 |
| (繰　越　商　品) | 15,910 *2 | (仕　　　　　　入) | 15,910 |

＊1　上記1．(2)繰越商品より
＊2①　A商品：@900円×2,200個＝1,980千円
　　②　B商品：@1,250円×3,640個＝4,550千円
　　③　C商品：@2,680円×3,500個＝9,380千円
　　④　①＋②＋③＝15,910千円

3　棚卸減耗

会計上は未達であるB商品200個も到着したものとして扱うため、B商品の帳簿数量と実地数量は一致します。したがって、B商品から棚卸減耗費は生じません。

| (棚卸減耗費) | 340 * | (繰越商品) | 340 |

＊①　A商品：@900円×（帳簿2,200個－実地2,120個）＝72千円
　②　C商品：@2,680円×（帳簿3,500個－実地3,400個）＝268千円
　③　①＋②＝340千円

4 収益性の低下による帳簿価額の切り下げ

収益性の低下の判定

A商品：帳簿原価@900円≦正味売却価額@1,615円

∴ 収益性の低下なし

B商品：帳簿原価@1,250円≦正味売却価額@1,330円

∴ 収益性の低下なし

C商品：帳簿原価@2,680円＞正味売却価額@2,565円

∴ 収益性の低下あり→商品評価損益：（@2,680円－@2,565円）×3,400個
＝391千円

（商品評価損益）	391	（繰越商品）	391

5 決算整理後残高試算表

(1) 繰越商品：期末商品棚卸高15,910千円－棚卸減耗費340千円
－商品評価損益391千円＝15,179千円

(2) 仕入：前T／B繰越商品12,425千円＋前T／B仕入247,385千円
－期末商品棚卸高15,910千円＝243,900千円

(3) 商品評価損益：当期計上391千円－前期分の振戻し80千円＝311千円

(4) 棚卸減耗費：上記3．棚卸減耗より

✓ 出題論点

・棚卸減耗費・商品評価損益の会計処理
・棚卸資産の評価

✓ 学習のポイント

・商品評価損益は問題文より洗替法で処理されていることを読みとり、後T/Bの金額算定に注意しましょう。
・決算時での判明事項から未処理・処理済の事項を適切に読みとり、仕訳だけでなく帳簿数量や実地数量の変動に注意しながら棚卸減耗費と商品評価損益の金額を算定します。

解答 5 **期末商品の評価(5)・他勘定振替**

	日付	時間	学習メモ
1回目	／	／6分	
2回目	／	／6分	
3回目	／	／6分	

解答・解説

CH **4**

(1) 決算整理後残高試算表

決算整理後残高試算表　　　　（単位：千円）

繰 越 商 品	（ 16,480）	売	上	（ 312,960）
仕 入	（ 235,360）			
見 本 品 費	（ 1,320）			
棚 卸 減 耗 費	（ 840）			

(2) 損益計算書（一部）

損 益 計 算 書　　　　（単位：千円）

Ⅰ 売 上 高		（ 312,960）
Ⅱ 売 上 原 価		
期首商品棚卸高	（ 17,640）	
当期商品仕入高	（ 236,360）	
合 計	（ 254,000）	
見本品費振替高	（ 1,320）	
期末商品棚卸高	（ 19,280）	
差 引	（ 233,400）	
商 品 評 価 損	（ 1,400）	
棚 卸 減 耗 費	（ 560）	（ 235,360）
売 上 総 利 益		（ 77,600）
Ⅲ 販売費及び一般管理費		
見 本 品 費	（ 1,320）	
⋮		
Ⅴ 営 業 外 費 用		
棚 卸 減 耗 費	（ 840）	

65

解説 （仕訳の単位：千円）

1 売上返品

売上返品については未記帳なので、仕訳を行うとともに、商品有高帳においても返品の記帳を行い、期末帳簿棚卸高に加算します（下記3参照）。

（売 上)	3,200	（売 掛 金）	3,200

2 見本品費

見本品費の計上については未記帳なので、仕訳を行うとともに、商品有高帳においても払出しの記帳を行い、期末帳簿棚卸高から減額します（下記3参照）。

（見 本 品 費）	1,320	（仕 入）	1,320

3 売上原価

（仕 入）	17,640	（繰 越 商 品）	17,640
（繰 越 商 品）	19,280 *	（仕 入）	19,280

* 帳簿棚卸高：18,200千円 + 返品2,400千円 − 見本品1,320千円 = 19,280千円

4 棚卸減耗

返品された商品は未着なので、実地棚卸高に加算しますが、見本品として送付した商品は手許にはないため実地棚卸高に加算しません。なお、棚卸減耗費は、修正後の帳簿棚卸高と実地棚卸高の差額で算定します。

（仕 入）	560 *2	（繰 越 商 品）	1,400 *1
（棚 卸 減 耗 費）	840 *3		

*1 帳簿棚卸高：18,200千円 + 返品2,400千円 − 見本品1,320千円 = 19,280千円 ┐
　　実地棚卸高：15,480千円 + 返品2,400千円 = 17,880千円 ◀ ┘ △1,400千円

*2 原価処理：1,400千円 × 40% = 560千円

*3 貸借差額

5 収益性の低下による帳簿価額の切下げ

（仕 入）	1,400	（繰 越 商 品）	1,400 *

* 2,400千円 − 正味売却価額1,000千円 = 1,400千円（原価処理）

6 損益計算書（参考）

損　益　計　算　書　　　　　（単位：千円）

Ⅰ　売　　上　　高　　　　　　　　　　　312,960 ◀──純売上高

Ⅱ　売　上　原　価

期首商品棚卸高　　　　　　17,640　　　純仕入高
当期商品仕入高　（＋）　236,360 ◀──（他勘定振替高は控除しません）
　　合　　　計　　　　　　254,000　　　他勘定振替高
見本品費振替高　（△）　　 1,320 ◀──（売上原価算定上、間接控除）
期末商品棚卸高　（△）　　19,280 ◀──期末帳簿棚卸高
　　差　　　引　　　　　　233,400　　　（適正な数値）
商 品 評 価 損　（＋）　　 1,400 ◀──原価処理
棚 卸 減 耗 費　（＋）　　　 560 ◀──　235,360
売 上 総 利 益　　　　　　　　　　　77,600

Ⅲ　販売費及び一般管理費

見 本 品 費　　　　　　 1,320
　　　　　　⋮

Ⅴ　営 業 外 費 用

棚 卸 減 耗 費　　　　　　 840

✅ **出題論点**

・返品、見本品費、棚卸減耗費の会計処理

✅ **学習のポイント**

・多くの論点が混ざって出題されている場合、自分にとって解きやすいものから仕訳を行い、一つ一つ進めていきましょう。その際、仕訳の影響は残高試算表の該当する箇所へメモをするなどして記入漏れのないようにしましょう。
・見本品は、仕入れた商品のうち、得意先に見本として拠出された部分なので、「仕入」の減少とともに「見本品費」として費用とする点に注意しましょう。

解答
6 **期末商品の評価(6)**

	日付	時間	学習メモ
1回目	／	／6分	
2回目	／	／6分	
3回目	／	／6分	

問1

（単位：円）

借　方　科　目	金　　　額	貸　方　科　目	金　　　額
仕　　　　　入	100,000	繰　越　商　品	100,000
繰　越　商　品	120,000	仕　　　　　入	120,000
仕　　　　　入	7,700	繰　越　商　品	15,700
棚　卸　減　耗　費	8,000		

問2

決算整理後残高試算表　　　（単位：円）

繰　越　商　品	（　104,300）	売　　　　　　上	530,000
仕　　　　　入	（　287,700）		
棚　卸　減　耗　費	（　8,000）		

問3

（単位：円）

借　方　科　目	金　　　額	貸　方　科　目	金　　　額
繰　越　商　品	2,100	仕　　　　　入	2,100

解説

　さまざまな指示が与えられているので、分けて分析していくことでミスを減らすことができます。

68

(a) 期末帳簿棚卸高：@1,000円 × 120個 = 120,000円
(b) 棚卸減耗費（原価性あり）：@1,000円 ×(120個 − 110個)
　　　　　　　　　　　　　　　× 20% = 2,000円
　　棚卸減耗費（原価性なし）：@1,000円 ×(120個 − 110個)
　　　　　　　　　　　　　　　− 2,000 = 8,000円
(c) 商品評価損（劣化品）：(@1,000円 − @280円) × 5個
　　　　　　　　　　　　 = 3,600円　　　　　　　　　→ 原価処理　7,700円
(d) 商品評価損（良　品）：(@1,000円 − @980円) × 105個
　　　　　　　　　　　　 = 2,100円
(e) 次期繰越額： { 良　品：@980円 × 105個 = 102,900円
　　　　　　　　 劣化品：@280円 ×　 5個 =　 1,400円 } 合計104,300円

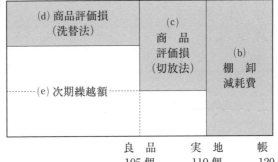

出題論点

・商品評価損（洗替法と切放法）の会計処理
・原価性の有無の判断

学習のポイント

・洗替法と切放法を適用する部分はどこなのかを明確に区別できるようにしましょう。
・棚卸減耗費のうち20%だけを原価処理する点に注意しましょう。

売価還元法(1)

	日付	時間	学習メモ
1回目	／	／5分	
2回目	／	／5分	
3回目	／	／5分	

(1) 決算整理仕訳

(単位：千円)

借方科目	金額	貸方科目	金額
仕　　　　入	12,600	繰　越　商　品	12,600
繰　越　商　品	17,280	仕　　　　入	17,280
棚　卸　減　耗　費	2,880	繰　越　商　品	3,280
仕　　　　入	400		

(2) 決算整理後残高試算表

決算整理後残高試算表　　　　(単位：千円)

繰　越　商　品	（　14,000）	売　　　　上	228,000
仕　　　　入	（164,560）		
棚　卸　減　耗　費	（　2,880）		

解説

(1) 原価率の算定

当期仕入売価：当期仕入原価168,840千円＋原始値入額55,960千円＝224,800千円

純値上額：値上額22,000千円－取消額4,400千円＝17,600千円

純値下額：値下額10,000千円－取消額2,800千円＝7,200千円

$$\frac{期首商品原価12,600千円＋当期仕入原価168,840千円}{期首商品売価16,800千円＋当期仕入売価224,800千円＋純値上額17,600千円－純値下額7,200千円}$$
$= 0.72$

(2) 決算整理

期末帳簿棚卸高：期末帳簿棚卸売価24,000千円×0.72＝17,280千円

棚卸減耗費：（24,000千円－20,000千円）×0.72＝2,880千円

商品評価損：（17,280千円－2,880千円）－14,000千円＝400千円

(3) 商品原価ボックスの分析（単位：千円）

(4) 期末商品ボックスの分析（単位：千円）

 出題論点

・売価還元法

 学習のポイント

・売価還元法を採用している場合、期末帳簿棚卸高は、期末帳簿売価に原価率を掛けて算定する点に注意しましょう。
・売価還元法の問題を解く際は、原価ボックスで情報を整理しましょう。

売価還元法(2)

	日付	時間	学習メモ
1回目	/	/5分	
2回目	/	/5分	
3回目	/	/5分	

(1) 決算整理仕訳　　　　　　　　　　　　　　　（単位：千円）

借方科目	金　額	貸方科目	金　額
仕　　　　入	12,600	繰　越　商　品	12,600
繰　越　商　品	17,280	仕　　　　入	17,280
商　品　評　価　損	400	繰　越　商　品	3,280
棚　卸　減　耗　費	2,880		

※　試算表で用いられている勘定科目を用いて仕訳を行います。

(2) 決算整理後残高試算表

　　　　　　　　　決算整理後残高試算表　　　　（単位：千円）

繰　越　商　品　（　14,000）　売　　　　　上　　228,000
仕　　　　入　（　164,160）
商　品　評　価　損　（　　400）
棚　卸　減　耗　費　（　2,880）

解説

(1) 原価率の算定
　① 原則
　　当期仕入売価：当期仕入原価168,840千円 + 原始値入額55,960千円 = 224,800千円
　　純値上額：値上額22,000千円 − 取消額4,400千円 = 17,600千円
　　純値下額：値下額10,000千円 − 取消額2,800千円 = 7,200千円
　　　　　　　期首商品原価12,600千円 + 当期仕入原価168,840千円
　　期首商品売価16,800千円 + 当期仕入売価224,800千円 + 純値上額17,600千円 − 純値下額7,200千円
　　= 0.72

② 特例
当期仕入売価：当期仕入原価168,840千円＋原始値入額55,960千円＝224,800千円
純値上額：値上額22,000千円－取消額4,400千円＝17,600千円
純値下額：考慮しない。

$$\frac{期首商品原価 12,600 千円＋当期仕入原価 168,840 千円}{期首商品売価 16,800 千円＋当期仕入売価 224,800 千円＋純値上額 17,600 千円} ＝ 0.7$$

(2) 決算整理
期末帳簿棚卸高：期末帳簿棚卸売価24,000千円×0.72＝17,280千円
棚卸減耗費：（24,000千円－20,000千円）×0.72＝2,880千円
商品評価損：（17,280千円－2,880千円）－20,000千円×0.7＝400千円

(3) 商品原価ボックスの分析（単位：千円）

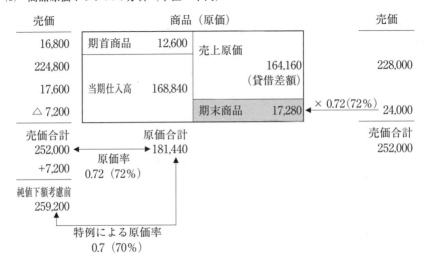

(4) 期末商品ボックスの分析（単位：千円）

出題論点

・売価還元法（特例処理）

学習のポイント

・売価還元法の特例処理は、値下額と値下取消額が除外される点に注意しましょう。
・特例処理は、売価還元低価法と指示されることもあります。

解答 9 売価還元法⑶・他勘定振替

	日付	時間	学習メモ
1回目	／	／5分	
2回目	／	／5分	
3回目	／	／5分	

決算整理後残高試算表		（単位：円）
繰 越 商 品 （ 5,200)	売 上	61,600
仕 入 （ 43,240)		
見 本 品 費 （ 1,680)		
棚 卸 減 耗 費 （ 280)		

解説

(1) 原価率の算定

$$\frac{期首商品原価 4,800 円 + 当期仕入原価 45,600 円}{期首商品売価 6,400 円 + 当期仕入売価 61,600 円 + 純値上額 4,000 円} = 0.7$$

74

(2) 決算整理仕訳
① 見本品費への振替え

| (見 本 品 費) | 1,680 * | (仕 入) | 1,680 |

* 見本品売価2,400円 × 0.7 = 1,680円

② 売上原価等の算定

(仕 入)	4,800	(繰 越 商 品)	4,800
(繰 越 商 品)	5,600 *1	(仕 入)	5,600
(棚 卸 減 耗 費)	280	(繰 越 商 品)	280 *2

* 1 期末帳簿棚卸売価8,000円 × 0.7 = 5,600円
* 2 (8,000円 − 7,600円) × 0.7 = 280円

③ 収益性の低下による帳簿価額の切下げ

| (仕 入) | 120 * | (繰 越 商 品) | 120 |

* (5,600円 − 280円) − 正味売却価額5,200円 = 120円（原価処理）

(3) 商品原価ボックスの分析（単位：円）

売 価		商品（原価）		売 価
6,400	期首商品 4,800	売上原価およびおよび見本品		61,600
61,600			44,800	2,400
4,000	当期仕入高 45,600		（貸借差額）	
		期末商品 5,600	× 0.7(70%)	8,000
売価合計 72,000	原価合計 50,400			売価合計 72,000

(4) 期末商品ボックスの分析（単位：円）

出題論点

・売価還元法（収益性の低下）

 学習のポイント

・売価還元法において収益性の低下があった場合は、売価を原価に直したうえで、原価と正味売却価額を比較します。売価と正味売却価額を比較するわけではない点に注意しましょう。

 仕入諸掛

	日付	時間	学習メモ
1回目	／	／6分	
2回目	／	／6分	
3回目	／	／6分	

問1 決算整理仕訳 （単位：円）

借方科目	金　額	貸方科目	金　額
仕　　　入	76,000	営　業　費	76,000
仕　　　入	43,200	繰　越　商　品	43,200
繰　越　商　品	36,960	仕　　　入	36,960

問2 決算整理後残高試算表

決算整理後残高試算表　　　　（単位：円）

繰　越　商　品	（ 36,960）	売　　　上	1,200,000
仕　　　入	（ 842,240）		
営　業　費	（ 244,000）		

問3　　3,168　円

解説

問1、2　先入先出法

払出単価を先入先出法によって計算しているので、仕入諸掛の金額も先入先出法によって計算します（単位：円）。

仕入諸掛	商品原価（送状価額）			仕入諸掛
3,200	期首　40,000	売上原価		75,840
			766,400 ⇨	（差額）
76,000	仕入　760,000	期末　33,600	⇨	3,360 *

$$* \quad 76{,}000\text{円} \times \frac{33{,}600\text{円}}{760{,}000\text{円}} = 3{,}360\text{円}$$

問3　総平均法

払出単価を総平均法によって計算しているので、仕入諸掛の金額も総平均法によって計算します（単位：円）。

仕入諸掛	商品原価（送状価額）			仕入諸掛
3,200	期首　40,000	売上原価		76,032
			768,000 ⇨	（差額）
76,000	仕入　760,000	期末　32,000	⇨	3,168 *

$$* \quad (3{,}200\text{円} + 76{,}000\text{円}) \times \frac{32{,}000\text{円}}{40{,}000\text{円} + 760{,}000\text{円}} = 3{,}168\text{円}$$

✓ **出題論点**

・仕入諸掛の按分

✓ **学習のポイント**

・仕入諸掛の按分は、問題文で指示された払出単価の計算方法にもとづいて、期末商品棚卸高を求める場合と同様の要領で期末商品棚卸高に対応する仕入諸掛を求めます。そして、期末商品棚卸高と仕入諸掛を合わせた金額が、繰越商品として計上されます。

仕入・売上の計上基準(1)

	日付	時間	学習メモ
1回目	/	/3分	
2回目	/	/3分	
3回目	/	/3分	

(1) 決算整理仕訳

① 売上の修正　　　　　　　　　　　　　　　　　　（単位：円）

借方科目	金額	貸方科目	金額
売　　上	750	売　掛　金	750

② 売上原価の算定　　　　　　　　　　　　　　　　（単位：円）

借方科目	金額	貸方科目	金額
仕　　　入	19,500	繰　越　商　品	19,500
繰　越　商　品	22,500	仕　　　入	22,500

(2) 決算整理後残高試算表

　　　　　　　　　決算整理後残高試算表　　　　　（単位：円）

| 繰　越　商　品 | (22,500) | 売　　　　上 | (183,000) |
| 仕　　　　入 | (146,400) | | |

解説

(1) 決算整理仕訳

② 売上原価の算定

期末商品：期末実地棚卸高21,900円＋未検収品600円＝22,500円

（注）未検収品600円（原価）については、期中出荷済のため期末実地棚卸高21,900円には含まれていません。したがって、実地棚卸高21,900円に600円を加算した金額で売上原価を算定します。

> ✓ **出題論点**
>
> ・検収基準、出荷基準
> ・未検収の取扱い
>
> ✓ **学習のポイント**
>
> ・売上の計上基準によって、売上計上の時点が異なるので、時系列に情報をまとめるなどして問題文の情報を整理しましょう。

解答12 仕入・売上の計上基準(2)

	日付	時間	学習メモ
1回目	/	/6分	
2回目	/	/6分	
3回目	/	/6分	

(1) A品 (単位：千円)

借方科目	金額	貸方科目	金額
売掛金	1,620	売上	1,620

(2) B品 (単位：千円)

借方科目	金額	貸方科目	金額
売上	1,125	売掛金	1,125

(3) C品 (単位：千円)

借方科目	金額	貸方科目	金額
売上	4,200	売掛金	4,200

解説 （仕訳の単位：千円）

(1)　A品

900個分につき、売上の修正をします。

（売　　掛　　金）	1,620	（売　　　　　　上）	1,620 *

＊　＠1,800円×（1,000個 − 100個）＝ 1,620千円

(2)　B品

特に指示がないため、原則の出荷基準を適用します。

（売　　　　　　上）	1,125 *	（売　　掛　　金）	1,125

＊　＠2,250円×500個 ＝ 1,125千円

(3)　C品

X2年4月3日付けで発行されている船荷証券に係るC品については、その日付から船積みが完了していないことが明らかなので、売上の取消しを行います。

（売　　　　　　上）	4,200	（売　　掛　　金）	4,200

✅ **出題論点**

・計上漏れの売上取引の修正

✅ **学習のポイント**

・本問では、「この取引は前期と当期のいずれに帰属するのか」などに注意を払い、あるべき仕訳を行ったうえで、実際に行ってしまった仕訳に対してどのような修正が必要なのかを考えていきましょう。

Chapter 5

特殊商品売買 1

解答 1 **割賦販売**

	日付	時間	学習メモ
1回目	／	／8分	
2回目	／	／8分	
3回目	／	／8分	

(1) 前期末

	残　　高	（単位：円）
売　掛　金	（　1,000）	
割　賦　売　掛　金	（　1,500）	
繰　越　商　品	（　　350）	

(2) 仕入時　　　　　　　　　　　　　　　　　　　（単位：円）

借　方　科　目	金　額	貸　方　科　目	金　額
仕　　　　　入	8,450	買　掛　金	8,450

(3) 一般販売時　　　　　　　　　　　　　　　　　（単位：円）

借　方　科　目	金　額	貸　方　科　目	金　額
売　掛　金	5,000	一　般　売　上	5,000

(4) 売掛金回収時　　　　　　　　　　　　　　　　（単位：円）

借　方　科　目	金　額	貸　方　科　目	金　額
現　　　　　金	4,750	売　掛　金	4,750

(5) 割賦販売時　　　　　　　　　　　　　　　　　（単位：円）

借　方　科　目	金　額	貸　方　科　目	金　額
割　賦　売　掛　金	7,500	割　賦　売　上	7,500

81

(6) 割賦売掛金回収時 （単位：円）

借　方　科　目	金　　額	貸　方　科　目	金　　額
現　　　　　金	6,500	割　賦　売　掛　金	6,500

(7)　　　　　　　　　　　　　　決算整理前残高試算表　　　　　（単位：円）

売　　掛　　金	(1,250)	一　般　売　上	(5,000)
割　賦　売　掛　金	(2,500)	割　賦　売　上	(7,500)
繰　越　商　品	(350)		
仕　　　　入	(8,450)		

(8) 決算時

引渡原価の算定 （単位：円）

借　方　科　目	金　　額	貸　方　科　目	金　　額
仕　　　　入	350	繰　越　商　品	350
繰　越　商　品	300	仕　　　　入	300

(9)　　　　　　　　　　　　　　決算整理後残高試算表　　　　　（単位：円）

売　　掛　　金	(1,250)	一　般　売　上	(5,000)
割　賦　売　掛　金	(2,500)	割　賦　売　上	(7,500)
繰　越　商　品	(300)		
仕　　　　入	(8,500)		

解説 （仕訳の単位：円）

1 前期末残高勘定および決算整理前残高試算表

(1) 前期末残高勘定（単位：円）

残　　　高

売　　掛　　金	1,000[*1]		
割　賦　売　掛　金	1,500[*2]		
繰　越　商　品	350[*3]		

* 1 【資料】(3)　前期末売掛金
* 2 【資料】(3)　前期末割賦売掛金
* 3 【資料】(3)　前期末商品棚卸高

(2) 決算整理前残高試算表（単位：円）

　問題文の【資料】より期中取引の仕訳を適切に行い、「決算整理前残高試算表」を作成します。なお、決算整理前残高試算表の「割賦売掛金」の金額は当期末残高、「割賦売上」の金額は当期発生高となります。

決算整理前残高試算表

売　　掛　　金	1,250[*1]	一　般　売　上	5,000[*5]
割　賦　売　掛　金	2,500[*2]	割　賦　売　上	7,500[*6]
繰　越　商　品	350[*3]		
仕　　入	8,450[*4]		

* 1 前期末売掛金1,000円＋【資料】(5)5,000円−【資料】(6)4,750円＝1,250円
* 2 前期末割賦売掛金1,500円＋【資料】(7)7,500円−【資料】(8)6,500円＝2,500円
* 3 前期末残高勘定「繰越商品」
* 4 【資料】(4)　商品仕入
* 5 【資料】(5)　一般販売
* 6 当期発生高：【資料】(7)　割賦販売

2 決算整理仕訳

引渡原価の算定

（仕　　入）	350	（繰　越　商　品）	350[*1]
（繰　越　商　品）	300[*2]	（仕　　入）	300

* 1 決算整理前残高試算表「繰越商品」
* 2 【資料】(9)　期末商品棚卸高

出題論点

・割賦販売

 学習のポイント

・収益認識基準の適用下では、割賦販売について、回収基準と回収期限到来基準は認められません。したがって、本問では販売基準を前提に処理しています。
・正確には、約束した財（商品）を顧客に移転することにより、履行義務を充足したか否かの検討が必要ですが、本問では、特に契約内容に関する記述がないため、「一般販売した」「割賦販売した」という表現をもって履行義務を充足したと判断しています（いわゆる販売基準）。
・本試験では、収益認識基準を適用しているか否か明記される可能性が高いため、問題の指示をしっかり確認して、収益に係る契約の内容を把握しましょう。

解答2　重要な金融要素（一般商品売買）

	日付	時間	学習メモ
1回目	／	／7分	
2回目	／	／7分	
3回目	／	／7分	

① 販売時（商品を引き渡したとき）

借方科目	金額	貸方科目	金額
売掛金	(1,000)	売上	(980)
		利息未決算	(20)

② 掛代金回収時

借方科目	金額	貸方科目	金額
利息未決算	(20)	受取利息	(20)
現金	(1,000)	売掛金	(1,000)

③ 早期回収した場合

借 方 科 目	金　　　額	貸 方 科 目	金　　　額
利 息 未 決 算	(　　　20)	受 取 利 息	(　　　10)
現　　　　　金	(　　　990)	売 　 掛 　 金	(　　1,000)

解説

① 本問では会計方針により、債権を債権金額で計上するため、売掛金を利息部分を含めた金額で計上します。一方、売上収益には収益認識基準が適用されるため、原則として金利部分（重要な金融要素）を調整します（特に指示がないため、原則処理を適用します）。この結果、貸方の差額として計上される利息部分は、発生期間が未経過であるため、まだ収益としては計上できません。よって、問題文の指示により評価勘定（売掛金の控除項目）で処理します。

② 時間の経過に応じて利息を計上するとともに、代金回収によって売掛金を取り崩すため、これに係る評価勘定「利息未決算」を取り崩します。

③ 時間の経過に応じて利息を計上します。問題文の指示により、利息総額20円から10円減免した残り10円を受取利息とします。また、代金回収によって売掛金を取り崩すため、これに係る評価勘定「利息未決算」を取り崩します。

✓ 出題論点

・収益認識基準（重要な金融要素）

✓ 学習のポイント

・金利部分の区分計上（原則処理）

解答 3 収益認識基準（割賦販売、重要な金利要素の調整）

	日付	時間	学習メモ
1回目	／	／20分	
2回目	／	／20分	
3回目	／	／20分	

(1)

借　　　　方		貸　　　　方	
勘 定 科 目	金　　額	勘 定 科 目	金　　額
現　　　　金	90,000	（売　　　上）	[　336,000]
（割 賦 売 掛 金）	[　246,000]		

(2)

借　　　　方		貸　　　　方	
勘 定 科 目	金　　額	勘 定 科 目	金　　額
現　　　　金	90,000	（割 賦 売 掛 金）	[　90,000]
（利 息 未 決 算）	[　8,060]	（受 取 利 息）	[　8,060]

解説　（以下、単位：円）

〈元本・利息の算定〉

4回に分けて債権を回収するため、それぞれについて利息部分と元本部分を計算します。元本合計が車両の現金販売価格になります。

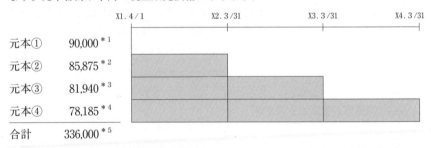

* 1　先払いのため、利息は発生しません。
* 2　$90,000 ÷ 1.04803 = 85,875.40\cdots$　→85,875
* 3　$90,000 ÷ 1.04803^2 = 81,939.83\cdots$　→81,940
* 4　$90,000 ÷ 1.04803^3 = 78,184.62\cdots$　→78,185
* 5　車両の現金販売価格

〈A社の会計処理〉

　A社は中古車販売業であるため、車両の販売収益は「顧客との契約から生じる収益」にあたります。従って、収益認識基準を適用します。
　具体的には、販売時に売上収益を計上します。また、利息部分は重要な金利要素にあたるため、売上収益とは区分して計上します。なお、利息の計算は問題文の指示により利息法を採用します。

回収スケジュール

	元本	債権回収額	利息部分	元本回収分	残り元本
X1. 4 / 1	336,000	90,000	0	90,000	246,000
X2. 3 /31	246,000	90,000	11,815 *¹	78,185	167,815
X3. 3 /31	167,815	90,000	8,060 *²	81,940	85,875
X4. 3 /31	85,875	90,000	4,125 *³	85,875	0
計	－	360,000	24,000	336,000	－

* 1　246,000 × 0.04803 = 11,815.38…　→11,815

* 2　167,815 × 0.04803 =　8,060.15…　→8,060

* 3　 85,875 × 0.04803 =　4,124.57…　→4,125

1　債権金額を、利息を控除した金額で計上している場合

(1)　X1年4 / 1 （販売時）

現　　　　　金	90,000	売　　　　　　上	336,000 *¹
割 賦 売 掛 金	246,000		

* 1　重要な金融要素は売上に含めず、別途利息として計上します。

(2)　X2年3 /31 （期末）

利息の計上

割 賦 売 掛 金	11,815	受 取 利 息	11,815

債権の回収

現　　　　　金	90,000	割 賦 売 掛 金	90,000

(3)　X3年3 /31 （期末）

利息の計上

割 賦 売 掛 金	8,060	受 取 利 息	8,060

債権の回収

現　　　　　金	90,000	割 賦 売 掛 金	90,000

2　債権金額を、利息を含めた金額で計上している場合（評価勘定を使用）

(1)　X1年4 / 1 （販売時）

現　　　　　金	90,000	売　　　　　　　上	336,000
割 賦 売 掛 金	270,000 *¹	利 息 未 決 算	24,000 *²

* 1　90,000 × 3 = 270,000

* 2　利息部分は売上と区分して計上しなければならないため、勘定科目群から評価勘定として利用できる「利息未決算」を選びます。

(2) X2年3/31（期末）

利息の計上

| 利 息 未 決 算 | 11,815 | 受 取 利 息 | 11,815 |

債権の回収

| 現　　　　　　金 | 90,000 | 割 賦 売 掛 金 | 90,000 |

(3) X3年3/31（期末）

利息の計上

| 利 息 未 決 算 | 8,060 | 受 取 利 息 | 8,060 |

債権の回収

| 現　　　　　　金 | 90,000 | 割 賦 売 掛 金 | 90,000 |

出題論点

・割賦販売

学習のポイント

・現金販売価格の算定
・利息の区分計算

Chapter 6

特殊商品売買2

解答1 未着品売買(1)

	日付	時間	学習メモ
1回目	／	／10分	
2回目	／	／10分	
3回目	／	／10分	

(1) 期末一括法　　　　　　　　　　　　　　　　　　　　　　　（単位：円）

	期首残高試算表			
期　首 残高試算表	繰　越　商　品	2,400		
	未　　着　　品	480		
貨物代表証券購入時	（未　　着　　品）（ 12,240）／買　　掛　　金 （ 12,240）			
現品引取時	（仕　　　　入）（ 3,360）／（未　　着　　品）（ 3,360）			
貨物代表証券販売時	売　　掛　　金 （ 9,600）／（未着品売上）（ 9,600）			
商品仕入時	仕　　　　入 21,120 ／買　　掛　　金 21,120			
一般販売時	売　　掛　　金 30,000 ／一　般　売　上 30,000			
整　理　前 残高試算表	決算整理前残高試算表			
	繰　越　商　品	2,400	一　般　売　上	30,000
	未　　着　　品	（ 9,360）	未着品売上	（ 9,600）
	仕　　　　入	（24,480）		
決　算　整　理	（仕　　　　入）（ 2,400）／（繰　越　商　品）（ 2,400）			
	（繰　越　商　品）（ 2,880）／（仕　　　　入）（ 2,880）			
	（仕　　　　入）（ 8,640）／（未　　着　　品）（ 8,640*）			
整　理　後 残高試算表	決算整理後残高試算表			
	繰　越　商　品	（ 2,880）	一　般　売　上	30,000
	未　　着　　品	（ 720）	未着品売上	（ 9,600）
	仕　　　　入	（32,640）		

＊　9,600 円 × 0.9 = 8,640 円

89

(2) その都度法　　　　　　　　　　　　　　　　　　　　　　　（単位：円）

期首残高試算表	期首残高試算表		
	繰 越 商 品　　2,400		
	未 着 品　　　 480		
貨物代表証券購入時	（未　　着　　品）（ 12,240）	／	買　　掛　　金　（ 12,240）
現品引取時	（仕　　　　　　入）　 3,360	／	（未　　着　　品）（ 3,360）
貨物代表証券販売時	売　　掛　　金　　　 9,600	／	（未 着 品 売 上）（ 9,600）
	（仕　　　　　　入）　 8,640	／	（未　　着　　品）（ 8,640*）
商品仕入時	仕　　　　　　入　　21,120	／	買　　掛　　金　　21,120
一般販売時	売　　掛　　金　　30,000	／	一　 般　 売　 上　30,000
整理前残高試算表	決算整理前残高試算表		
	繰 越 商 品　　2,400		一 般 売 上　　30,000
	未 着 品　　（ 720）		未 着 品 売 上（ 9,600）
	仕　　　 入　（33,120）		
決算整理	（仕　　　　　　入）（ 2,400）／（繰 越 商 品）（ 2,400）		
	（繰 越 商 品）（ 2,880）／（仕　　　　　　入）（ 2,880）		
整理後残高試算表	決算整理後残高試算表		
	繰 越 商 品（ 2,880）		一 般 売 上　　30,000
	未 着 品　（ 720）		未 着 品 売 上（ 9,600）
	仕　　 入　（32,640）		

*　9,600 円 × 0.9 ＝ 8,640 円

出題論点

・未着品における期末一括法とその都度法

学習のポイント

・貨物代表証券販売時と決算整理時の仕訳が異なってくる点をおさえましょう。

解答2 未着品売買(2)

	日付	時間	学習メモ
1回目	/	/3分	
2回目	/	/3分	
3回目	/	/3分	

決算整理後残高試算表　　　（単位：千円）

繰 越 商 品	(	22,200)	一 般 売 上	294,000
未 着 品	(	6,720)	未 着 品 売 上	62,400
仕 入	(	288,240)		

解説　（仕訳の単位：千円）

1　現品引取

（仕 入）	3,600	（未 着 品）	3,600

2　売上原価

① 手許商品

（仕 入）	19,680	（繰 越 商 品）	19,680
（繰 越 商 品）	22,200	（仕 入）	22,200

② 未着品

（仕 入）	53,040	（未 着 品）	53,040 *

＊　62,400 千円 × 85％ ＝ 53,040 千円

出題論点

・期末一括法による未着品売買

学習のポイント

・期末一括法によっている場合、決算整理仕訳によって貨物代表証券販売分の原価を仕入勘定に振り替える処理が必要になります。

解答 3 委託販売(1)

	日付	時間	学習メモ
1回目	／	／2分	
2回目	／	／2分	
3回目	／	／2分	

決算整理後残高試算表 (単位：円)

繰 越 商 品	(465)	一 般 売 上	8,370
積 送 品	(210)	積 送 品 売 上	3,150
仕 入	(9,225)		

解説

1 決算整理前残高試算表

委託販売はその都度法であるため、決算整理前残高試算表の仕入勘定は「一般販売仕入＋委託販売売上原価」、積送品勘定は「期末積送品」を表しています。したがって、委託販売の決算整理は不要となるため、一般販売の決算整理のみ行います。

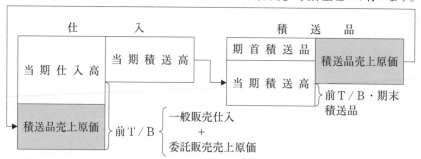

2 一般販売

(仕 入)	390	(繰 越 商 品)	390 [*1]
(繰 越 商 品)	465 [*2]	(仕 入)	465

*1 期首手許商品：前T/B繰越商品
*2 期末手許商品

出題論点

・委託販売におけるその都度法

 学習のポイント

・その都度法の場合には、決算整理前残高試算表の積送品勘定が期末積送品を表しているため、決算整理仕訳は不要となる点をおさえましょう。ただし、問題によっては未処理事項があることもありますので、決算整理前残高試算表の金額＝期末積送品と機械的に処理しないよう注意しましょう。

 委託販売(2)

	日付	時間	学習メモ
1回目	／	／4分	
2回目	／	／4分	
3回目	／	／4分	

(1) 決算整理仕訳 　　　　　　　　　　　　　　　　　　　　　　　　(単位：円)

	借方科目	金　額	貸方科目	金　額
一般	仕　　　入	9,480	繰 越 商 品	9,480
	繰 越 商 品	8,220	仕　　　入	8,220
委託	仕　　　入	14,700	積 　送 　品	14,700

(2) 決算整理後残高試算表

決算整理後残高試算表　　　　(単位：円)

繰 越 商 品	(8,220)	一 般 売 上	(111,480)
積 　送 　品	(1,800)	積 送 品 売 上	(20,580)
仕　　　入	(98,310)		

93

> 解説

1 決算整理前残高試算表

委託販売は期末一括法であるため、決算整理前残高試算表の積送品は「期首積送品＋当期積送高」を表しています。したがって、決算整理で委託販売の売上原価を仕入勘定に振り替えます。

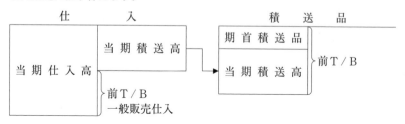

2 一般販売

(1) 決算整理

| (仕 | 入) | 9,480 | (繰 越 商 品) | 9,480 *1 |
| (繰 越 商 品) | 8,220 *2 | (仕 | 入) | 8,220 |

*1 期首手許商品：前T/B繰越商品
*2 期末手許商品

(2) 一般販売売上の算定（単位：円）

3 委託販売

(1) 決算整理

| (仕 | 入) | 14,700 * | (積 送 品) | 14,700 |

* 積送品売上原価：前T/B積送品 16,500円 － 期末積送品 1,800円 ＝ 14,700円

(2) 積送品売上の算定
積送品売上原価 14,700円 × 1.4 ＝ 積送品売上 20,580円

出題論点

・委託販売における期末一括法

  学習のポイント

・期末一括法によっている場合、決算整理前残高試算表の積送品勘定は「期首積送品＋当期積送高」となっているため、決算整理を行って当期の積送品売上原価を求める必要があります。

解答5 委託販売(3)

	日付	時間	学習メモ
1回目	／	／6分	
2回目	／	／6分	
3回目	／	／6分	

問1
決算整理仕訳　　　　　　　　　　　　　　　　　　　　　　（単位：円）

	借方科目	金額	貸方科目	金額
一般	仕　　　　入	272,000	繰　越　商　品	272,000
	繰　越　商　品	320,000	仕　　　　入	320,000
委託	仕　　　　入	304,000	積　送　品	304,000
	積　送　諸　掛　費	1,120	繰　延　積　送　諸　掛	1,120
	繰　延　積　送　諸　掛	1,640	積　送　諸　掛　費	1,640

決算整理後残高試算表　　　（単位：円）

繰　越　商　品	（　320,000）	一　般　売　上	548,000
積　送　品	（　80,000）	積　送　品　売　上	400,000
繰　延　積　送　諸　掛	（　1,640）		
仕　　　入	（　744,000）		
積　送　諸　掛　費	（　32,280）		

問2

繰延積送諸掛 | 1,600 | 円　　積送諸掛費 | 32,320 | 円

解説

1　決算整理前残高試算表の金額

(1)　積送品384,000円

委託販売は期末一括法なので、決算整理前残高試算表の積送品は「期首積送品＋当期積送高」を表しています。したがって、決算整理で委託販売の売上原価を仕入勘定に振り替えます。

(2)　積送諸掛費32,800円→当期支払発送諸掛＋販売諸掛

発送諸掛は支払時に積送諸掛費に計上します。さらに、受託者売上額によって積送品売上を計上しているため、販売諸掛についても積送諸掛費に計上されています。したがって、決算整理前残高試算表の積送諸掛費勘定のうち、発送諸掛について按分計算をし、翌期分を繰り延べます。

2　決算整理

(1)　一般販売

(仕 入)	272,000	(繰 越 商 品)	272,000 *1
(繰 越 商 品)	320,000 *2	(仕 入)	320,000

＊1　前T/B繰越商品
＊2　期末手許商品

(2)　委託販売

①　売上原価の算定

(仕 入)	304,000 *	(積 送 品)	304,000

＊　積送品売上原価：前T/B積送品384,000円－期末積送品80,000円＝304,000円

96

② 発送諸掛

| （積 送 諸 掛 費） | 1,120 | （繰 延 積 送 諸 掛） | 1,120 *1 |
| （繰 延 積 送 諸 掛） | 1,640 *2 | （積 送 諸 掛 費） | 1,640 |

*1　前T/B繰延積送諸掛
*2　発送諸掛の按分計算（先入先出法、問1、単位：円）

発送諸掛	積　　送　　品		発送諸掛
1,120	期首　64,000	売原　304,000 ⇨	6,040
6,560	積送　320,000	期末　80,000 ⇨	1,640

$$6,560円 \times \frac{80,000円}{320,000円} = 1,640円$$

3　問2（平均法）

| （積 送 諸 掛 費） | 1,120 | （繰 延 積 送 諸 掛） | 1,120 |
| （繰 延 積 送 諸 掛） | 1,600 * | （積 送 諸 掛 費） | 1,600 |

*　発送諸掛の按分計算（平均法、単位：円）

発送諸掛	積　　送　　品		発送諸掛
1,120	期首　64,000	売原　304,000 ⇨	6,080
6,560	積送　320,000	期末　80,000 ⇨	1,600

$$(1,120円 + 6,560円) \times \frac{80,000円}{64,000円 + 320,000円} = 1,600円$$

✓ 出題論点

・積送諸掛の会計処理

✓ 学習のポイント

・受託者売上額で積送品売上を計上している場合、販売諸掛も積送諸掛費勘定に含まれている点をおさえましょう。

解答
6 試用販売(1)

	日付	時間	学習メモ
1回目	／	／5分	
2回目	／	／5分	
3回目	／	／5分	

決算整理後残高試算表　　（単位：千円）

繰 越 商 品 （ 21,840）	一 般 売 上	180,000
繰 越 試 用 品 （ 9,840）	試 用 品 売 上	102,120
仕 入 （ 212,640）	試 用 仮 売 上	14,760
試 用 未 収 金 14,760		

解説　（仕訳の単位：千円）

(1) 手許商品

（仕 入）	20,400	（繰 越 商 品）	20,400
（繰 越 商 品）	21,840	（仕 入）	21,840

(2) 試用販売

（仕 入）	9,360	（繰 越 試 用 品）	9,360 *1
（繰 越 試 用 品）	9,840 *2	（仕 入）	9,840

＊1　前期末試用未収金残高に、原価率を乗じます。$13,200 \text{千円} \times \dfrac{0.78}{1.1} = 9,360 \text{千円}$

＊2　当期末試用未収金残高に、原価率を乗じます。$14,760 \text{千円} \times \dfrac{0.8}{1.2} = 9,840 \text{千円}$

出題論点

・試用販売（対照勘定法）

 学習のポイント

・決算整理前残高試算表上の繰越試用品は前期末に未買取の試用販売の原価になります。対照勘定法の場合、一般販売における決算整理仕訳のように仕訳を行う点を覚えておきましょう。

 試用販売(2)

	日付	時間	学習メモ
1回目	／	／5分	
2回目	／	／5分	
3回目	／	／5分	

決算整理後残高試算表　　　　（単位：千円）

繰 越 商 品	(	19,200)	一 般 売 上	154,200
繰 越 試 用 品	(	8,640)	試 用 品 売 上	81,960
仕 入	(	183,480)	試 用 仮 売 上	11,880
試 用 未 収 金		11,880		

解説　（仕訳の単位：千円）

(1) 手許商品

（仕 入）	18,720	（繰 越 商 品）	18,720
（繰 越 商 品）	19,200	（仕 入）	19,200

(2) 試用品

（仕 入）	9,240	（繰 越 試 用 品）	9,240
（繰 越 試 用 品）	8,640 *1	（仕 入）	8,640

＊1　11,880 千円 × $\dfrac{0.8}{1.1}$ （＊2） = 8,640 千円

＊2　下記(3)参照。

(3) 試用販売原価率の算定

手許商品ボックスを用いて、一般販売原価率または試用販売原価率を求めます。その際、売価を一般売価ベースに統一して原価を算定します（単位：千円）。

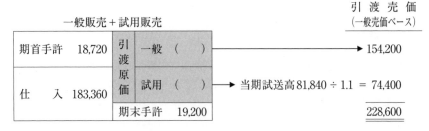

一般販売原価率：$\dfrac{18,720千円 + 183,360千円 - 19,200千円}{228,600千円} = 0.8$

試用販売原価率：$\dfrac{0.8}{1.1}$

✓ 出題論点

・試用販売（対照勘定法）
・原価率の算定

✓ 学習のポイント

・原価率を算定させる問題では、手許商品ボックスを書いて分析することが必要になります。当期試用販売高を一般販売高ベースにしてから合算し、当期引渡原価と対応させることで一般販売原価率を求めます。

Chapter 7 工事契約

 工事契約(1)

	日付	時間	学習メモ
1回目	/	/10分	
2回目	/	/10分	
3回目	/	/10分	

問1 履行義務の充足に係る進捗度を合理的に見積ることができる場合

(1) 各年度の工事原価および工事収益（単位：千円）

	完成工事原価	完成工事高
X 1 年 度	(7,200)	(14,400)
X 2 年 度	(11,520)	(23,040)
X 3 年 度	(5,280)	(10,560)
合　　計	(24,000)	(48,000)

(2) X1年度（工事中） （単位：千円）

借 方 科 目	金　額	貸 方 科 目	金　額
未 成 工 事 支 出 金	7,200	現 金 預 金	7,200
完 成 工 事 原 価	7,200	未 成 工 事 支 出 金	7,200
完成工事未収入金	14,400	完 成 工 事 高	14,400

(3) X2年度（工事中） （単位：千円）

借 方 科 目	金　額	貸 方 科 目	金　額
未 成 工 事 支 出 金	11,520	現 金 預 金	11,520
完 成 工 事 原 価	11,520	未 成 工 事 支 出 金	11,520
完成工事未収入金	23,040	完 成 工 事 高	23,040

(4) X3年度（完成引渡）　　　　　　　　　　　　　　（単位：千円）

借　方　科　目	金　　額	貸　方　科　目	金　　額
未成工事支出金	5,280	現　金　預　金	5,280
完 成 工 事 原 価	5,280	未成工事支出金	5,280
完成工事未収入金	10,560	完 成 工 事 高	10,560

問2　履行義務の充足に係る進捗度を合理的に見積ることができない場合

(1) 各年度の工事原価および工事収益（単位：千円）

	完成工事原価	完成工事高
X　1　年　度	（　　7,200）	（　　7,200）
X　2　年　度	（　11,520）	（　11,520）
X　3　年　度	（　　5,280）	（　29,280）
合　　　計	（　24,000）	（　48,000）

(2) X1年度（工事中）　　　　　　　　　　　　　　　（単位：千円）

借　方　科　目	金　　額	貸　方　科　目	金　　額
未成工事支出金	7,200	現　金　預　金	7,200
完 成 工 事 原 価	7,200	未成工事支出金	7,200
完成工事未収入金	7,200	完 成 工 事 高	7,200

(3) X2年度（工事中）　　　　　　　　　　　　　　　（単位：千円）

借　方　科　目	金　　額	貸　方　科　目	金　　額
未成工事支出金	11,520	現　金　預　金	11,520
完 成 工 事 原 価	11,520	未成工事支出金	11,520
完成工事未収入金	11,520	完 成 工 事 高	11,520

(4) X3年度（完成引渡）　　　　　　　　　　　　　　　（単位：千円）

借　方　科　目	金　　額	貸　方　科　目	金　　額
未 成 工 事 支 出 金	5,280	現　金　預　金	5,280
完 成 工 事 原 価	5,280	未 成 工 事 支 出 金	5,280
完成工事未収入金	29,280	完　成　工　事　高	29,280

解説

問1　履行義務の充足に係る進捗度を合理的に見積ることができる場合

　この場合、進捗度にもとづき収益を認識する方法によって、原価比例法をもとに算定した工事進捗度で工事収益を計算します。

(1) X1年度

　完成工事高：請負金額48,000千円 $\times \dfrac{\text{X1年度発生原価7,200千円}}{\text{見積総工事原価24,000千円}} = 14,400$ 千円

(2) X2年度

　完成工事高：請負金額48,000千円

　　　　$\times \dfrac{\text{X1年度発生原価7,200千円} + \text{X2年度発生原価11,520千円}}{\text{見積総工事原価24,000千円}}$

　　　　－ X1年度完成工事高14,400千円 = 23,040千円

(3) X3年度（完成引渡）

　完成工事高：請負金額48,000千円 － 過年度の完成工事高の累計（14,400千円

　　　　＋ 23,040千円）= 10,560千円

問2　履行義務の充足に係る進捗度を合理的に見積ることができない場合

　工事原価の回収が見込めるため、原価回収基準によって工事収益を計算します。

(1) X1年度

　X1年度の発生原価の総額を完成工事高として計上します。⇒　7,200千円

(2) X2年度

　X2年度の発生原価の総額を完成工事高として計上します。⇒　11,520千円

(3) X3年度（完成引渡）

　完成工事高：請負金額48,000千円 － 過年度の完成工事高の累計（7,200千円

　　　　＋ 11,520千円）= 29,280千円

103

出題論点

・建設業特有の勘定科目
・進捗度にもとづき収益を認識する方法、原価回収基準における会計処理

 学習のポイント

・建設業における特有の勘定科目をおさえましょう。
・進捗度にもとづき収益を認識する方法と原価回収基準は、計上される収益の金額がそれぞれ異なるという点をおさえましょう。

 工事契約(2)

	日付	時間	学習メモ
1回目	／	／5分	
2回目	／	／5分	
3回目	／	／5分	

(1) X2年度
　　完成工事高　806,400　千円　　完成工事原価　632,520　千円
(2) X3年度
　　完成工事高　616,000　千円　　完成工事原価　483,280　千円

解説

1　X1年度

(1) 完成工事高：

$$1,540,000 \text{千円} \times \frac{88,200 \text{千円}}{1,155,000 \text{千円}} = 117,600 \text{千円}$$

(2) 完成工事原価：88,200千円

2　X2年度

X2年度に見積工事原価総額を変更しているため、変更後の見積工事原価総額を用いて計算します。

(1) 完成工事高：
$$1,540,000 \text{千円} \times \frac{88,200 \text{千円} + 632,520 \text{千円}}{1,201,200 \text{千円}} - 117,600 \text{千円} = 806,400 \text{千円}$$
(2) 完成工事原価：632,520千円
3　X3年度
(1) 完成工事高：
$$1,540,000 \text{千円} - (117,600 \text{千円} + 806,400 \text{千円}) = 616,000 \text{千円}$$
(2) 完成工事原価：483,280千円

 出題論点

・見積工事原価総額の変更をした場合の会計処理

 学習のポイント

・進捗度にもとづき収益を認識する方法において、見積工事原価総額に変更があった場合、工事収益の算定は見積工事原価総額の変更の前後で異なるので注意しましょう。

Chapter 8 税　金

租税公課

	日付	時間	学習メモ
1回目	／	／4分	
2回目	／	／4分	
3回目	／	／4分	

決算整理後残高試算表　　　（単位：千円）

現　金　預　金　（　　536,760）
売　　掛　　金　（　1,947,300）
貯　　蔵　　品　（　　 18,390）
営　　業　　費　（　5,529,930）

解説（仕訳の単位：千円）

1　現金預金に関する事項

郵便切手、収入印紙は通貨代用証券ではないので、現金とはなりません。

（現　金　預　金）	1,500	（売　　掛　　金）	1,500

2　棚卸資産に関する事項

貯蔵品の処理は、三分法で行う売上原価の処理と同様に考えることができます。

なお、貯蔵品には、郵便切手、収入印紙のほか、コピー用紙、ガムテープなどの事務用消耗品やその他の消耗品で期末において未使用のものなどが含まれます。

（営　業　費）	14,520	（貯　蔵　品）	14,520 [*1]
（貯　蔵　品）	18,390 [*2]	（営　業　費）	18,390

＊1　期首残高

＊2　期末残高：実地 15,960 千円 + 郵便切手 930 千円 + 収入印紙 1,500 千円
　　　　　　　= 18,390 千円

出題論点

・租税公課

 学習のポイント

・郵便切手や収入印紙は通貨代用証券ではないので、現金ではなく貯蔵品となります。
・本問では、租税公課勘定などは用いないで、営業費勘定で処理する点に注意しましょう。

解答2 消費税等(1)

	日付	時間	学習メモ
1回目	／	／6分	
2回目	／	／6分	
3回目	／	／6分	

(単位：円)

	借方科目	金額	貸方科目	金額
(1)	売　掛　金	19,800	売　　　上	18,000
			仮受消費税等	1,800
(2)	仕　　　入	12,000	買　掛　金	13,200
	仮払消費税等	1,200		
(3)	営　業　費	3,600	現　　　金	3,960
	仮払消費税等	360		
(4)	仮受消費税等	1,800	仮払消費税等	1,560
			未払消費税等	240

解説

消費税等の金額は、次のようになります。
(1) 18,000円 × 10% = 1,800円(仮受消費税等)
(2) 12,000円 × 10% = 1,200円(仮払消費税等)
(3) 3,600円 × 10% = 360円(仮払消費税等)

出題論点

・消費税等(税抜方式)

学習のポイント

・税抜方式では、仮払消費税等と仮受消費税等を別建てで計上する点をおさえましょう。

解答3 消費税等(2)

	日付	時間	学習メモ
1回目	/	/4分	
2回目	/	/4分	
3回目	/	/4分	

(単位:円)

	借方科目	金額	貸方科目	金額
(1)	買 掛 金	3,520	仕 入	3,200
			仮 払 消 費 税 等	320[*1]
(2)	売 上	800	売 掛 金	880
	仮 受 消 費 税 等	80[*2]		
(3)	仮 受 消 費 税 等	1,600[*3]	売 掛 金	17,600
	貸 倒 引 当 金	16,000		

(4)	仮 受 消 費 税 等	400*4	売 掛 金	4,400
	貸 倒 損 失	4,000		
(5)	仮 受 消 費 税 等	24,000	仮 払 消 費 税 等	30,400
	未 収 消 費 税 等	6,400*5		

* 1　$3,520円 \times \dfrac{0.1}{1.1} = 320円$

* 2　$880円 \times \dfrac{0.1}{1.1} = 80円$

* 3　$17,600円 \times \dfrac{0.1}{1.1} = 1,600円$

* 4　$4,400円 \times \dfrac{0.1}{1.1} = 400円$

* 5　$30,400円 - 24,000円 = 未収消費税等6,400円$

解説

　税抜方式を採用しているため、消費税等を別建て（仮払消費税等と仮受消費税等）で把握します。

✓ 出題論点

・消費税等（税抜方式）

✓ 学習のポイント

・税込金額から消費税等を求める計算式をおさえましょう。

消費税等(3)

	日付	時間	学習メモ
1回目	/	/6分	
2回目	/	/6分	
3回目	/	/6分	

(単位:千円)

	借方科目	金額	貸方科目	金額
(1)	減価償却累計額	14,400	車両	30,000
	減価償却費	1,800	仮受消費税等	1,470
	現金預金	16,170	固定資産売却益	900
(2)	減価償却費	3,375	備品	27,000
	固定資産売却損	2,325	仮受消費税等	2,130
	仮払消費税等	6,000	現金預金	42,570
	備品	60,000		

解説 (仕訳の単位:千円)

(1) 売却

(減価償却累計額)	14,400	(車両)	30,000
(減価償却費)	1,800 *1	(仮受消費税等)	1,470 *2
(現金預金)	16,170	(固定資産売却益)	900 *3

*1 $30,000 \text{千円} \times 0.9 \times \dfrac{1\text{年}}{5\text{年}} \times \dfrac{4\text{カ月}}{12\text{カ月}} = 1,800 \text{千円}$

*2 $16,170 \text{千円} \times \dfrac{0.1}{1.1} = 1,470 \text{千円}$

*3 貸借差額

(2) 買換え

（減 価 償 却 費）	3,375 *1	（備　　　　　品）	27,000
（固 定 資 産 売 却 損）	2,325 *2	（仮 受 消 費 税 等）	2,130 *3
（仮 払 消 費 税 等）	6,000 *4	（現 金 預 金）	42,570 *5
（備　　　　　品）	60,000		

* 1　$27,000 千円 \times 0.25 \times \dfrac{6 カ月}{12 カ月} = 3,375 千円$

* 2　下取価額（$23,430 千円 \times \dfrac{1}{1.1}$）– 買換時簿価（27,000 千円 – 3,375 千円）

　　　$= \triangle 2,325 千円$

* 3　$23,430 千円 \times \dfrac{0.1}{1.1} = 2,130 千円$

* 4　$60,000 千円 \times 0.1 = 6,000 千円$

* 5　$60,000 千円 \times 1.1 - 23,430 千円 = 42,570 千円$

✓ **出題論点**

・消費税等（税抜方式）

✓ **学習のポイント**

・固定資産の買換えに係る消費税額の計算は購入取引と売却取引に分けて仕訳を
考えましょう。

解答 5 **消費税等(4)**

	日付	時間	学習メモ
1回目	／	／6分	
2回目	／	／6分	
3回目	／	／6分	

(単位:円)

	借方科目	金額	貸方科目	金額
(1)	売掛金	19,800*1	売上	19,800
(2)	仕入	13,200*2	買掛金	13,200
(3)	営業費	3,960*3	現金	3,960
(4)	租税公課	240	未払消費税等	240

* 1　18,000円 × 1.1 = 19,800円
* 2　12,000円 × 1.1 = 13,200円
* 3　3,600円 × 1.1 = 3,960円

解説

　税込方式(収益認識基準の適用を受ける企業では採用不可)において、未払消費税等は、仮払消費税等や仮受消費税等では処理せず、決算において直接計上します。

 出題論点

・消費税等(税込方式)

 学習のポイント

・税込方式では、仮払消費税等と仮受消費税等は出てきません。

 法人税等

	日付	時間	学習メモ
1回目	／	／4分	
2回目	／	／4分	
3回目	／	／4分	

問1　一勘定制

(1) X1年11月20日（中間納付時）　　　　　　　　　　　（単位：千円）

借　方　科　目	金　　　額	貸　方　科　目	金　　　額
法　人　税　等	4,500	現　金　預　金	4,500

(2) X2年3月31日（決算時）　　　　　　　　　　　　　（単位：千円）

借　方　科　目	金　　　額	貸　方　科　目	金　　　額
法　人　税　等	10,500*	未 払 法 人 税 等	10,500

　＊　15,000千円 − 4,500千円 = 10,500千円

(3) X2年5月25日（確定納付時）　　　　　　　　　　　（単位：千円）

借　方　科　目	金　　　額	貸　方　科　目	金　　　額
未 払 法 人 税 等	10,500	現　金　預　金	10,500

問2　二勘定制

(1) X1年11月20日（中間納付時）　　　　　　　　　　　（単位：千円）

借　方　科　目	金　　　額	貸　方　科　目	金　　　額
仮 払 法 人 税 等	4,500	現　金　預　金	4,500

(2) X2年3月31日（決算時）　　　　　　　　　　　　　（単位：千円）

借　方　科　目	金　　　額	貸　方　科　目	金　　　額
法　人　税　等	15,000	仮 払 法 人 税 等	4,500
		未 払 法 人 税 等	10,500

(3) X2年5月25日（確定納付時）　　　　　　　　　　　（単位：千円）

借　方　科　目	金　　　額	貸　方　科　目	金　　　額
未 払 法 人 税 等	10,500	現　金　預　金	10,500

解説

問1　一勘定制では、法人税等勘定のみ用いるため、中間納付額は法人税等勘定に計上されます。

問2 二勘定制では、法人税等勘定と仮払法人税等勘定を用いるため、中間納付額は仮払法人税等勘定に計上されます。

✓ **出題論点**

・法人税等（一勘定制、二勘定制）

✓ **学習のポイント**

・一勘定制と二勘定制で用いる勘定科目が異なる点に注意しましょう。

解答
7 源泉所得税等(1)

	日付	時間	学習メモ
1回目	／	／3分	
2回目	／	／3分	
3回目	／	／3分	

（単位：千円）

	借 方 科 目	金　　額	貸 方 科 目	金　　額
(1)	仮 払 法 人 税 等	1,250	現　　　　　金	1,250
(2)	現　　　　　金*1	200	受 取 配 当 金	250
	仮 払 法 人 税 等	50		
(3)	法 人 税 等	2,000	仮 払 法 人 税 等	1,300 *2
			未 払 法 人 税 等	700 *3

＊1　配当金領収証は通貨代用証券に該当するため、現金勘定で処理します。

＊2　仮払法人税等：中間 1,250 千円＋源泉所得税 50 千円＝1,300 千円

＊3　未払法人税等：貸借差額

114

法人税等の勘定を示すと、次のようになります。

```
                    法 人 税 等
              ┌─────────────────────┐
              │ 中間納付額           │
              │         1,250千円   │
   年税額     │ 源泉所得税等         │
  2,000千円   │           50千円    │
              │ 確定納付額           │
              │          700千円    │
              └─────────────────────┘
```

 出題論点

・源泉所得税等

 学習のポイント

・源泉所得税等は、法人税等の一部前払いとして法人税等納付額から控除することができます。

解答8 源泉所得税等(2)

	日付	時間	学習メモ
1回目	／	／3分	
2回目	／	／3分	
3回目	／	／3分	

決算整理後残高試算表　　　　（単位：千円）

法　人　税　等	（　　750）	未 払 法 人 税 等	（　　365）
		受 取 利 息 配 当 金	（　　250）

115

解説（仕訳の単位：千円）

(1) 中間申告納付

問題文に指示がないので、仮に二勘定制で仕訳を行うと次のようになります。

| (仮払法人税等) | 335 | (仮　払　金) | 335 |

(2) 源泉所得税の修正

源泉所得税等は、法人税等の一部前払いとして、法人税等納付額から控除することができます。そのため、中間申告納付額と同様に仮払法人税等として計上します。

① 適正な仕訳

| (現　金　預　金) | 200 | (受取利息配当金) | 250 |
| (仮 払 法 人 税 等) | 50 | | |

② 当社が行った仕訳

| (現　金　預　金) | 200 | (受取利息配当金) | 200 |

③ 修正仕訳（①－②）

| (仮 払 法 人 税 等) | 50 | (受取利息配当金) | 50 |

(3) 確定申告納付

| (法　人　税　等) | 750 | (仮払法人税等) | 385 [*1] |
| | | (未払法人税等) | 365 [*2] |

*1　仮払法人税等：中間申告納付額335千円＋源泉所得税50千円＝385千円
*2　未払法人税等：貸借差額

 出題論点

・源泉所得税等

 学習のポイント

・解説は、二勘定制で示しましたが、一勘定制でも決算整理後残高試算表の金額は同じになります。

Chapter 9　税効果会計

解答 1　税務調整

	日付	時間	学習メモ
1回目	／	／2分	
2回目	／	／2分	
3回目	／	／2分	

| | 804 | 千円 |

解説

1　税務調整

会 計 上 の 利 益	1,500 千円*
加算　商 品 評 価 損	750 千円
繰 入 超 過 額	390 千円
減算　繰 入 超 過 額 認 容	270 千円
受 取 配 当 金	360 千円
所 得 金 額	2,010 千円

*　会計上の収益15,000千円 − 会計上の費用13,500千円 = 1,500千円

2　法人税等

所得金額：1,500千円 + 750千円 + 390千円 − 270千円 − 360千円 = 2,010千円
法人税等：2,010千円 × 税率40% = 804千円

出題論点

・法人税等の計算
・税務調整

学習のポイント

・損金不算入→会計上の利益に加算します。
　益金不算入→会計上の利益から減算します。

 税効果会計(1)

	日付	時間	学習メモ
1回目	／	／2分	
2回目	／	／2分	
3回目	／	／2分	

問1

決算整理前残高試算表　　　（単位：千円）
繰 延 税 金 資 産 （　　13,320）

問2

決算整理後残高試算表　　　（単位：千円）
繰 延 税 金 資 産 （　　14,640）｜法 人 税 等 調 整 額 （　　1,320）

解説（仕訳の単位：千円）

1　前T/Bの繰延税金資産（問1）

貸倒引当金　4,800千円 × 40％ ＝ 1,920千円
賞与引当金　9,000千円 × 40％ ＝ 3,600千円
商　　　品　7,500千円 × 40％ ＝ 3,000千円
未払事業税　12,000千円 × 40％ ＝ 4,800千円
｝合計　13,320千円

2　決算整理仕訳

（繰 延 税 金 資 産）	1,680 *1	（法 人 税 等 調 整 額）	1,680
（法 人 税 等 調 整 額）	360	（繰 延 税 金 資 産）	360 *2
（法 人 税 等 調 整 額）	600	（繰 延 税 金 資 産）	600 *3
（繰 延 税 金 資 産）	600 *4	（法 人 税 等 調 整 額）	600

* 1　貸倒引当金：9,000千円×40％－前T/B 1,920千円＝1,680千円
* 2　賞与引当金：8,100千円×40％－前T/B 3,600千円＝△360千円
* 3　商　　　品：6,000千円×40％－前T/B 3,000千円＝△600千円
* 4　未払事業税：13,500千円×40％－前T/B 4,800千円＝600千円

本問では、前期末の繰延税金資産と当期末の繰延税金資産の差額が、法人税等調整額として計上されます。

	①前期末の 繰延税金資産	②当期末の 繰延税金資産	③発生 or 解消 （②－①）
貸 倒 引 当 金	1,920千円	3,600千円	1,680千円
賞 与 引 当 金	3,600千円	3,240千円	△360千円
商 品 評 価 損	3,000千円	2,400千円	△600千円
未 払 事 業 税	4,800千円	5,400千円	600千円
合　　　　　計	13,320千円	14,640千円	1,320千円

出題論点

・税効果会計

学習のポイント

・本問では、その他有価証券に係る税効果がないので、前期末と当期末の繰延税金資産の差額が法人税等調整額になります。計算テクニックとして覚えておきましょう。

解答3　税効果会計(2)

	日付	時間	学習メモ
1回目	／	／8分	
2回目	／	／8分	
3回目	／	／8分	

問1

1 商品評価損 　　　　　　　　　　　　　　　　（単位：千円）

借 方 科 目	金 額	貸 方 科 目	金 額
繰 延 税 金 資 産	600	法人税等調整額	600

2 貸倒引当金 　　　　　　　　　　　　　　　　（単位：千円）

借 方 科 目	金 額	貸 方 科 目	金 額
法人税等調整額	60	繰 延 税 金 資 産	60

3 賞与引当金 　　　　　　　　　　　　　　　　（単位：千円）

借 方 科 目	金 額	貸 方 科 目	金 額
繰 延 税 金 資 産	2,400	法人税等調整額	2,400

4 減価償却費 　　　　　　　　　　　　　　　　（単位：千円）

借 方 科 目	金 額	貸 方 科 目	金 額
繰 延 税 金 資 産	2,400	法人税等調整額	2,400

問2

決算整理後残高試算表 　　　　　　　　（単位：千円）

売 掛 金	120,000	貸 倒 引 当 金 （	2,400)
繰 越 商 品 （	31,500)	賞 与 引 当 金 （	45,000)
建 物	3,000,000	減価償却累計額 （	1,860,000)
繰 延 税 金 資 産 （	94,320)	法人税等調整額 （	5,340)
仕 入 （	1,495,500)		
貸 倒 引 当 金 繰 入 （	240)		
賞 与 引 当 金 繰 入 （	45,000)		
減 価 償 却 費 （	60,000)		

解説 （仕訳の単位：千円）

1 棚卸資産の期末評価

(1) 売上原価の算定

（仕 入）	27,000	（繰 越 商 品）	27,000
（繰 越 商 品）	36,000	（仕 入）	36,000

(2) 商品評価損

（仕 入）	4,500 *	（繰 越 商 品）	4,500

＊　帳簿棚卸高 36,000 千円 − 正味売却価額 31,500 千円 = 4,500 千円

(3) 税効果会計

商品評価損は全額が税務上否認されるため、繰延税金資産を計上します。

（繰 延 税 金 資 産）	600 *	（法 人 税 等 調 整 額）	600

＊　商品評価損 4,500 千円 × 法定実効税率 40％ = 1,800 千円

1,800 千円 − 前 T / B 1,200 千円 = 600 千円

2 貸倒引当金

(1) 貸倒引当金の設定

（貸 倒 引 当 金 繰 入）	240 *	（貸 倒 引 当 金）	240

＊　前 T / B 売掛金 120,000 千円 × 2％ = 2,400 千円

2,400 千円 − 前 T / B 2,160 千円 = 240 千円

(2) 税効果会計

貸倒引当金は、限度額を超過する部分のみ、税効果会計を適用します。

（法 人 税 等 調 整 額）	60	（繰 延 税 金 資 産）	60 *

＊　（貸倒引当金設定額 2,400 千円 − 繰入限度額 2,100 千円）× 法定実効税率 40％

= 120 千円

120 千円 − 前 T / B 180 千円 = △ 60 千円

3 賞与引当金

(1) 賞与引当金の設定

（賞 与 引 当 金 繰 入）	45,000	（賞 与 引 当 金）	45,000

(2) 税効果会計

賞与引当金は全額損金不算入となるため、全額について税効果会計を適用します。

（繰 延 税 金 資 産）	2,400 *	（法 人 税 等 調 整 額）	2,400

＊　賞与引当金 45,000 千円 × 法定実効税率 40％ = 18,000 千円

18,000 千円 − 前 T / B 15,600 千円 = 2,400 千円

4 建物

(1) 減価償却

| (減 価 償 却 費) | 60,000 | (減 価 償 却 累 計 額) | 60,000 |

(2) 税効果会計

減価償却費は償却限度額を超過する部分についてのみ、税効果会計を適用します。

| (繰 延 税 金 資 産) | 2,400 * | (法 人 税 等 調 整 額) | 2,400 |

* (減価償却費 60,000 千円 − 償却限度額 54,000 千円) × 法定実効税率 40% = 2,400 千円
 または、減価償却累計額と償却限度累計額の差額に注目して、
 (減価償却累計額 1,860,000 千円 − 償却限度額累計 1,674,000 千円) × 法定実効税率 40% = 74,400 千円
 74,400 千円 − 前 T / B 72,000 千円 = 2,400 千円

本問では、前期末の繰延税金資産と当期末の繰延税金資産の差額が、法人税等調整額として計上されます。

	①前期末の繰延税金資産	②当期末の繰延税金資産	③発生 or 解消 (②−①)
商 品 評 価 損	1,200 千円	1,800 千円	600 千円
貸 倒 引 当 金	180 千円	120 千円	△60 千円
賞 与 引 当 金	15,600 千円	18,000 千円	2,400 千円
減 価 償 却	72,000 千円	74,400 千円	2,400 千円
合 計	88,980 千円	94,320 千円	5,340 千円

出題論点

・税効果会計

学習のポイント

・貸倒引当金や減価償却費は全額否認されるのではなく、限度額までは認められます。超過した分にのみ税効果会計を適用するということに注意しましょう。

解答 4 税効果会計(3)

	日付	時間	学習メモ
1回目	/	/10分	
2回目	/	/10分	
3回目	/	/10分	

決算整理後残高試算表　　　（単位：千円）

受 取 手 形 （	186,750)	未 払 法 人 税 等 （　99,230)
売 掛 金 （	225,750)	貸 倒 引 当 金 （　18,250)
繰 延 税 金 資 産 （	13,130)	賞 与 引 当 金 （　27,000)
破 産 更 生 債 権 等 （	10,000)	法 人 税 等 調 整 額 （　1,730)
貸倒引当金繰入額 （	11,750)	
賞与引当金繰入額 （	27,000)	
営 業 費 （	560,500)	
法 人 税 等 （	151,730)	

解説 （仕訳の単位：千円）

1 前T/B繰延税金資産の内訳

税務上、賞与引当金は全額損金不算入となるため、全額について税効果会計を適用します。

前T/B賞与引当金28,500千円×40％＝11,400千円

2 貸倒引当金

貸倒引当金は、繰入限度額までは損金として認められるので、限度額を超える部分について税効果会計を適用します。

(1) 破産更生債権等

(破 産 更 生 債 権 等)	10,000	(売　　掛　　金)	6,750
		(受　取　手　形)	3,250
(貸倒引当金繰入額)	10,000 *1	(貸 倒 引 当 金)	10,000
(繰 延 税 金 資 産)	2,000 *2	(法人税等調整額)	2,000

＊1　10,000千円×100％＝10,000千円

＊2　貸倒引当金繰入限度額：10,000千円×50％＝5,000千円

貸倒引当金繰入限度超過額：10,000千円−5,000千円＝5,000千円

繰延税金資産：5,000千円×40％＝2,000千円

(2) 一般債権

（貸倒引当金繰入額）	1,750 *1	（貸　倒　引　当　金）	1,750
（繰　延　税　金　資　産）	330 *2	（法　人　税　等　調　整　額）	330

* 1　（190,000 千円 ＋ 232,500 千円 － 3,250 千円 － 6,750 千円）× 2 ％ ＝ 8,250 千円

　　　8,250 千円 － 前 T / B 6,500 千円 ＝ 1,750 千円

* 2　貸倒引当金繰入限度額：7,425 千円

　　　貸倒引当金繰入限度超過額：8,250 千円 － 7,425 千円 ＝ 825 千円

　　　繰延税金資産：825 千円 × 40％ ＝ 330 千円

（注）　税効果会計

　　　　本問において、一般債権における貸倒引当金繰入額が 1,750 千円であるのに対して、税務上の貸倒引当金繰入限度額が 7,425 千円であるから繰入限度超過額が生じないという考え方は誤りです。税務上、貸倒引当金は洗替法で規定されています。したがって、貸倒引当金繰入限度額は税務上の貸倒引当金の設定額についての限度額となります。

3　賞与引当金

(1) 当期支給分の修正

① 適正な仕訳

（賞　与　引　当　金）	28,500 *1	（現　　金　　預　　金）	68,750
（営　　　業　　　費）	40,250 *2		

＊ 1　前 T / B 賞与引当金

＊ 2　貸借差額

② 当社が行った仕訳

（営　　　業　　　費）	68,750	（現　　金　　預　　金）	68,750

③ 修正仕訳（①－②）

（賞　与　引　当　金）	28,500	（営　　　業　　　費）	28,500

(2) 賞与引当金の設定

（賞与引当金繰入額）	27,000 *1	（賞　与　引　当　金）	27,000
（法　人　税　等　調　整　額）	600 *2	（繰　延　税　金　資　産）	600

＊ 1　支給見込額 40,500 千円 $\times \dfrac{4 月}{6 月}$ ＝ 27,000 千円

＊ 2　27,000 千円 × 40％ － 11,400 千円 ＝ △ 600 千円

4 法人税等

（法　人　税　等）	151,730 *1	（仮　払　法　人　税　等）	52,500
		（未　払　法　人　税　等）	99,230 *2

* 1　法人税等 − 法人税等調整額 1,730 千円 =（収益 5,000,000 千円 − 費用 4,625,000 千円）
　　　× 40%

　　　法人税等：150,000 千円 + 法人税等調整額 1,730 千円 = 151,730 千円

* 2　貸借差額

　本問では、前期末の繰延税金資産と当期末の繰延税金資産の差額が、法人税等調整額として計上されます。

	①前期末の 繰延税金資産	②当期末の 繰延税金資産	③発生 or 解消 （②−①）
貸倒引当金（一般）	—	330 千円	330 千円
貸倒引当金（破産）	—	2,000 千円	2,000 千円
賞　与　引　当　金	11,400 千円	10,800 千円	△ 600 千円
合　　　　　　　計	11,400 千円	13,130 千円	1,730 千円

✓ 出題論点

・税効果会計

✓ 学習のポイント

・貸倒引当金繰入限度額が税務上の貸倒引当金の設定額についての限度額となる
　点を押さえましょう。

索 引

あ行

洗替法　69
委託販売　130
一勘定制　207
一時差異　219
移動平均法　63
売上原価対立法　45
売上割引　19
永久差異　219
営業損益計算　3
益金　217
益金算入　218
益金不算入　218

か行

回収期限到来基準　110
回収基準　110
加算調整　218
貸倒引当金　203
割賦販売　104
貨物代表証券　125
完成工事原価報告書　184
切放法　69
期末一括法　128,134
期末実地棚卸高　62
期末帳簿棚卸高　62
繰延売上利益　112
繰延売上利益控除　112
繰延売上利益戻入　114
繰延税金資産　225
繰延税金負債　236
繰延法　223

経常損益計算　3
契約　26
契約資産　32
契約負債　34
決算日における工事進捗度　169
原価回収基準　177
原価処理　73
原価比例法　169
原価率　13
減算調整　218
検収基準　91
建設業会計　161
源泉所得税等　209
現品引取　125
工事完成基準　188
工事契約　167
工事進行基準　188
工事損失引当金　185
顧客との契約から生じた債権　32

さ行

先入先出法　63
仕入諸掛　86
仕入割引　19
事後原価率　20
資産負債法　223
事前原価率　20
重要な金融要素　8,106
受託販売　152
出荷（発送）基準　93
取得原価　68
純損益計算　3
試用販売　141

消費税等　198

商品評価損　69

正味売却価額　68,79

将来加算一時差異　235

将来減算一時差異　224

進捗度にもとづき収益を認識する
　方法　167

税効果会計　222

税込方式　211

税抜方式　200

税務調整　218

積送諸掛　137

総記法　47

総平均法　63

租税公課　195

その都度法　128,134

損益計算書　3

損金　217

損金算入　218

損金不算入　218

た行

対照勘定法　141

他勘定振替高　23

棚卸減耗　67

棚卸減耗費　67

棚卸資産　61

通関基準　95

手許商品区分法　126,133,151

独立販売価格　30

取引価格　26

な行

二勘定制　207

二分法　55

入荷（到着）基準　91

値引　17

は行

売価還元法　76

販売基準　93,110,150

引渡基準　93

船積基準　95

分記法　43

平均原価法　63

変動対価　28

返品　17

法人税等　206

法人税等調整額　225

ま行

未実現利益整理法　112

未着品売買　125

ら行

利益加算率　14

利益率　13

履行義務　26

わ行

割引　19

割戻し　17

127

〈執　筆〉TAC出版開発グループ

資格書籍に特化した執筆者グループ。会計士試験・司法試験等、難関資格の合格者が
集結し、会計系から法律系まで幅広く、資格試験対策書の執筆・校閲をオールマイティ
にこなす。TAC税理士講座とタッグを組み、「みんなが欲しかった！　税理士　簿記
論の教科書＆問題集」「みんなが欲しかった！　税理士　財務諸表論の教科書＆問題
集」を執筆。主な著書に「みんなが欲しかった！　簿記の教科書日商1級」ほか。

〈装　幀〉Malpu Design

2023年度版（ねんどばん）
みんなが欲しかった！（ほ）　税理士（ぜいりし）　簿記論の教科書＆問題集（ぼきろんきょうかしょもんだいしゅう）
1　損益会計編（そんえきかいけいへん）

（2014年度版　2013年10月20日　初版　第1刷発行）

2022年8月7日　初　版　第1刷発行

編　著　者	Ｔ　Ａ　Ｃ　株　式　会　社	
		（税理士講座）
発　行　者	多　　田　　敏　　男	
発　行　所	ＴＡＣ株式会社　出版事業部	
		（ＴＡＣ出版）

〒101-8383
東京都千代田区神田三崎町3-2-18
電話 03 (5276) 9492 (営業)
FAX 03 (5276) 9674
https://shuppan.tac-school.co.jp

印　　刷	株　式　会　社　　光　　　　　邦	
製　　本	東　京　美　術　紙　工　協　業　組　合	

© TAC 2022　　Printed in Japan

ISBN 978-4-300-10188-9
N.D.C. 336

本書は、「著作権法」によって、著作権等の権利が保護されている著作物です。本書の全部または一部
につき、無断で転載、複写されると、著作権等の権利侵害となります。上記のような使い方をされる
場合、および本書を使用して講義・セミナー等を実施する場合には、小社宛許諾を求めてください。

乱丁・落丁による交換、および正誤のお問合せ対応は、該当書籍の改訂版刊行月末日までといた
します。なお、交換につきましては、書籍の在庫状況等により、お受けできない場合もございます。
また、各種本試験の実施の延期、中止を理由とした本書の返品はお受けいたしません。返金もい
たしかねますので、あらかじめご了承くださいますようお願い申し上げます。

税理士講座のご案内

「税理士」の扉を開くカギ
それは、合格できる教育機関を決めること！

あなたが教育機関を決める最大の決め手は何ですか？
通いやすさ、受講料、評判、規模、いろいろと検討事項はありますが、一番の決め手となること、それは「合格できるか」です。
TACは、税理士講座開講以来今日までの30年以上、「受講生を合格に導く」ことを常に考え続けてきました。そして、「最小の努力で最大の効果を発揮する、良質なコンテンツの提供」をもって多数の合格者を輩出し、今も厚い信頼と支持をいただいております。

令和元年度 税理士試験
TAC合格祝賀パーティー

東京会場　ホテルニューオータニ

合格者から「喜びの声」を多数お寄せいただいています。

https://www.tac-school.co.jp/kouza_zeiri/zeiri_jisseki.html

ズバリ的中！
高い的中実績を誇るTACの本試験対策

TACが提供する演習問題などの本試験対策は、毎年高い的中実績を誇ります。
これは、合格カリキュラムをはじめ、講義・教材など、明確な科目戦略に基づいた合格コンテンツの結果でもあります。

他の科目でも的中続出！（TAC税理士講座ホームページで公開）
https://www.tac-school.co.jp/kouza_zeiri/zeiri_tettei.html

税理士講座のご案内

2023年合格目標コース

反復学習でインプット強化! & 豊富な演習量で実践力強化!

対象者：初学者／次の科目の学習に進む方

2022年					2023年						
8月	9月	10月	11月	12月	1月	2月	3月	4月	5月	6月	7月	8月

8月入学　基礎マスター＋上級コース（簿記・財表・相続・消費・酒税・固定・事業・国徴）
※3回転学習！年内はインプットを強化、年明けは演習機会を増やして実践力を鍛える！

8月入学　ベーシックコース（法人・所得）
※2回転学習！週2ペース、9ヵ月かけてインプットを鍛える！

8月入学　年内完結＋上級コース（法人・所得）
※3回転学習！年内はインプットを強化、年明けは演習機会を増やして実践力を鍛える！

12月入学　速修コース(全11科目)
※8ヵ月間で合格レベルまで仕上げる！

3月入学　速修コース（消費・酒税・固定・国徴）
※短期集中で税法合格を目指す！

※5月・7月・10月入学のコースもご用意しています。

税理士試験

対象者：受験経験者（受験した科目を再度学習する場合）

2022年				2023年							
9月	10月	11月	12月	1月	2月	3月	4月	5月	6月	7月	8月

9月入学　年内上級講義＋上級コース（簿記・財表）
※年内に基礎・応用項目の再確認を行い、実力を引き上げる！

9月入学　年内上級演習＋上級コース（法人・所得・相続・消費）
※年内から問題演習に取り組み、本試験時の実力維持・向上を図る！

1月入学　上級コース(全10科目)
※住民税の開講はございません
※講義と演習を交互に実施し、答案作成力を養成！

税理士試験

※2022年7月15日時点の情報です。最新の情報は、TAC税理士講座ホームページをご確認ください。

資料請求はこちらから!!

詳しい資料をお送りいたします。
右記電話番号もしくはTACホームページ
(https://www.tac-school.co.jp/)にてご請求ください。

通話無料 0120-509-117（ゴウカク イイナ）
受付時間 9:30〜19:00(月〜金) 9:30〜18:00(土・日・祝)
※営業時間短縮の場合がございます。詳細はHPでご確認ください。

"入学前サポート"を活用しよう!

無料セミナー＆個別受講相談

無料セミナーでは、税理士の魅力、試験制度、科目選択の方法や合格のポイントをお伝えしていきます。セミナー終了後は、個別受講相談でみなさんの疑問や不安を解消します。

TAC 税理士 セミナー 検索

https://www.tac-school.co.jp/kouza_zeiri/zeiri_gd_gd.htm

無料Webセミナー

TAC動画チャンネルでは、校舎で開催しているセミナーのほか、Web限定のセミナーも多数配信しています。受講前にご活用ください。

TAC 税理士 動画 検索

https://www.tac-school.co.jp/kouza_zeiri/tacchannel.html

体験入学

教室講座開講日（初回講義）は、お申込み前でも無料で講義を体験できます。講師の熱意や校舎の雰囲気を是非体感してください。

TAC 税理士 体験 検索

https://www.tac-school.co.jp/kouza_zeiri/zeiri_gd_gd.htm

税理士体験パック

主要科目（簿記・財表・法人・所得・相続・消費）のWeb講義を学習前に無料で体験できます。
当パックを活用し、税理士の学習イメージを膨らましてください。

TAC 税理士 検索

https://www.tac-school.co.jp/kouza_zeiri/taiken_form.html

税理士講座のご案内

チャレンジコース

4月上旬開講!

受験経験者・独学生待望のコース!

開講科目	簿記・財表・法人 所得・相続・消費

基礎知識の底上げ **徹底した本試験対策**

チャレンジ講義 ＋ チャレンジ演習 ＋ 直前対策講座 ＋ 全国公開模試

受験経験者・独学生向けカリキュラムが一つのコースに!

※チャレンジコースには直前対策講座(全国公開模試含む)が含まれています。

直前対策講座

4月下旬開講!

本試験突破の最終仕上げ!

直前期に必要な対策がすべて揃っています!

- 徹底分析!「試験委員対策」
- 即時対応!「税制改正」
- 毎年的中!「予想答練」

学習メディア	・教室講座 ・ビデオブース講座 ・Web通信講座 ・DVD通信講座 ・資料通信講座

＼全11科目対応／

開講科目	・簿記 ・財表 ・法人 ・所得 ・相続 ・消費 ・酒税 ・固定 ・事業 ・住民 ・国徴

※直前対策講座には全国公開模試が含まれています。

チャレンジコース・直前対策講座ともに詳しくは2月下旬発刊予定の
「チャレンジコース・直前対策講座パンフレット」をご覧ください。

会計業界への就職・転職支援サービス

TACの100%出資子会社であるTACプロフェッションバンク（TPB）は、会計・税務分野に特化した転職エージェントです。勉強された知識とご希望に合ったお仕事を一緒に探しませんか？ 相談だけでも大歓迎です！ どうぞお気軽にご利用ください。

人材コンサルタントが無料でサポート

Step1 相談受付 完全予約制です。HPからご登録いただくか、各オフィスまでお電話ください。

Step2 面談 ご経験やご希望をお聞かせください。あなたの将来について一緒に考えましょう。

Step3 情報提供 ご希望に適うお仕事があれば、その場でご紹介します。強制はいたしませんのでご安心ください。

正社員で働く

- 安定した収入を得たい
- キャリアプランについて相談したい
- 面接日程や入社時期などの調整をしてほしい
- 今就職すべきか、勉強を優先すべきか迷っている
- 職場の雰囲気など、求人票でわからない情報がほしい

TACキャリアエージェント

https://tacnavi.com/

派遣で働く（関東のみ）

- 勉強を優先して働きたい
- 将来のために実務経験を積んでおきたい
- まずは色々な職場や職種を経験したい
- 家庭との両立を第一に考えたい
- 就業環境を確認してから正社員で働きたい

TACの経理・会計派遣

https://tacnavi.com/haken

※ご経験やご希望内容によってはご支援が難しい場合がございます。予めご了承ください。　※面談時間は原則お一人様30分とさせていただきます。

自分のペースでじっくりチョイス

正社員 アルバイトで働く

- 自分の好きなタイミングで就職活動をしたい
- どんな求人案件があるのか見たい
- 企業からのスカウトを待ちたい
- WEB上で応募管理をしたい

TACキャリアナビ

https://tacnavi.com/kyujin

就職・転職・派遣就労の強制は一切いたしません。会計業界への就職・転職を希望される方への無料支援サービスです。どうぞお気軽にお問い合わせください。

 TACプロフェッションバンク

■ 有料職業紹介事業 許可番号13-ユ-010678
■ 一般労働者派遣事業 許可番号（派）13-010932

東京オフィス
〒101-0051
東京都千代田区神田神保町1-103 東京パークタワー2F
TEL.03-3518-6775

大阪オフィス
〒530-0013
大阪府大阪市北区茶屋町6-20 吉田茶屋町ビル5F
TEL.06-6371-5851

名古屋 登録会場
〒453-0014
愛知県名古屋市中村区則武1-1-7 NEWNO名古屋駅西8F
TEL.0120-757-655

2022年4月現在

TAC出版 書籍のご案内

TAC出版では、資格の学校TAC各講座の定評ある執筆陣による資格試験の参考書をはじめ、資格取得者の開業法や仕事術、実務書、ビジネス書、一般書などを発行しています！

TAC出版の書籍

*一部書籍は、早稲田経営出版のブランドにて刊行しております。

資格・検定試験の受験対策書籍

- ◎ 日商簿記検定
- ◎ 建設業経理士
- ◎ 全経簿記上級
- ◎ 税理士
- ◎ 公認会計士
- ◎ 社会保険労務士
- ◎ 中小企業診断士
- ◎ 証券アナリスト

- ◎ ファイナンシャルプランナー(FP)
- ◎ 証券外務員
- ◎ 貸金業務取扱主任者
- ◎ 不動産鑑定士
- ◎ 宅地建物取引士
- ◎ 賃貸不動産経営管理士
- ◎ マンション管理士
- ◎ 管理業務主任者

- ◎ 司法書士
- ◎ 行政書士
- ◎ 司法試験
- ◎ 弁理士
- ◎ 公務員試験(大卒程度・高卒者)
- ◎ 情報処理試験
- ◎ 介護福祉士
- ◎ ケアマネジャー
- ◎ 社会福祉士　ほか

実務書・ビジネス書

- ◎ 会計実務、税法、税務、経理
- ◎ 総務、労務、人事
- ◎ ビジネススキル、マナー、就職、自己啓発
- ◎ 資格取得者の開業法、仕事術、営業術
- ◎ 翻訳ビジネス書

一般書・エンタメ書

- ◎ ファッション
- ◎ エッセイ、レシピ
- ◎ スポーツ
- ◎ 旅行ガイド (おとな旅プレミアム/ハルカナ)
- ◎ 翻訳小説

(2021年7月現在)

書籍のご購入は

1 全国の書店、大学生協、ネット書店で

2 TAC各校の書籍コーナーで

資格の学校TACの校舎は全国に展開！
校舎のご確認はホームページにて

資格の学校TAC ホームページ
https://www.tac-school.co.jp

3 TAC出版書籍販売サイトで

CYBER BOOK STORE　TAC出版書籍販売サイト

TAC出版　で　検索

24時間ご注文受付中

https://bookstore.tac-school.co.jp/

- 新刊情報をいち早くチェック！
- たっぷり読める立ち読み機能
- 学習お役立ちの特設ページも充実！

TAC出版書籍販売サイト「サイバーブックストア」では、TAC出版および早稲田経営出版から刊行されている、すべての最新書籍をお取り扱いしています。

また、無料の会員登録をしていただくことで、会員様限定キャンペーンのほか、送料無料サービス、メールマガジン配信サービス、マイページのご利用など、うれしい特典がたくさん受けられます。

サイバーブックストア会員は、特典がいっぱい！（一部抜粋）

通常、1万円（税込）未満のご注文につきましては、送料・手数料として500円（全国一律・税込）頂戴しておりますが、1冊から無料となります。

専用の「マイページ」は、「購入履歴・配送状況の確認」のほか、「ほしいものリスト」や「マイフォルダ」など、便利な機能が満載です。

メールマガジンでは、キャンペーンやおすすめ書籍、新刊情報のほか、「電子ブック版TACNEWS（ダイジェスト版）」をお届けします。

書籍の発売を、販売開始当日にメールにてお知らせします。これなら買い忘れの心配もありません。

2023年度版 税理士試験対策書籍のご案内

TAC出版では、独学用、およびスクール学習の副教材として、各種対策書籍を取り揃えています。学習の各段階に対応していますので、あなたのステップに応じて、合格に向けてご活用ください!

(刊行内容、発行月、装丁等は変更することがあります)

●2023年度版 税理士受験シリーズ

税理士試験において長い実績を誇るTAC。このTACが長年培ってきた合格ノウハウを"TAC方式"としてまとめたのがこの「税理士受験シリーズ」です。近年の豊富なデータをもとに傾向を分析、科目ごとに最適な内容としているので、トレーニング演習に欠かせないアイテムです。

簿記論
01	簿 記 論	個別計算問題集	(8月)
02	簿 記 論	総合計算問題集 基礎編	(8月)
03	簿 記 論	総合計算問題集 応用編	(11月)
04	簿 記 論	過去問題集	(12月)
	簿 記 論	完全無欠の総まとめ	(11月)

財務諸表論
05	財務諸表論	個別計算問題集	(9月)
06	財務諸表論	総合計算問題集 基礎編	(9月)
07	財務諸表論	総合計算問題集 応用編	(12月)
08	財務諸表論	理論問題集 基礎編	(9月)
09	財務諸表論	理論問題集 応用編	(12月)
10	財務諸表論	過去問題集	(12月)
33	財務諸表論	重要会計基準	(8月)
	財務諸表論	完全無欠の総まとめ	(11月)

法人税法
11	法 人 税 法	個別計算問題集	(11月)
12	法 人 税 法	総合計算問題集 基礎編	(9月)
13	法 人 税 法	総合計算問題集 応用編	(12月)
14	法 人 税 法	過去問題集	(12月)
34	法 人 税 法	理論マスター	(8月)
35	法 人 税 法	理論ドクター	(12月)
	法 人 税 法	理論マスター 暗記CD	(10月)
	法 人 税 法	完全無欠の総まとめ	(1月)

所得税法
15	所 得 税 法	個別計算問題集	(9月)
16	所 得 税 法	総合計算問題集 基礎編	(10月)
17	所 得 税 法	総合計算問題集 応用編	(12月)
18	所 得 税 法	過去問題集	(12月)
36	所 得 税 法	理論マスター	(8月)
37	所 得 税 法	理論ドクター	(12月)
	所 得 税 法	理論マスター 暗記CD	(10月)

相続税法
19	相 続 税 法	個別計算問題集	(9月)
20	相 続 税 法	財産評価問題集	(9月)
21	相 続 税 法	総合計算問題集 基礎編	(9月)
22	相 続 税 法	総合計算問題集 応用編	(12月)
23	相 続 税 法	過去問題集	(12月)
38	相 続 税 法	理論マスター	(8月)
39	相 続 税 法	理論ドクター	(12月)
	相 続 税 法	理論マスター 暗記CD	(10月)

酒税法
| 24 | 酒 税 法 | 計算問題+過去問題集 | (12月) |
| 40 | 酒 税 法 | 理論マスター | (8月) |

TAC出版
TAC PUBLISHING Group

消費税法

25	消費税法	個別計算問題集	（10月）
26	消費税法	総合計算問題集 基礎編	（9月）
27	消費税法	総合計算問題集 応用編	（12月）
28	消費税法	過去問題集	（12月）
41	消費税法	理論マスター	（8月）
42	消費税法	理論ドクター	（12月）
	消費税法	理論マスター 暗記CD	（10月）
	消費税法	完全無欠の総まとめ	（11月）

固定資産税

29	固定資産税	計算問題＋過去問題集	（12月）
43	固定資産税	理論マスター	（8月）

事業税

30	事 業 税	計算問題＋過去問題集	（12月）
44	事 業 税	理論マスター	（8月）

住民税

31	住 民 税	計算問題＋過去問題集	（12月）
45	住 民 税	理論マスター	（12月）

国税徴収法

32	国税徴収法	総合問題＋過去問題集	（12月）
46	国税徴収法	理論マスター	（8月）

大好評につき、今年もやります！
理論マスター暗記CDの音声ダウンロード版を発売！

音声DL版　法人税法 理論マスター　　所得税法 理論マスター
　　　　　相続税法 理論マスター　　消費税法 理論マスター

※販売は、下記**3**のTAC出版書籍販売サイト「CyberBookStore」のみとなります。
※音声DL版の内容は、暗記CDと同一のものです。

●2023年度版 みんなが欲しかった！税理士 教科書＆問題集シリーズ

効率的に税理士試験対策の学習ができないか？ これを突き詰めてできあがったのが、「みんなが欲しかった！税理士 教科書＆問題集シリーズ」です。必要十分な内容をわかりやすくまとめたテキスト（教科書）と内容確認のためのトレーニング（問題集）が1冊になっているので、効率的な学習に最適です。

みんなが欲しかった！ 税理士簿記論の教科書＆問題集 1 損益会計編	（8月）	みんなが欲しかった！ 税理士財務諸表論の教科書＆問題集 1 損益会計編
みんなが欲しかった！ 税理士簿記論の教科書＆問題集 2 資産会計編	（8月）	みんなが欲しかった！ 税理士財務諸表論の教科書＆問題集 2 資産会計編
みんなが欲しかった！ 税理士簿記論の教科書＆問題集 3 資産・負債・純資産会計編	（9月）	みんなが欲しかった！ 税理士財務諸表論の教科書＆問題集 3 資産・負債・純資産会計編
みんなが欲しかった！ 税理士簿記論の教科書＆問題集 4 構造論点・その他編	（9月）	みんなが欲しかった！ 税理士財務諸表論の教科書＆問題集 4 構造論点・その他編

みんなが欲しかった！ 税理士簿記論の教科書＆問題集 1 損益会計編　（8月）
みんなが欲しかった！ 税理士簿記論の教科書＆問題集 2 資産会計編　（8月）
みんなが欲しかった！ 税理士簿記論の教科書＆問題集 3 資産・負債・純資産会計編　（9月）
みんなが欲しかった！ 税理士簿記論の教科書＆問題集 4 構造論点・その他編　（9月）

みんなが欲しかった！ 税理士消費税法の教科書＆問題集 1 取引分類・課税標準編　（8月）
みんなが欲しかった！ 税理士消費税法の教科書＆問題集 2 仕入税額控除編　（9月）
みんなが欲しかった！ 税理士消費税法の教科書＆問題集 3 納税義務編　（10月）
みんなが欲しかった！ 税理士消費税法の教科書＆問題集 4 申告書・その他編　（11月）

みんなが欲しかった！ 税理士財務諸表論の教科書＆問題集 1 損益会計編　（8月）
みんなが欲しかった！ 税理士財務諸表論の教科書＆問題集 2 資産会計編　（8月）
みんなが欲しかった！ 税理士財務諸表論の教科書＆問題集 3 資産・負債・純資産会計編　（9月）
みんなが欲しかった！ 税理士財務諸表論の教科書＆問題集 4 構造論点・その他編　（9月）
みんなが欲しかった！ 税理士財務諸表論の教科書＆問題集 5 理論編　（9月）

●解き方学習用問題集

現役講師の解答手順、思考過程、実際の書込みなど、㊙テクニックを完全公開した書籍です。

簿 記 論　個別問題の解き方　〔第6版〕
簿 記 論　総合問題の解き方　〔第6版〕
財務諸表論　理論答案の書き方　〔第6版〕
財務諸表論　計算問題の解き方　〔第6版〕

●その他関連書籍

好評発売中！

消費税課否判定要覧 〔第4版〕
法人税別表4、5(一)(二)書き方完全マスター 〔第5版〕
女性のための資格シリーズ　自力本願で税理士
年商倍々の成功する税理士開業法
Q&Aでわかる 税理士事務所・税理士法人勤務 完全マニュアル

TACの書籍はこちらの方法でご購入いただけます

1 全国の書店・大学生協　　**2** TAC各校 書籍コーナー

3 CYBER BOOK STORE　TAC出版書籍販売サイト　アドレス https://bookstore.tac-school.co.jp/

・2022年7月現在　・年度版各巻の価格は、決定しだい上記**3**のサイバーブックストアに掲載されますのでご参照ください

書籍の正誤に関するご確認とお問合せについて

書籍の記載内容に誤りではないかと思われる箇所がございましたら、以下の手順にてご確認とお問合せを
してくださいますよう、お願い申し上げます。

なお、正誤のお問合せ以外の**書籍内容に関する解説および受験指導などは、一切行っておりません。**
そのようなお問合せにつきましては、お答えいたしかねますので、あらかじめご了承ください。

1 「Cyber Book Store」にて正誤表を確認する

TAC出版書籍販売サイト「Cyber Book Store」の
トップページ内「正誤表」コーナーにて、正誤表をご確認ください。

CYBER TAC出版書籍販売サイト
BOOK STORE

URL:https://bookstore.tac-school.co.jp/

2 1の正誤表がない、あるいは正誤表に該当箇所の記載がない
⇒ 下記①、②のどちらかの方法で文書にて問合せをする

★ご注意ください★

お電話でのお問合せは、お受けいたしません。

①、②のどちらの方法でも、お問合せの際には、「お名前」とともに、
「対象の書籍名（○級・第○回対策も含む）およびその版数（第○版・○○年度版など）」
「お問合せ該当箇所の頁数と行数」
「誤りと思われる記載」
「正しいとお考えになる記載とその根拠」
を明記してください。

なお、回答までに1週間前後を要する場合もございます。あらかじめご了承ください。

① ウェブページ「Cyber Book Store」内の「お問合せフォーム」より問合せをする

【お問合せフォームアドレス】

https://bookstore.tac-school.co.jp/inquiry/

② メールにより問合せをする

【メール宛先　TAC出版】

syuppan-h@tac-school.co.jp

※土日祝日はお問合せ対応をおこなっておりません。
※正誤のお問合せ対応は、該当書籍の改訂版刊行月末日までといたします。

乱丁・落丁による交換は、該当書籍の改訂版刊行月末日までといたします。なお、書籍の在庫状況等
により、お受けできない場合もございます。

また、各種本試験の実施の延期、中止を理由とした本書の返品はお受けいたしません。返金もいたし
かねますので、あらかじめご了承くださいますようお願い申し上げます。

TACにおける個人情報の取り扱いについて
■お預かりした個人情報は、TAC(株)管理させていただき、お問合せへの対応、当社の記録保管および当社商品・サービスの向上にのみ利用いたします。お客様の同意なしに業務委託先以外の第
三者に開示、提供することはございません(法令等により開示を求められた場合を除く)。その他、個人情報保護管理者、お預かりした個人情報の開示等およびTAC(株)への個人情報の提供の任意性
については、当社ホームページ(https://www.tac-school.co.jp)をご覧いただくか、個人情報に関するお問い合わせ窓口(E-mail:privacy@tac-school.co.jp)までお問合せください。

(2022年4月現在)

この冊子には、問題集の答案用紙がとじこまれています。

.... **別冊ご利用時の注意** ....
この色紙を残したまま冊子をていねいに抜き取り、留め具を外さない状態で、ご利用ください。また、抜き取りのさいの損傷についてのお取替えはご遠慮願います。

留め具は外さないでください。

なお、答案用紙については、ダウンロードでもご利用いただけます。TAC出版書籍販売サイト・サイバーブックストアにアクセスしてください。

https://bookstore.tac-school.co.jp/

みんなが欲しかった！ 税理士
簿記論の教科書＆問題集 １

答案用紙

Chapter 2

一般商品売買1

問題 1 原価率(1)

問1

決算整理 　　　　　　　　　　　　　　　　　　（単位：円）

借　方　科　目	金　　額	貸　方　科　目	金　　額

　　　　　　　　　　　決算整理後残高試算表　　　（単位：円）

繰 越 商 品	（　　　　　）	売　　　　　　上	305,000
仕　　　　　　入	（　　　　　）		

問2

決算整理 　　　　　　　　　　　　　　　　　　（単位：円）

借　方　科　目	金　　額	貸　方　科　目	金　　額

　　　　　　　　　　　決算整理後残高試算表　　　（単位：円）

繰 越 商 品	（　　　　　）	売　　　　　　上	305,000
仕　　　　　　入	（　　　　　）		

問3 ☐　　　　％

問4 ☐　　　　％

2

原価率(2)

問 1

	決算整理後残高試算表	（単位：千円）
繰 越 商 品 （　　　　）	売　　　　　上	540,000
仕　　　　入 （　　　　）		

問 2

	決算整理前残高試算表	（単位：千円）
繰 越 商 品 （　　　　）	売　　　　　上	11,800
仕　　　　入 （　　　　）		

問 3

	決算整理後残高試算表	（単位：千円）
繰 越 商 品 （　　　　）	売　　　　　上 （　　　　）	
仕　　　　入 （　　　　）		

返品等

	決算整理後残高試算表	（単位：千円）
繰 越 商 品 （　　　　）	売　　　　　上 （　　　　）	
仕　　　　入 （　　　　）		

問題4　割引

（単位：円）

	借方科目	金　額	貸方科目	金　額
(1)				
(2)				

Chapter2　3

問題 5 返品等と原価率

決算整理後残高試算表 （単位：円）

繰 越 商 品 （　　　　　）	売　　　　　　　上 （　　　　　）
仕　　　　　入 （　　　　　）	仕 入 割 引 （　　　　　）
販　　売　　費 （　　　　　）	

問題 6 他勘定振替(1)

（単位：円）

	借 方 科 目	金　　額	貸 方 科 目	金　　額
(1)				
(2)				
(3)				
(4)				

問題 7 他勘定振替(2)

(1) 決算整理仕訳 （単位：円）

借 方 科 目	金　　額	貸 方 科 目	金　　額

4

(2) 決算整理後残高試算表

決算整理後残高試算表　　　　　（単位：円）

繰　越　商　品	（　　　　）	売　　　　　上	143,000
仕　　　　　入	（　　　　）		
火　災　損　失	（　　　　）		

 収益認識基準（取引価格の配分）

売上高の金額	円

Chapter2

Chapter 3 一般商品売買2

 分記法⑴・売上原価対立法⑴・三分法

問1

分記法 (単位:円)

整 理 前 残高試算表	決算整理前残高試算表	
	商　　品　（　　　　）	商品販売益（　　　　）
決 算 整 理	（　　　　）（　　　　）	／（　　　　）（　　　　）
整 理 後 残高試算表	決算整理後残高試算表	
	商　　品　（　　　　）	商品販売益（　　　　）

問2

売上原価対立法 (単位:円)

整 理 前 残高試算表	決算整理前残高試算表	
	商　　品　（　　　　） 売 上 原 価（　　　　）	売　　上　（　　　　）
決 算 整 理	（　　　　）（　　　　）	／（　　　　）（　　　　）
整 理 後 残高試算表	決算整理後残高試算表	
	商　　品　（　　　　） 売 上 原 価（　　　　）	売　　上　（　　　　）

問3

三分法（売上原価を仕入勘定で算定する方法）　　　　　　（単位：円）

整　理　前 残高試算表	決算整理前残高試算表				
	繰　越　商　品（　　　　）		売　　　　上（　　　　）		
	仕　　　　　入（　　　　）				
決　算　整　理	（　　　　　）（　　　）／（　　　　）（　　　）				
	（　　　　　）（　　　）／（　　　　）（　　　）				
整　理　後 残高試算表	決算整理後残高試算表				
	繰　越　商　品（　　　　）		売　　　　上（　　　　）		
	仕　　　　　入（　　　　）				

問4

三分法（売上原価を売上原価勘定で算定する方法）　　　　（単位：円）

整　理　前 残高試算表	決算整理前残高試算表				
	繰　越　商　品（　　　　）		売　　　　上（　　　　）		
	仕　　　　　入（　　　　）				
決　算　整　理	（　　　　　）（　　　）／（　　　　）（　　　）				
	（　　　　　）（　　　）／（　　　　）（　　　）				
	（　　　　　）（　　　）／（　　　　）（　　　）				
整　理　後 残高試算表	決算整理後残高試算表				
	繰　越　商　品（　　　　）		売　　　　上（　　　　）		
	売　上　原　価（　　　　）				

Chapter3　　7

分記法(2)・売上原価対立法(2)

問1

(単位:千円)

A		B		C		D	

問2

① 分記法

(単位:千円)

借 方 科 目	金　　額	貸 方 科 目	金　　額

② 売上原価対立法

(単位:千円)

借 方 科 目	金　　額	貸 方 科 目	金　　額

総記法

商 品 販 売 益	円
期首商品棚卸高	円

Chapter 4

一般商品売買3

 問題 1 期末商品の評価(1)

問1

(単位：円)

借 方 科 目	金　　額	貸 方 科 目	金　　額

問2

```
           繰 越 商 品           (単位：円)
前 期 繰 越 (      ) │ (        ) (        )
(          ) (      ) │ (        ) (        )
                      │ (        ) (        )
                      │ 次 期 繰 越 (      )
           (        ) │            (        )
```

```
              仕        入        (単位：円)
決算整理前残高   300,000 │ (        ) (        )
(          ) (        ) │ (        ) (        )
             (        ) │            (        )
```

問3

決算整理後残高試算表　　　(単位：円)

繰 越 商 品	(　　　)	売　　　　　上	530,000
仕　　　　入	(　　　)		
商 品 評 価 損 益	(　　　)		
棚 卸 減 耗 費	(　　　)		

問4

(単位：円)

借 方 科 目	金　額	貸 方 科 目	金　額

期末商品の評価(2)

問1

①
(単位：円)

借 方 科 目	金　額	貸 方 科 目	金　額

② 　　　　　　　　決算整理後残高試算表　　　　(単位：円)

繰 越 商 品	(　　　　)	売　　　　上	397,500
仕　　　　入	(　　　　)	商 品 評 価 損 益	(　　　　)
棚 卸 減 耗 費	(　　　　)		

問2

決算整理後残高試算表　　　　(単位：円)

繰 越 商 品	(　　　　)	売　　　　上	397,500
仕　　　　入	(　　　　)		
棚 卸 減 耗 費	(　　　　)		
商 品 評 価 損 益	(　　　　)		

期末商品の評価(3)・商品有高帳

問1

決算整理仕訳

(単位：円)

借 方 科 目	金　額	貸 方 科 目	金　額

	決算整理後残高試算表		（単位：円）
繰 越 商 品 （　　　）	売	上 （	）
仕　　　　　入 （　　　）			
棚 卸 減 耗 費 （　　　）			

問2

方　　　法	期末商品帳簿棚卸高	売 上 原 価	棚 卸 減 耗 費
(1) 総 平 均 法	円	円	円
(2) 移 動 平 均 法	円	円	円

 期末商品の評価(4)

	決算整理後残高試算表		（単位：千円）
繰 越 商 品 （　　　）	売	上	384,250
仕　　　　　入 （　　　）			
商 品 評 価 損 （　　　）			
棚 卸 減 耗 費 （　　　）			

 期末商品の評価(5)・他勘定振替

(1) 決算整理後残高試算表

	決算整理後残高試算表		（単位：千円）
繰 越 商 品 （　　　）	売	上 （	）
仕　　　　　入 （　　　）			
見 本 品 費 （　　　）			
棚 卸 減 耗 費 （　　　）			

(2) 損益計算書（一部）

損 益 計 算 書　　　　（単位：千円）

I　売　上　高　　　　　　　　　　　　　　（　　　　　）
II　売　上　原　価
　　　　期首商品棚卸高　　　（　　　　　）
　　　　当期商品仕入高　　　（　　　　　）
　　　　　合　　　計　　　　（　　　　　）
　　　　見本品費振替高　　　（　　　　　）
　　　　期末商品棚卸高　　　（　　　　　）
　　　　　差　　　引　　　　（　　　　　）
　　　　商品評価損　　　　　（　　　　　）
　　　　棚卸減耗費　　　　　（　　　　　）　（　　　　　）
　　　　売上総利益　　　　　　　　　　　　（　　　　　）
III　販売費及び一般管理費
　　　　見　本　品　費　　　（　　　　　）
　　　　　　　　　　　　　　　　　：
V　営　業　外　費　用
　　　　棚　卸　減　耗　費　（　　　　　）

問題 6 **期末商品の評価(6)**

問 1

（単位：円）

借　方　科　目	金　　額	貸　方　科　目	金　　額

問2

	決算整理後残高試算表	（単位：円）
繰 越 商 品 （　　　　）	売　　　　　上	530,000
仕　　　　　入 （　　　　）		
棚 卸 減 耗 費 （　　　　）		

問3

（単位：円）

借 方 科 目	金　　額	貸 方 科 目	金　　額

(1) 決算整理仕訳

（単位：千円）

借 方 科 目	金　　額	貸 方 科 目	金　　額

(2) 決算整理後残高試算表

	決算整理後残高試算表	（単位：千円）
繰 越 商 品 （　　　　）	売　　　　　上	228,000
仕　　　　　入 （　　　　）		
棚 卸 減 耗 費 （　　　　）		

問題 8 売価還元法(2)

(1) 決算整理仕訳 (単位:千円)

借 方 科 目	金 額	貸 方 科 目	金 額

(2) 決算整理後残高試算表

決算整理後残高試算表 (単位:千円)

繰 越 商 品	( )	売 上	228,000
仕 入	( )		
商 品 評 価 損	( )		
棚 卸 減 耗 費	( )		

問題 9 売価還元法(3)・他勘定振替

決算整理後残高試算表 (単位:円)

繰 越 商 品	( )	売 上	61,600
仕 入	( )		
見 本 品 費	( )		
棚 卸 減 耗 費	( )		

14

問題 10 仕入諸掛

問1 決算整理仕訳　　　　　　　　　　　　　　　　　　　（単位：円）

借　方　科　目	金　　額	貸　方　科　目	金　　額

問2 決算整理後残高試算表

決算整理後残高試算表　　　　　（単位：円）

繰　越　商　品（　　　　　）	売　　　　　　　上　　`1,200,000
仕　　　　　入（　　　　　）	
営　　業　　費（　　　　　）	

問3 ☐ 円

問題 11 仕入・売上の計上基準(1)

(1) 決算整理仕訳

① 売上の修正　　　　　　　　　　　　　　　　　　　（単位：円）

借　方　科　目	金　　額	貸　方　科　目	金　　額

② 売上原価の算定　　　　　　　　　　　　　　　　　（単位：円）

借　方　科　目	金　　額	貸　方　科　目	金　　額

Chapter4　　15

(2) 決算整理後残高試算表

決算整理後残高試算表　　　　（単位：円）

繰　越　商　品	（　　　　）	売	上	（	）
仕　　　　　入	（　　　　）				

問題12　仕入・売上の計上基準(2)

(1) A品　　　　　　　　　　　　　　　　　　　　　　　　（単位：千円）

借　方　科　目	金　　額	貸　方　科　目	金　　額

(2) B品　　　　　　　　　　　　　　　　　　　　　　　　（単位：千円）

借　方　科　目	金　　額	貸　方　科　目	金　　額

(3) C品　　　　　　　　　　　　　　　　　　　　　　　　（単位：千円）

借　方　科　目	金　　額	貸　方　科　目	金　　額

16

Chapter 5

特殊商品売買1

問題 1 割賦販売

(1) 前期末　　　　　　　残　　　高　　　　　（単位：円）

売　掛　金（　　　　）		
割 賦 売 掛 金（　　　　）		
繰 越 商 品（　　　　）		

(2) 仕入時　　　　　　　　　　　　　　　（単位：円）

借 方 科 目	金 額	貸 方 科 目	金 額

(3) 一般販売時　　　　　　　　　　　　　（単位：円）

借 方 科 目	金 額	貸 方 科 目	金 額

(4) 売掛金回収時　　　　　　　　　　　　（単位：円）

借 方 科 目	金 額	貸 方 科 目	金 額

(5) 割賦販売時　　　　　　　　　　　　　（単位：円）

借 方 科 目	金 額	貸 方 科 目	金 額

(6) 割賦売掛金回収時　　　　　　　　　　（単位：円）

借 方 科 目	金 額	貸 方 科 目	金 額

Chapter5　　**17**

(7)

決算整理前残高試算表 （単位：円）

売　　掛　　金 （　　　　）	一　般　売　上 （　　　　）
割　賦　売　掛　金 （　　　　）	割　賦　売　上 （　　　　）
繰　越　商　品 （　　　　）	
仕　　　　　入 （　　　　）	

(8) 決算時

引渡原価の算定 （単位：円）

借　方　科　目	金　　額	貸　方　科　目	金　　額

(9)

決算整理後残高試算表 （単位：円）

売　　掛　　金 （　　　　）	一　般　売　上 （　　　　）
割　賦　売　掛　金 （　　　　）	割　賦　売　上 （　　　　）
繰　越　商　品 （　　　　）	
仕　　　　　入 （　　　　）	

問題2　重要な金融要素（一般商品売買）

① 販売時（商品を引き渡したとき）

借　方　科　目	金　　額	貸　方　科　目	金　　額
売　　掛　　金	（　　　　）	売　　　　　上	（　　　　）
		利　息　未　決　算	（　　　　）

② 掛代金回収時

借　方　科　目	金　　額	貸　方　科　目	金　　額
利　息　未　決　算	（　　　　）	受　取　利　息	（　　　　）
現　　　　　金	（　　　　）	売　　掛　　金	（　　　　）

18

③ 早期回収した場合

借方科目	金額	貸方科目	金額
利息未決算	( )	受取利息	( )
現　　　金	( )	売掛金	( )

問題3 収益認識基準（割賦販売、重要な金利要素の調整）

(1) A社のX1年4月1日の販売時の仕訳
債権金額から利息を控除した金額で債権を計上している場合

借　方		貸　方	
勘定科目	金額	勘定科目	金額
現　　　金	90,000	(　　　　)	[　　　]
(　　　　)	[　　　]		

(2) A社のX3年3月31日の債権回収時の仕訳
債権管理のため、販売時に債権金額で債権を計上し、評価勘定を使っている場合

借　方		貸　方	
勘定科目	金額	勘定科目	金額
現　　　金	90,000	(　　　　)	[　　　]
(　　　　)	[　　　]	(　　　　)	[　　　]

Chapter 6

特殊商品売買2

問題 1 未着品売買(1)

(1) 期末一括法　　　　　　　　　　　　　　　　　　　　（単位：円）

期首 残高試算表	期首残高試算表		
	繰 越 商 品	2,400	
	未 着 品	480	
貨物代表証券購入時	（　　　）（　　　）／買　掛　金（　　　）		
現品引取時	（　　　）（　　　）／（　　　）（　　　）		
貨物代表証券販売時	売　掛　金（　　　）／（　　　）（　　　）		
商品仕入時	仕　　　入　21,120／買　掛　金　21,120		
一般販売時	売　掛　金　30,000／一　般　売　上　30,000		
整理前 残高試算表	決算整理前残高試算表		
	繰 越 商 品	2,400	一 般 売 上　30,000
	未 着 品	（　　　）	未着品売上（　　　）
	仕　　　入	（　　　）	
決算整理	（　　　）（　　　）／（　　　）（　　　）		
	（　　　）（　　　）／（　　　）（　　　）		
	（　　　）（　　　）／（　　　）（　　　）		
整理後 残高試算表	決算整理後残高試算表		
	繰 越 商 品	（　　　）	一 般 売 上　30,000
	未 着 品	（　　　）	未着品売上（　　　）
	仕　　　入	（　　　）	

(2) その都度法 （単位：円）

期首残高試算表	期首残高試算表			
	繰 越 商 品　　2,400			
	未 着 品　　　480			
貨物代表証券購入時	（　　　　　）（　　　　）／ 買 掛 金 （　　　　　）			
現品引取時	（　　　　　）（　　　　）／（　　　　　）（　　　　　）			
貨物代表証券販売時	売 掛 金 （　　　　）／（　　　　　）（　　　　　）			
	（　　　　　）（　　　　）／（　　　　　）（　　　　　）			
商品仕入時	仕　　　　　入　　21,120 ／ 買 掛 金　　21,120			
一般販売時	売 掛 金　　30,000 ／ 一 般 売 上　　30,000			
整理前残高試算表	決算整理前残高試算表			
	繰 越 商 品　　2,400	一 般 売 上　　30,000		
	未 着 品 （　　　　）	未 着 品 売 上 （　　　　）		
	仕　　　　入 （　　　　）			
決算整理	（　　　　　）（　　　　）／（　　　　　）（　　　　　）			
	（　　　　　）（　　　　）／（　　　　　）（　　　　　）			
整理後残高試算表	決算整理後残高試算表			
	繰 越 商 品 （　　　　）	一 般 売 上　　30,000		
	未 着 品 （　　　　）	未 着 品 売 上 （　　　　）		
	仕　　　　入 （　　　　）			

問題 2　未着品売買(2)

決算整理後残高試算表		（単位：千円）
繰 越 商 品 （　　　　）	一 般 売 上	294,000
未 着 品 （　　　　）	未 着 品 売 上	62,400
仕　　　　入 （　　　　）		

問題 **3** **委託販売⑴**

決算整理後残高試算表		（単位：円）
繰 越 商 品 （　　　　）	一 般 売 上	8,370
積 送 品 （　　　　）	積 送 品 売 上	3,150
仕 入 （　　　　）		

問題 **4** **委託販売⑵**

⑴ 決算整理仕訳 （単位：円）

	借 方 科 目	金 額	貸 方 科 目	金 額
一 般				
委 託				

⑵ 決算整理後残高試算表

決算整理後残高試算表		（単位：円）
繰 越 商 品 （　　　　）	一 般 売 上 （　　　　）	
積 送 品 （　　　　）	積 送 品 売 上 （　　　　）	
仕 入 （　　　　）		

22

問1
決算整理仕訳　　　　　　　　　　　　　　　　　　　　　　（単位：円）

	借　方　科　目	金　　額	貸　方　科　目	金　　額
一般				
委託				

decimalな
　　　　　　　　　　　　　決算整理後残高試算表　　（単位：円）
　　　繰　越　商　品（　　　　）　一　般　売　上　　548,000
　　　積　送　　　品（　　　　）　積　送　品　売　上　400,000
　　　繰　延　積　送　諸　掛（　　　　）
　　　仕　　　　　入（　　　　）
　　　積　送　諸　掛　費（　　　　）

問2

繰延積送諸掛　[　　　　　]　円　　積送諸掛費　[　　　　　]　円

Chapter6　23

 **試用販売(1)**

	決算整理後残高試算表		（単位：千円）
繰 越 商 品 （　　　　）	一 般 売 上	180,000
繰 越 試 用 品 （　　　　）	試 用 品 売 上	102,120
仕　　　　　　入 （　　　　）	試 用 仮 売 上	14,760
試 用 未 収 金　　14,760		

試用販売(2)

	決算整理後残高試算表		（単位：千円）
繰 越 商 品 （　　　　）	一 般 売 上	154,200
繰 越 試 用 品 （　　　　）	試 用 品 売 上	81,960
仕　　　　　　入 （　　　　）	試 用 仮 売 上	11,880
試 用 未 収 金　　11,880		

Chapter 7 工事契約

 工事契約(1)

問1 履行義務の充足に係る進捗度を合理的に見積ることができる場合

(1) 各年度の工事原価および工事収益(単位:千円)

	完成工事原価	完成工事高
X1年度	( )	( )
X2年度	( )	( )
X3年度	( )	( )
合計	( )	( )

(2) X1年度(工事中)　　　　　　　　　　　　　　　　(単位:千円)

借方科目	金額	貸方科目	金額
		現金預金	

(3) X2年度(工事中)　　　　　　　　　　　　　　　　(単位:千円)

借方科目	金額	貸方科目	金額
		現金預金	

Chapter7　25

(4) X3年度（完成引渡）　　　　　　　　　　　　　　（単位：千円）

借　方　科　目	金　　額	貸　方　科　目	金　　額
		現　金　預　金	

問2　履行義務の充足に係る進捗度を合理的に見積ることができない場合

(1)　各年度の工事原価および工事収益（単位：千円）

	完成工事原価	完成工事高
X　1　年　度	（　　　　）	（　　　　）
X　2　年　度	（　　　　）	（　　　　）
X　3　年　度	（　　　　）	（　　　　）
合　　計	（　　　　）	（　　　　）

(2)　X1年度（工事中）　　　　　　　　　　　　　　（単位：千円）

借　方　科　目	金　　額	貸　方　科　目	金　　額
		現　金　預　金	

(3)　X2年度（工事中）　　　　　　　　　　　　　　（単位：千円）

借　方　科　目	金　　額	貸　方　科　目	金　　額
		現　金　預　金	

(4) X3年度（完成引渡）   （単位：千円）

借　方　科　目	金　　額	貸　方　科　目	金　　額
		現　金　預　金	

問題2 **工事契約(2)**

(1) X2年度

完成工事高 　[　　　　　]　千円

完成工事原価 　[　　　　　]　千円

(2) X3年度

完成工事高 　[　　　　　]　千円

完成工事原価 　[　　　　　]　千円

Chapter7　**27**

Chapter 8

税　金

問題 1 租税公課

<table>
<tr><td colspan="3" align="center">決算整理後残高試算表</td><td align="right">（単位：千円）</td></tr>
<tr><td>現　金　預　金</td><td>（</td><td>）</td><td></td></tr>
<tr><td>売　　掛　　金</td><td>（</td><td>）</td><td></td></tr>
<tr><td>貯　　蔵　　品</td><td>（</td><td>）</td><td></td></tr>
<tr><td>営　　業　　費</td><td>（</td><td>）</td><td></td></tr>
</table>

問題 2 消費税等(1)

（単位：円）

	借　方　科　目	金　　額	貸　方　科　目	金　　額
(1)				
(2)				
(3)				
(4)				

問題3 消費税等(2)

(単位:円)

	借方科目	金額	貸方科目	金額
(1)				
(2)				
(3)				
(4)				
(5)				

問題4 消費税等(3)

(単位:千円)

	借方科目	金額	貸方科目	金額
(1)				
(2)				

問題5 消費税等(4)

(単位:円)

	借方科目	金額	貸方科目	金額
(1)				
(2)				
(3)				
(4)				

 法人税等

問 1 一勘定制

(1) X1年11月20日(中間納付時) （単位：千円）

借 方 科 目	金 額	貸 方 科 目	金 額

(2) X2年3月31日(決算時) （単位：千円）

借 方 科 目	金 額	貸 方 科 目	金 額

(3) X2年5月25日(確定納付時) （単位：千円）

借 方 科 目	金 額	貸 方 科 目	金 額

問 2 二勘定制

(1) X1年11月20日(中間納付時) （単位：千円）

借 方 科 目	金 額	貸 方 科 目	金 額

(2) X2年3月31日(決算時) （単位：千円）

借 方 科 目	金 額	貸 方 科 目	金 額

(3) X2年5月25日(確定納付時) （単位：千円）

借 方 科 目	金 額	貸 方 科 目	金 額

問題 7 源泉所得税等(1)

(単位：千円)

	借　方　科　目	金　　額	貸　方　科　目	金　　額
(1)				
(2)				
(3)				

問題 8 源泉所得税等(2)

決算整理後残高試算表　　　　（単位：千円）

法　人　税　等　（　　　　　）	未 払 法 人 税 等　（　　　　）
	受 取 利 息 配 当 金　（　　　　）

32

Chapter 9 税効果会計

問題 1 税務調整

	千円

問題 2 税効果会計(1)

問1

決算整理前残高試算表　　　（単位：千円）

繰 延 税 金 資 産	（　　　　）		

問2

決算整理後残高試算表　　　（単位：千円）

繰 延 税 金 資 産	（　　　　）	法 人 税 等 調 整 額	（　　　　）

問題 3 税効果会計(2)

問1

1　商品評価損　　　　　　　　　　　　　　（単位：千円）

借　方　科　目	金　　額	貸　方　科　目	金　　額

2　貸倒引当金　　　　　　　　　　　　　　（単位：千円）

借　方　科　目	金　　額	貸　方　科　目	金　　額

Chapter9　33

3 賞与引当金　　　　　　　　　　　　　　　　　　（単位：千円）

借 方 科 目	金　　額	貸 方 科 目	金　　額

4 減価償却費　　　　　　　　　　　　　　　　　　（単位：千円）

借 方 科 目	金　　額	貸 方 科 目	金　　額

問2

決算整理後残高試算表　　　　　（単位：千円）

売　掛　　金	120,000	貸 倒 引 当 金	（　　　　　）
繰 越 商 品	（　　　　　）	賞 与 引 当 金	（　　　　　）
建　　　　物	3,000,000	減価償却累計額	（　　　　　）
繰 延 税 金 資 産	（　　　　　）	法人税等調整額	（　　　　　）
仕　　　　入	（　　　　　）		
貸倒引当金繰入	（　　　　　）		
賞与引当金繰入	（　　　　　）		
減 価 償 却 費	（　　　　　）		

問題4　税効果会計(3)

決算整理後残高試算表　　　　　（単位：千円）

受 取 手 形	（　　　　　）	未 払 法 人 税 等	（　　　　　）
売　掛　　金	（　　　　　）	貸 倒 引 当 金	（　　　　　）
繰 延 税 金 資 産	（　　　　　）	賞 与 引 当 金	（　　　　　）
破 産 更 生 債 権 等	（　　　　　）	法人税等調整額	（　　　　　）
貸倒引当金繰入額	（　　　　　）		
賞与引当金繰入額	（　　　　　）		
営　業　　費	（　　　　　）		
法 人 税 等	（　　　　　）